# 社会的養護
# 内容総論

[ その理論と実際 ]

畠中義久 = 編

同文書院

# Foreword

「社会的養護内容総論」発刊によせて

　近年，社会的養護の場はもとより保育所，幼稚園など乳幼児対象の施設・機関や教育現場においても，自他の関係に生きづらさを抱える，いわゆる関係性の不調ともいえるような様態を示す子どもが増加している。攻撃性と衝動の調節障害，注意の問題と乖離の問題，養育者と仲間との関係を調整的に維持する能力の問題といった対人関係の課題を抱えた子どもたちである。
　これは，昨今現出したことではなく戦後の近代化の流れのなか，とくに高度経済成長期を境に子育て家庭の養育機能の縮小化，離婚の増加などを契機に，家庭内での子どもの虐待問題が顕在化，認識されたことで，拡大・増加してきているように思う。こうした子育て家庭の現状を象徴するのが，児童相談所への虐待通告相談件数の経年的増加傾向である。2012（平成24）年度のその数値は 66,807 件と報告されており，統計をとり始めてからその数は 67 倍にも達し，驚きをもって語られる風潮もある。しかし，世界で有数の近代化を遂げた日本においてはいまだ氷山の一角といわざるを得ないというのが有識者の見解である。
　一方で，保育所入所待機児童問題を契機に始まった「子ども・子育て新システム」構築に向けた議論と取り組みが急速に進められている。また，社会的養護の制度・施策の動向についても，2010 年度より社会保障審議会のもと，社会的養護のあり方への検討がなされ，2011 年度に「社会的養護の課題と将来像」としてとりまとめられた。それにより，主に家庭的養護の推進を掲げて，施設の小規模化や里親の拡充をすすめる一方で，社会的養護の質の向上のための職員配置基準の改善目標や運営指針の策定が行われるなど，わが国の子育て家庭に向けた福祉制度・システムも今，大きな転換期を迎えている。
　こうしたなか，ここに保育士養成課程のカリキュラム改正に沿った社会的養護の内容を近畿地域の大学，社会的養護施設や機関のケアワークや心理臨床に携わる若手実践家や研究者が集ってテキストにまとめる取り組みがなされ，ここに編纂されるところとなった。冒頭で記述したとおり，今日，子育て家庭への福祉に関わる実践現場は，家庭における養育不全や家族を取りまく社会構造上の問題から，子育てに極めて困難を抱える家庭の事象が当たり前という現状に直面している。そのため社会的養護の場では，子ども・家庭の適切な支援計画策定に向けたアセスメントや事例検討会（ケースカンファレンス）などに取り組むことや，生活臨床における治療的養育の必要性など，より高度な専門性に基づいた子ども・家庭に向けた養育支援が求められてきている。
　本テキストは，今日の子ども・家庭福祉のニーズに対応できるケアワーカー（保育士，指導員等）の養成にむけて，社会的養護実践現場のなかで直面した事例を中心に学ぶという教則本をめざしていることに特徴があり，時代の要請に添うものとして評価されよう。
　本書が新たに子ども家庭福祉分野をめざす学生はもとより，社会的養護の実践現場の人材養成にも大いに活用されることを期待するものである。

2014 年　3 月<br>
社会福祉法人　山梨立正光生園　理事長<br>
加賀美尤祥

# Authors
執筆者紹介

## 【編著者】
畠中　義久（はたなか　よしひさ）　　　　第1章，第6章，第11章
　　大阪女子短期大学教授，龍谷大学講師，佛教大学講師

## 【著者】　※執筆順
本多　康作（ほんだ　こうさく）　　　　　第2章1節，3～4節，実践編❼
　　大分工業高等専門学校　准教授

森下　宣明（もりした　のぶあき）　　　　第2章2節，第4章1節，実践編❽
　　社会福祉法人和歌山つくし会　和歌山乳児院　施設長

栗延　雅彦（くりのぶ　まさひこ）　　　　第3章
　　社会福祉法人和泉乳児院　和泉乳児院　施設長

小椋　圭一郎（おぐら　けいいちろう）　　第4章2節，第10章，実践編❷，実践編❻（3）
　　社会福祉法人博愛社　児童養護施設博愛社　施設長・児童家庭支援センター博愛社　センター長

松原　香織（まつばら　かおり）　　　　　第4章3節，実践編❸
　　社会福祉法人大念仏寺社会事業団　ポ・ドーム大念仏　母子支援員

松岡　徹（まつおか　とおる）　　　　　　第4章4節～8節，10節，実践編❹
　　社会福祉法人日本ヘレンケラー財団　障害者支援施設アテナ平和　館長

林　功三（はやし　こうぞう）　　　　　　第4章9節，実践編❺
　　大阪市立阿武山学園　副園長

廣瀬　みどり（ひろせ　みどり）　　　　　第5章，第9章
　　社会福祉法人みおつくし福祉会　東さくら園　施設長

小浦　理恵（こうら　りえ）　　　　　　　第7章
　　学校法人山口学園　学生相談室　カウンセラー（臨床心理士）

垣内　陽子（かきうち　ようこ）　　　　　第8章，実践編❻（1）
　　大阪市子ども相談センター　児童福祉司

深谷　薫（ふかや　かおる）　　　　　　　実践編❶
　　社会福祉法人和歌山つくし会　和歌山乳児院　臨床心理士

井口　友子（いぐち　ゆうこ）　　　　　　実践編❻（2）
　　大阪市・区役所保健福祉センター

# Introduction
## はじめに

　「社会的養護内容」は，何らかの事情によって家庭で育てられない子どもに対して，家庭に替わって児童福祉施設や里親が行う養護の実践を理解するための科目です。

　本来，子どもは，保護者（親）のもとで健やかに育つことができるものと信じてこの世に生を授かったはずです。また，ほとんどの保護者も，生まれてくるわが子と楽しく生活できるものと信じて，出産を待ち望んでいたはずです。

　しかし，残念ながらさまざまな事情によりそのような幸せがかなわず，社会的なサービス，支援を受けなければならない状況に陥ってしまう現実が存在します。

　このような場合に子ども，あるいは母子，家庭に対してどのように社会的養護サービスや支援を提供していくのかを具体的に学ぶことが，「社会的養護内容」という科目の役割であり，とりわけ，保育士や児童指導員のような専門職が直接関わる，より具体的なサービスや支援のことをいいます。

　ここで学んでいく内容としては，たとえば家族の再統合，すなわち保護者（親）と子どもが再び気持ちよく向かい合えるようにするには，どのような調整の方法があるのか，またこのような状況に向けて，子ども自身の生活基盤や意識をどのように構築していけばよいのか，その際の保護者へのサービス，支援はどのタイミングでどのように行っていけばよいのかなど，さまざまな状況への具体的な対処の仕方です。すべての状況が予想通りに進むわけではありません。むしろ想定外のことの方が多いのが現実です。そのためさまざまな対処方法を実践的に身につけていくことを目的としています。

　このテキストは，上記のことを踏まえて，2部構成としました。第1部においては，理論的基礎編とし，第2部においては，より多くの事例を基本に据えた，具体的実践編としました。

　まさに，ほかに類を見ない「社会的養護内容」のテキストとなっています。さまざまな児童福祉施設において，日々子どもたちや保護者と向き合っている執筆陣が，より現場に密着した視点から，原稿を書き上げました。社会福祉現場における，実際の生きた理論と事例を実感できる，手応えある構成とすることで，よりよい人材育成の一助となること，また，すでに社会福祉施設現場で仕事をされている職員のみなさまにも示唆を与えることのできる内容としました。

　「社会的養護内容」の成否は，そこに関わる人の質にかかっているといっても過言ではありません。とりわけ，専門職としての職員の質は重要です。

　最後に，同文書院編集部には，構成や文章表現など細部にわたってご助言や暖かい励ましを頂きました。本書作成にご協力頂いた多くの方々にこの場をお借りしてお礼を申し上げます。

　このテキストが，みなさまの学習を広げていくきっかけとなり，より深く「社会的養護内容」を学習していく意欲を高めることになれば，執筆者一同，この上ない幸せです。

2014年3月

畠中　義久

# Contents
目　次

「社会的養護内容総論」発刊によせて …… ii
はじめに …… iv

## 第 1 部　基　礎　編

### 第 1 章　今日の養護問題―社会的子育ての現状と課題 ── 2
1．児童養護の定義 …… 2
2．今日の社会的養護 …… 3
3．社会的養護の今日的課題 …… 7

### 第 2 章　今後の社会的養護 ── 8
1．児童福祉施設における権利擁護 …… 8
2．里親制度の現状と課題 …… 13
3．児童福祉法 …… 19
4．児童虐待の防止等に関する法律 …… 23

### 第 3 章　施設養護の理論と原則 ── 28
1．社会的養護の基盤 …… 28
2．子どもの権利に関する国際的条約 …… 30
3．社会的養護の基本的な考え方 …… 34
4．社会的養護の原理 …… 36

### 第 4 章　児童福祉施設と関係諸機関 ── 38
1．乳児院 …… 38
2．児童養護施設 …… 42
3．母子生活支援施設 …… 47
4．知的障害児施設 …… 51
5．盲ろうあ児施設 …… 54
6．肢体不自由児施設 …… 57
7．重症心身障害児を対象とした医療型障害児入所施設 …… 60
8．情緒障害児短期治療施設 …… 62
9．児童自立支援施設 …… 65
10．障害児通園施設 …… 69

## 第5章　児童福祉施設における社会的養護の具体的な取り組み ———— 73
1．児童虐待相談件数の増加 …… 73
2．DV相談等の増加 …… 75
3．子どもたちの貧困 …… 77
4．日常生活支援の重要性 …… 78
5．専門的ケアの必要性 …… 80
6．家族支援および地域支援の充実 …… 82

## 第6章　児童養護の技術と方法 ———— 84
1．ソーシャル・ケース・ワーク …… 84
2．グループワーク …… 88
3．コミュニティワーク …… 93
4．ケアマネジメント …… 96

## 第7章　こころの援助 ———— 100
1．乳児期 …… 100
2．幼児期 …… 104
3．学童期 …… 106
4．思春期 …… 108
5．青年期 …… 109

## 第8章　児童虐待について ———— 111
1．年々増加する児童虐待 …… 111
2．児童虐待の要因 …… 113
3．虐待が子どもに与える影響 …… 114
4．児童虐待の発見と通告 …… 114
5．児童虐待相談対応の流れ …… 116
6．早期発見・早期対応のための取り組み …… 117

## 第9章　施設養護における家庭支援 ———— 119
1．親子関係の援助 …… 119
2．家族による支援の重要性 …… 120

## 第10章　自立への支援・援助 ———————— 123
　1．自立のとらえ方 …… 123
　2．自立に向けた支援・援助 …… 124

## 第11章　児童福祉施設専門職と人材育成 ———————— 127
　1．児童福祉施設における専門職 …… 127
　2．専門職としての人材育成のあり方 …… 130

# 第2部　実　践　編

　乳児院のケース① …… 134
　乳児院のケース② …… 138
　児童養護施設のケース① …… 144
　児童養護施設のケース② …… 148
　母子生活支援施設のケース① …… 152
　母子生活支援施設のケース② …… 156
　障害児施設のケース①（盲児施設）…… 160
　障害児施設のケース②（知的障害児入所施設）…… 164
　児童自立支援施設のケース① …… 168
　児童自立支援施設のケース② …… 172
　児童相談所のケース① …… 176
　児童相談所のケース② …… 180
　福祉事務所のケース① …… 184
　福祉事務所のケース② …… 188
　児童家庭支援センターのケース① …… 192
　児童家庭支援センターのケース② …… 196
　児童福祉法に関するケース① …… 200
　児童福祉法に関するケース② …… 206
　里親制度に関するケース① …… 210
　里親制度に関するケース② …… 214

索　引 …… 218

# 第1部

# 基礎編

# 1. 今日の養護問題——社会的子育ての現状と課題

　子どもは，さまざまなおとなや子ども社会での働きかけのなかで，それぞれの力を養い，また互いに働きかけながら育っていきます。それぞれの時代や地域社会によって，そのあり様は異なるものの，子育ては，太古の昔から繰り返されてきた慣わしです。そこには，身近にいる子どもに対して，血縁関係のある保護者（親）であるかどうかということは問わず，独自の立場から子どもを見守り，関わり，育てて，社会に送り出してきた人類の社会的子育ての歴史があるといえるでしょう。

　日本においても子育ての第一義的責任者が保護者であることは，おそらく誰もが否定しないところでしょう。血縁関係のある保護者（実親），養育上の保護者であるなしにかかわらず，親権をもつ者が子育ての第一義的責任を持ちます。その上で，子どもの身近にいるおとなが子どもを育んできました。とくに子育ての全責任が母親にあるかのようにとらえられがちですが，それは高度経済成長期以降の産業構造の転換，人口の都市化への移動，核家族世帯の増加などによりもたらされてきた考え方です。

　近年，児童虐待に対する社会的な注目や，少子高齢化，女性の社会進出などによって，あらためて社会的子育て支援のあり方が問われてきています。

## 1. 児童養護の定義

### 1）家庭養護と家庭的養護

　「養護」は一般的には，社会的な養育と保護を意味する言葉ととらえられています。ただし研究者によってとらえ方が若干異なり，理解するうえで混乱することがあります。

　「児童養護」という大きな枠組みのなかで，たとえば家庭で保護者（親）が行う養育を「家庭養育」とよぶのに対し，保護者や家庭から離れた場での養護，すなわち家庭の代替的な養育と保護が行われる場合に「社会的養護」「施設養護」などの言葉が使われます。また，社会的養護のなかには，「家庭養護」「家庭的養護」とよばれる養護の形態があります。なお，これまでこの「家庭養護」「家庭的養護」という言葉は区別されていませんでしたが，2012（平成24）年に国連の指針をもとに社会保障審議会において，「施設養護」に対する言葉である里親・ファミリーホームには「家庭養護」を用い，施設における家庭的な養育環境を目指す小規模化の取り組みには「家庭的養護」を用いるなど，用語の整理が行われました。

### 2）養護における家庭

　まず「家庭養護」や「家庭的養護」という言葉には，「家庭での養育」を理想として尊重するという意味合いが含まれていることに注目すべきでしょう。児童福祉法第1条第2項では，子どもは「ひとしくその生活を保障され，愛護されなければならない」と規定されています。そしてそれらを確保できる場として，第一に「家庭」があげられます。

　「家庭養護」「家庭的養護」は，社会的養護の場で，一般の家庭で築き上げられているような生活環境を構築し，そこで子どもたちが特定のおとなとの愛着関係を持ち，心身ともに護られている状態を生み出すための養護を想定しています。ですから，いくら社会が代替的に子ども養護するといっても，家庭というものを無視するわけにはいかないのです。

　このように社会的養護において「家庭」を無視できない一方で，保護者が家庭で行う子どもの養育と保護（家庭養育）においても，社会的な使命と責務が求められています。とくに少子社会が到来している現在，家庭養育における社会的使命，責務は重要になってきています。

　このように考えると，「養護」という言葉には，さまざまな論点が存在することがわかります。それは，施設を家庭というものと対比しながら，そこでの子育ての社会的使命や責務をどのような範囲で，どのようにとらえるのかというものから，家庭において子どもが育つ場に注目し，保護者による子育てをどのような側面で支えていくのか，という点に至るまで，養護の形態は多様化しています。

## 2. 今日の社会的養護

### 1）児童養護および社会的養護

　児童養護を体系化する場合に，その分類方法はさまざまあります。そのひとつとして前述したように，一般的に家庭で保護者が行う「家庭養育」と，保護者や家庭から離れた場で行われる「（広義の）社会的養護」とに分け，さらに社会的養護を体系化するものがあります（図1－1）。ここでの社会的養護には，保育所などを含む児童福祉施設での養護も含まれていますが，そのなかで保護者がいない・保護者に監護させることが適当でないといった子どもたちを公的責任で社会的に養護する「（狭義の）社会的養護」が重要な意味を持ちます。以下では，この家庭の代替的養護である「社会的養護」を中心に，児童養護の形態について説明します。

#### （1）児童養護における施設の役割

　施設養護は，大きく入所施設と通所施設での養護に分けられます。入所施設での養護は，基本的には家庭での代替機能を中心に実施するもので，保護者が行う養育を保育士などの専門職が担っていきます。一方，通所施設では，日中，専門的な療育や医療的ケアなどの専門的支援を行うもので，多様な専門職種が担っています。なお，情緒障害児短期治療施設や児童自立支援施設は，もともと入所施設でしたが，通所部門による指導機能をあわせ持つようになっています。

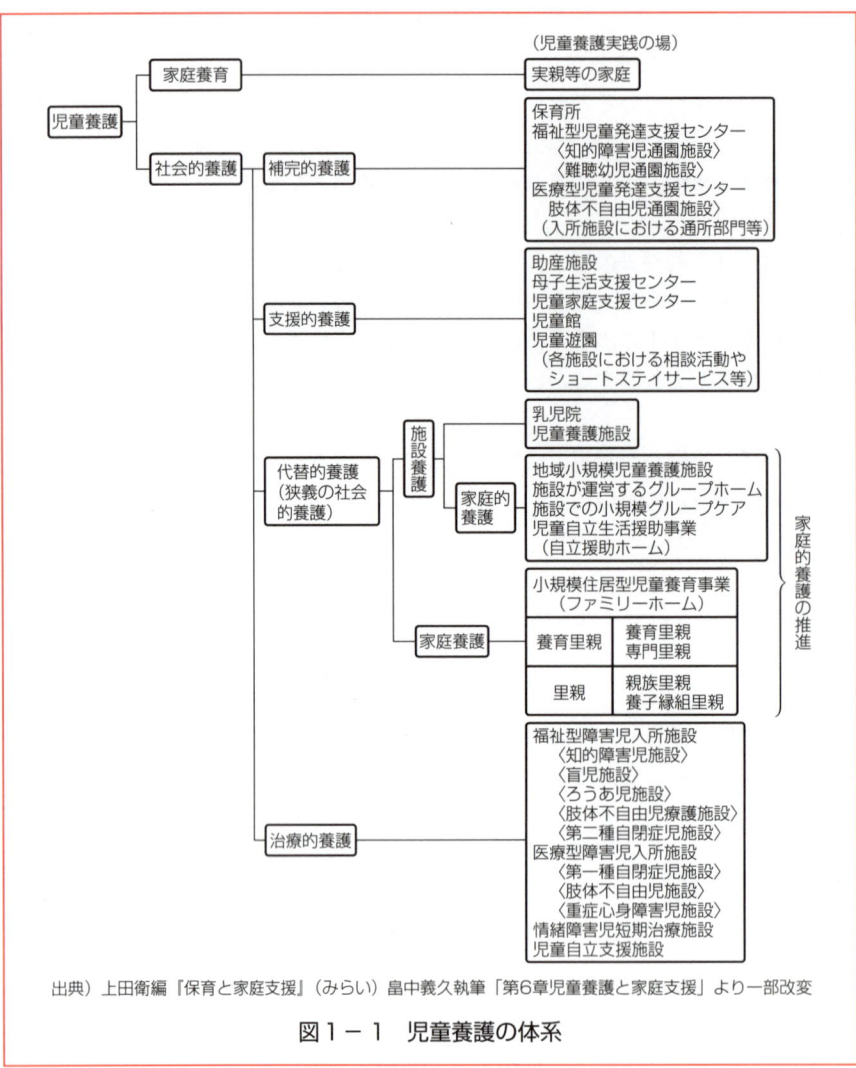

図1−1 児童養護の体系

　いずれにしても，施設養護が最終的に目指すものは家庭養育との協働や再統合であり，これに向けたプログラムの展開が求められています。あわせて，施設から直接社会に巣立つ子どもたちに対しては，自立に向けた支援プログラムの提供が求められています。

（2）社会的養護における家庭的養護の推進

　家庭的養護とは，施設における養護をできるだけ家庭に近いスタイルで行うことをいい，里親制度や養子縁組などの制度（家庭養護）とあわせて「家庭的養護の推進」といっています。これまでは，家庭養護が中心でしたが，近年では入所施設における家庭的養護の推進もようやく行われるようになってきました。以下にその例を示します。

①小規模グループケア（ユニットケア）：規模の大きな施設内において，親密な小規模集団での家庭的養育を目的に，生活場所をユニットに区分してケアを行う。

②地域小規模児童養護施設：より家庭に近い生活環境で養育し，入所児童の社

会的自立に向けて支援することを目的とした，原則定員6名の児童養護施設。
③里親型ファミリー・グループホーム：施設入所だけでなく，広く社会的子育ての観点から，里親委託を推進するために数名の里子を委託し，グループホーム形式で運営する。
④小規模分園型（サテライト型）母子生活支援施設：早期の自立が見込まれる場合，本施設から離れ地域社会のなかで，小規模な住環境で生活しながら自立を支援・促進することを目的とした母子生活支援施設。

### （3）社会的養護の役割

社会的養護の役割としては，本来家庭において行われる養育をさまざまな福祉施設においても実現できるよう促進するとともに，家庭などにおける養育上の問題の発生を可能な限り予防するということにあります。そのため必要に応じて，家庭や保護者（親）を援助・支援し，ときには家庭に代わって子育てを補完，代替するもので，専門職による助言，指導，治療，教育，ソーシャルワークなどいわゆる社会福祉の実践がその中核となります。

一般には，家庭における子育てに問題が生じ施設養護や家庭養護などの代替的な養護制度を利用しなくて済むよう保護者，家庭を支援・援助することから，保護者による適切な養育が望めない場合やDVなどで子どもの養育が難しいと判断されるケースでは，むしろ積極的に施設養護・家庭養護の利用を図るなど，さまざまな観点からのサービスの構築が求められています。

## 2）社会的養護の現状

保護者のない子ども，また保護者から虐待を受ける被虐待児など家庭環境上養護を必要とする子どもなどに対して，公的な責任として，社会的に養護を行うのがわが国における社会的養護です。

そして，こうした子どもたちがこの社会的養護の対象となるかどうかの判断は，現在児童相談所が行っています。

2008（平成20）年度に全国の児童相談所が受理した相談件数は，約36万件となっています。相談種別で見た場合，「障害相談」が半数近くとなり，ついで，虐待を含む「養護相談」や不登校，しつけについてなどの「育成相談」が多くなってきています（表1－1）。また虐待に関する相談件数は年々増加しており，2012（平成24）年度に全国の児童相談所が対応した児童虐待相談件数は66,807件に上っています（⇒ p.111）。表1－1からわかるように，相談の受付件数は1987（昭和62）年以降増加してきています。18歳未満人口の減少にもかかわらず，その占める割合は増加の一途をたどっているのが現状です。

ケアを要する子どもや保護者に対しては，①児童福祉司，知的障害者福祉司，社会福祉主事，児童委員，児童家庭支援センター職員による指導，②子どもの里親委託，児童福祉施設入所，③家庭裁判所への送致，などの措置がとられています。2008年度の児童福祉施設（助産院，保育所，母子生活支援施設を除く）への入所および里親委託となった子どもの数は，41,602人となっています（表1－2）。この数字を，同じ年の児童相談所への相談件数（363,051件，表1－1）と比較して考えた場合，入所措置とはならなかったものの，養護に何らかの「問題」を抱えている子どもたちや家族が10倍近くいることになります。しかも，

## 表1-1　児童相談所における種別受付件数の推移

| 年度 | | 1999 | 2000 | 2001 | 2002 | 2003 | 2004 | 2005 | 2006 | 2007 | 2008 |
|---|---|---|---|---|---|---|---|---|---|---|---|
| 総数 | | 347,833 | 362,655 | 382,016 | 398,552 | 345,012 | 352,614 | 349,873 | 380,950 | 359,442 | 363,051 |
| 養護相談 | | 44,806 | 53,867 | 62,560 | 63,859 | 67,773 | 75,669 | 75,253 | 78,698 | 82,699 | 84,691 |
| 保健相談 | | 8,364 | 8,637 | 8,369 | 7,370 | 6,935 | 5,479 | 4,426 | 4,309 | 3,388 | 2,971 |
| 障害相談 | 総数 | 183,748 | 189,843 | 202,199 | 224,294 | 159,787 | 157,326 | 163,597 | 194,166 | 177,298 | 181,096 |
| | 肢体不自由相談 | 12,356 | 11,385 | 10,475 | 11,581 | 7,705 | 6,915 | 6,899 | 9,868 | 6,690 | 6,849 |
| | 視聴覚障害相談 | 1,744 | 1,500 | 1,619 | 1,719 | 1,279 | 998 | 912 | 1,256 | 1,133 | 1,076 |
| | 言語発達障害相談 | 26,436 | 23,264 | 21,001 | 19,642 | 19,694 | 17,809 | 16,752 | 16,956 | 16,217 | 14,865 |
| | 重症心身障害相談 | 20,246 | 23,162 | 25,499 | 29,798 | 9,846 | 9,330 | 10,379 | 19,918 | 11,421 | 11,664 |
| | 知的障害相談 | 115,360 | 121,783 | 134,248 | 149,627 | 111,085 | 110,551 | 115,201 | 131,349 | 126,370 | 131,778 |
| | 自閉症相談 | 7,606 | 8,749 | 9,357 | 11,927 | 10,178 | 11,723 | 13,454 | 14,819 | 15,467 | 14,864 |
| 非行相談 | 総数 | 17,072 | 17,211 | 16,897 | 15,650 | 16,844 | 18,362 | 17,518 | 17,409 | 17,165 | 17,593 |
| | ぐ犯行為等相談 | 11,209 | 10,888 | 10,624 | 9,280 | 9,609 | 10,492 | 9,355 | 9,079 | 9,033 | 9,195 |
| | 触法行為等相談 | 5,863 | 6,323 | 6,273 | 6,370 | 7,285 | 7,870 | 8,163 | 8,330 | 8,132 | 8,398 |
| 育成相談 | 総数 | 69,108 | 68,324 | 67,568 | 63,855 | 66,165 | 65,681 | 61,053 | 60,908 | 56,925 | 55,109 |
| | 性格行動相談 | 30,761 | 31,267 | 31,273 | 30,818 | 33,956 | 35,455 | 33,637 | 33,906 | 30,749 | 29,882 |
| | 不登校相談 | 13,136 | 12,296 | 11,470 | 10,234 | 10,948 | 10,110 | 9,244 | 8,950 | 8,173 | 7,557 |
| | 適性相談 | 10,167 | 9,886 | 10,106 | 10,685 | 9,931 | 9,582 | 9,169 | 9,206 | 9,875 | 10,011 |
| | しつけ相談 | 15,044 | 14,875 | 14,719 | 12,118 | 11,330 | 10,534 | 9,003 | 8,846 | 8,131 | 7,719 |
| その他の相談 | | 24,735 | 24,773 | 24,423 | 23,524 | 27,508 | 30,097 | 28,026 | 25,460 | 21,967 | 21,591 |
| いじめ相談（再掲） | | 2,574 | 2,724 | 2,259 | 1,889 | 2,049 | 1,827 | 1,505 | 1,923 | 1,690 | 1,348 |
| 児童買春等被害相談（再掲） | | － | － | 92 | 105 | 109 | 98 | 69 | 34 | 40 | 24 |

出典）厚生労働省大臣官房統計情報部編「社会福祉行政業務報告」

## 表1-2　養護問題発生理由別児童数　2008（平成20）年2月1日現在

| | 児童数 | | | | | 構成割合（％） | | | | |
|---|---|---|---|---|---|---|---|---|---|---|
| | 里親委託児 | 養護施設児 | 情緒障害児 | 自立施設児 | 乳児院児 | 里親委託児 | 養護施設児 | 情緒障害児 | 自立施設児 | 乳児院児 |
| 総数 | 3,611 | 31,593 | 1,104 | 1,995 | 3,299 | 100.0 | 100.0 | 100.0 | 100.0 | 100.0 |
| 父の死亡 | 46 | 195 | 14 | 9 | 2 | 1.3 | 0.6 | 1.3 | 0.5 | 0.1 |
| 母の死亡 | 192 | 580 | 10 | 25 | 35 | 5.3 | 1.8 | 0.9 | 1.3 | 1.1 |
| 父の行方不明 | 109 | 328 | 2 | 16 | 8 | 3.0 | 1.0 | 0.2 | 0.8 | 0.2 |
| 母の行方不明 | 408 | 1,869 | 14 | 28 | 136 | 11.3 | 5.9 | 1.3 | 1.4 | 4.1 |
| 父母の離婚 | 136 | 1,304 | 52 | 203 | 82 | 3.8 | 4.1 | 4.7 | 10.2 | 2.5 |
| 両親の未婚 | ＊ | ＊ | ＊ | ＊ | 260 | ＊ | ＊ | ＊ | ＊ | 7.9 |
| 父母の不和 | 21 | 252 | 19 | 49 | 42 | 0.6 | 0.8 | 1.7 | 2.5 | 1.3 |
| 父の拘禁 | 65 | 563 | 10 | 24 | 30 | 1.8 | 1.8 | 0.9 | 1.2 | 0.9 |
| 母の拘禁 | 108 | 1,048 | 15 | 24 | 146 | 3.0 | 3.3 | 1.4 | 1.2 | 4.4 |
| 父の入院 | 31 | 327 | 4 | 8 | 5 | 0.9 | 1.0 | 0.4 | 0.4 | 0.2 |
| 母の入院 | 159 | 1,506 | 10 | 12 | 122 | 4.4 | 4.8 | 0.9 | 0.6 | 3.7 |
| 家族の疾病の付添 | ＊ | ＊ | ＊ | ＊ | 14 | ＊ | ＊ | ＊ | ＊ | 0.4 |
| 次子出産 | ＊ | ＊ | ＊ | ＊ | 22 | ＊ | ＊ | ＊ | ＊ | 0.7 |
| 父の就労 | 82 | 1,762 | 13 | 19 | 24 | 2.3 | 5.6 | 1.2 | 1.0 | 0.7 |
| 母の就労 | 99 | 1,293 | 19 | 72 | 221 | 2.7 | 4.1 | 1.7 | 3.6 | 6.7 |
| 父の精神疾患等 | 12 | 180 | 7 | 15 | 7 | 0.3 | 0.6 | 0.6 | 0.8 | 0.2 |
| 母の精神疾患等 | 277 | 3,197 | 145 | 158 | 622 | 7.7 | 10.1 | 13.1 | 7.9 | 18.9 |
| 父の放任・怠だ | 34 | 654 | 29 | 100 | 13 | 0.9 | 2.1 | 2.6 | 5.0 | 0.4 |
| 母の放任・怠だ | 319 | 3,707 | 152 | 346 | 276 | 8.8 | 11.7 | 13.8 | 17.3 | 8.4 |
| 父の虐待・酷使 | 102 | 1,849 | 137 | 181 | 119 | 2.8 | 5.9 | 12.4 | 9.1 | 3.6 |
| 母の虐待・酷使 | 156 | 2,693 | 156 | 158 | 184 | 4.3 | 8.5 | 14.1 | 7.9 | 5.6 |
| 棄児 | 134 | 166 | 3 | 12 | 50 | 3.7 | 0.5 | 0.3 | 0.6 | 1.5 |
| 養育拒否 | 579 | 1,378 | 52 | 116 | 256 | 16.0 | 4.4 | 4.7 | 5.8 | 7.8 |
| 破産等の経済的理由 | 210 | 2,390 | 22 | 24 | 188 | 5.8 | 7.6 | 2.0 | 1.2 | 5.7 |
| 児童の問題による看護困難 | 36 | 1,047 | 117 | 148 | 21 | 1.0 | 3.3 | 10.6 | 7.4 | 0.6 |
| その他 | 217 | 2,674 | 92 | 192 | 353 | 6.0 | 8.5 | 8.3 | 9.6 | 10.7 |
| 不詳 | 79 | 631 | 10 | 56 | 61 | 2.2 | 2.0 | 0.9 | 2.8 | 1.8 |

注）＊は、調査項目としていない。
出典）厚生労働省雇用均等・児童家庭局「児童養護施設入所児童等調査結果の概要」

このデータは，相談件数上のものです。ですから何らかの事情で相談できないケースや，そのサービスすら知らない数多くのケースがあることは想像に難くありません。つまり，児童福祉施設で暮らしている子どもたちは，「問題」を抱えて困っている子どもたちや家族のうちのごく一部であるということになります。

## 3. 社会的養護の今日的課題

　児童福祉法が1947（昭和22）年に制定されてから50年以上が経過しました。現在の社会的養護体系は，主として，施設養護と家庭的養護あるいは家庭養護の2本柱でとらえられ，その拡充を中心に図られてきたことがわかります。

　しかし，かつて「家庭」の理想モデルとされた核家族における専業母親による子育てにも，悩みや不安が顕著となってきています。その結果，家庭における児童虐待が増加し続け，「両親と子ども」の家庭だけが，必ずしも理想の家庭とはいえなくなってきています。

　また，保護者による虐待などで十分な家庭養育を受けることのできない子どもたちを養護するための小規模施設である家庭的養護においても，虐待事例が指摘されているという問題もあります。このような子どもをめぐる状況は，社会的養護のさらなる変革を求めてきています。

　2004（平成16）年には，児童福祉法，児童虐待防止法の改正に伴い，保健，医療，福祉，教育，警察，司法などの団体によって構成される要保護児童対策地域協議会が，法的に位置づけられました。そこでは，子どもなどに関する情報や考え方を共有し，適切な連携の下で対応するものとして，各市町村レベルでの設置が進められています*。つまり子どもの権利擁護の視点からも，単一の行政機関，施設によるケアでは不十分であり，非常に困難となってきています。

　社会的養護をネットワーク化することで，社会的子育てシステムのなかに位置づけ，より充実させることが今日的課題であるといえます。

【第1章　参考文献】
上田衛編『保育と家庭支援』（みらい，2013）

＊ 2009（平成21）年4月現在，全国1,798市町村の97.6％にあたる1,755市町村で要保護児童対策地域協議会，または児童虐待防止ネットワークが設置されている。

# 2. 今後の社会的養護

## 1. 児童福祉施設における権利擁護

### 1）子どもの権利

　「子どもの権利」という言葉を聴いて，あなたは何を想像するでしょうか。「子どもの権利」という言葉があるからには，「おとなの権利」という言葉もあるのでしょうか。ここでは，児童福祉施設における「子どもの権利」擁護を考える前に，なぜ「子どもの権利」という言葉あるいは考え方が必要となるのかを考えてみましょう。

　たとえば，日本においては，20歳になるまでは，選挙権がなかったり，親の同意がなければ結婚できなかったり，お酒を飲むことができなかったり，とさまざまな法律上の制約があります。ほかにも，みなさんが通っていた学校のなかには校則で，男子学生に丸刈りを強制したり，女子学生に制服のスカート丈の長さを決めていたり，といったように一定の規則を定めていた学校もあるかもしれません。

　ではなぜ，子どもに対しては，おとなとは異なり，このような制約があるのでしょうか。子どもとおとなの違いはどこにあるのでしょうか。確かに子どもは身体的にも，精神的にも，発達段階にあるといえます。では，こうした発達段階にある子どもは，いつからおとなになるのでしょうか。

　こうした問いに，一律に答えるのは難しそうです。なぜならそこには，子どもであれ，おとなであれ，個人差が事実上，存在するからです。

　しかしたとえば，3歳の子どもと30歳のおとなとの間に，身体的・精神的な相違，すなわち発達段階の相違が存在するのは明らかです。そこで，法的な取り扱いを可能にするために，事実上の個体差を一定程度，「年齢」という観点から一般化・抽象化したうえで，子どもとおとなの間に形式的に「線」を引きます。つまり，画一的な処理を可能とするために，「子ども」という存在の範囲を設定するのです。わが国では民法第4条が「年齢二十歳をもって，成年とする」と定めています（そのため20歳になるまでは，選挙権がなかったり，親の同意がなければ結婚できないのです。ほかにも発達段階に着目し，たとえば16歳になるまでは原付の免許は取得できませんし，労働基準法では原則として満15歳に達した日以後の最初の3月31日が終了するまでは労働者として使用することを禁止しています）。

　ここまでの議論をまとめれば，つぎのように言えそうです。子どもはおとなと違い，事実上，心身ともに未熟であるがゆえに，おとなとは異なった制約ないし

保護が必要になるのだと。そしてその制約ないし保護を法的に可能にするために,「年齢」に着目し,形式的・画一的な対応を可能にしているのだと。そしてその現れが,子どもに課されているさまざまなルールなのだと。

しかし,こうした理解の背景には一般的に,子どもは守られるべき,あるいは保護されるべき存在(客体)であり,他方,おとなはそうした子どもを守るべき,あるいは保護すべき存在(主体)であるとする考え方が控えていそうです。では子どもは本当に,ただただ,守られるべき存在なのでしょうか。

たとえば日本国憲法は,第13条で「すべて国民は,個人として尊重される。生命,自由及び幸福追求に対する国民の権利については,公共の福祉に反しない限り,立法その他の国政の上で,最大の尊重を必要とする」と定めています。日本国憲法は,憲法上の権利として,ほかにも思想および良心の自由(第19条)や表現の自由(第21条),生存権(第25条)といったように数多くの権利を保障しています。

おとなと同様に子どもも,このような憲法上の権利を当然に有しています(ただし,上述したように,子どもは発達段階の途上にあるために,すなわち十分な判断能力がいまだ備わっていないために,「子ども自身を保護する」必要性から,必要最小限の制約が認められているのです)。したがって子どもは,単に保護されるべき存在(客体)としてではなく,おとなと同様に,個人の尊厳を有し,かつ権利を有する主体として,位置づけられることが必要といえます。言い換えれば,十分な判断能力がいまだ備わっていないとはいえ,子どもが何を望み,何を考え,どのような「意見」を持っているのか,といったように,子どもの自己決定権をできる限り尊重することが,現行憲法の要請といえます。

以上から,「子どもの権利」という言葉は,保護されるべき対象(客体)としてとらえられがちな「子ども」という存在に対し,人が人であるという理由によって認められるべき権利である人権の観念を背景に,権利の主体として子どもをとらえ返していこうとする行動や態度を表現した言葉であるといえそうです。

以下では,「子どもの権利」を守る国際的な取り組みを概観することにします。

## (1) 子どもの権利を守る国際的な取り組み

現在,子どもの権利を守るための国際的な制度の中核をなしているのが,児童の権利に関する条約(子どもの権利条約,Convention on the Rights of the Child)です。子どもの権利条約は,1989年11月20日,国際連合総会において全会一致で採択され,成立しました。子どもの権利条約は現在(2013年5月31日時点),193という人権条約最大の締約国数を有しています。アメリカ合衆国とソマリアは現在,条約に署名はしていますが,批准をしていない状態です。日本は,1990年9月21日に109番目で署名し,1994年4月22日に158番目で批准しました。なお,2000年5月25日に国連総会で,「児童の売買,児童買春及び児童ポルノに関する児童の権利に関する条約の選択議定書」と「武力紛争における児童の関与に関する児童の権利に関する選択議定書」という2つの選択議定書(条約と同じ効力を有します)が採択されました。したがって現在,この2つの選択議定書を含めた総体が,子どもの権利条約となります。

子どもの権利条約が成立する背景には,世界の子どもたちの現実がありました。第一次世界大戦および第二次世界大戦において,多くの子どもたちが戦禍に

巻き込まれました。多くの子どもたちが命を落とし，何とか戦争を生き延びた子どもたちも親を亡くすなど，生きていくのもままならない過酷な状態におかれました。

　子どもの権利条約の成立に対し主導的な役割を果たしたのが，ポーランドでした。ポーランドでは二度の世界大戦を通じ，何百万人という子どもが犠牲となっていました。そのポーランドで孤児院の院長（と同時に小児科医であり，児童文学作家であり，ラジオ番組のDJでもあった）を務めていたのがヤヌシュ・コルチャック（1878(9)－1942）でした。コルチャックは，ユダヤ人の子どもたちとともにトレブリンカ絶滅収容所で生涯を終えますが，彼の子ども観，すなわち子どもは単に保護されるべき存在であるだけでなく，自ら考え，「意見」を述べ，行動できる存在であるという考え方は，現在の子どもの権利条約のなかに反映されています。ポーランドは，1978年に子どもの権利条約の草案を国連に提出しました。それは翌年の1979年の「国際子ども年」に条約が採択されるようにとの思いからでしたが，その後，10年を超える歳月を経て，1989年に子どもの権利条約は成立することになりました。以下，国際連盟と国際連合の採択した子どもの権利に関する宣言と条約を列挙しておきます。

　　1924年　「子どもの権利に関するジュネーブ宣言」（国際連盟により採択）
　　1959年　「子どもの権利に関する宣言」（国際連合により採択）
　　1989年　「子どもの権利に関する条約」（国際連合により採択）
　　2000年　「子どもの売買，子ども買春及び子どもポルノに関する子どもの権利に関する条約の選択議定書」（国際連合により採択）
　　2000年　「武力紛争における子どもの関与に関する子どもの権利に関する条約の選択議定書」（国際連合により採択）

## （2）子どもの権利を守る国内の取り組み

　1989年に国連によって採択された子どもの権利条約は，子どもの権利を守る，あるいは保障するという意味で画期的でした。なぜなら，国際法上，条約を批准した国は当該条約の内容を履行する法的義務を負うことになるからです。すなわち，法的拘束力という点で，宣言と条約には違いがあるのです。

　日本は，すでに述べたように，1994（平成6）年に子どもの権利条約を批准しました。同条約を批准することによって生じる法的拘束力とは，条約44条に規定されているように，国際連合に対し報告書を提出する義務を負うことです。これは，国際人権規約や女性差別撤廃条約などと同様の，定期報告制度を子どもの権利条約も採用していることを意味します。すなわち，締約国は条約の効力が生じたときから2年以内に，その後は5年ごとに，国連事務総長を通じ，児童の権利委員会に報告書を提出しなければなりません（44条）。そして専門家で構成される国連・子どもの権利委員会が，締約国の義務の実施状況を審査，監視することになります（43条から45条）。

　ここで，子どもの権利条約の一般原則を確認しておきたいと思います。当該原則は，日本が国内において子どもの権利ないし福祉を実現していく際に，依拠すべき法原則でもあるからです。子どもの権利条約は，以下の4つを一般原則としています。

　　あらゆる差別の禁止（2条）

子どもの最善の利益の確保（3条）
　　　生命・生存・発達への権利（6条）
　　　子どもの意見の尊重（12条）

　それでは日本国内においては，子どもの権利条約を批准する以前には，子どもの権利を守る仕組み，あるいは制度は存在しなかったのでしょうか。そうではありません。すでに確認したように，わが国には，1946（昭和21）年に制定・公布され，1947年から施行されている日本国憲法が存在し，憲法第13条は「個人の尊厳」を規定しています。そして憲法第13条を背景に，子どもの権利ないし福祉を具体化した法律として児童福祉法が存在します。児童福祉法については，本章において後述（⇒p.19，3．児童福祉法）しますが，日本国憲法が制定された翌年の1947年に児童福祉法は制定・公布され，1948年から施行されています。

　したがって，児童の権利ないし福祉を実現するための国内の法制度は，日本国憲法を頂点に児童福祉法を中核として，子どもの権利条約の内容を履行していくことが求められているといえます。そうした意味で後述するように，1997（平成9）年の児童福祉法の大改正は，1994年に批准した子どもの権利条約の内容に対応しようとしたものであったといえます。

　ちなみに，上述した定期報告制度に基づき，日本政府は2008（平成20）年4月に，第3回報告書を提出し，2010（平成22）年5月27日・28日，国連・子どもの委員会第54会期において審査され，会期最終日の6月11日に，総括所見（Concluding Observations）が採択されました。荒牧重人氏によれば，第3回総括所見でも指摘されたように，これまでの2回の総括所見に対し，誠実に応答しているとはいえないし，実際にその多くを実施していないとみられています。日本は，世界のなかでも物質的には豊かな生活を享受しているようにみえますが，子どもの権利という観点からみたとき，いじめ，体罰，虐待をはじめ，子どもをめぐる生活環境は依然として多くの課題を抱えています。

　以下では，児童福祉施設における子どもの権利擁護について概観することにしましょう。

## 2）児童福祉施設における権利擁護

　児童福祉施設については後述（3．児童福祉法）しますが，ここでは，子どもが保護者と離れて暮らさざるをえない状況を想定し，論述を進めていきます。子どもが保護者と別れて施設で生活するということは，何を意味するのでしょうか。

　たとえば，子どもの権利条約9条1項は，「締約国は，児童がその父母の意志に反してその父母から分離されないことを確保する。ただし，権限のある当局が司法の審査に従うことを条件として適用のある法律及び手続に従いその分離が児童の最善の利益のために必要であると決定する場合は，この限りではない。このような決定は，父母が児童を虐待し若しくは放置する場合又は父母が別居しており児童の居住地を決定しなければならない場合のような特定の場合において必要となることがある」と規定し，さらに2項で，「すべての関係当事者は，1の規定に基づくいかなる手続においても，その手続に参加しかつ自己の意見を述べる機会を有する」と定めています。

　すなわち，原則的に子どもを保護者から分離することを禁止したうえで，例外

的に「児童の最善の利益」のために必要な場合のみ，保護者から分離することを認めているのです。子どもは通常，母親と父親を中心とする家庭環境において，物理的，心理的，社会的に護られた状態で，身体的，精神的，社会的に発達し，人格を形成していきます。このように子どもの人格を形成していく機能を有しているはずの家庭環境が，ある場合にその機能を失い，逆に子どもの人格形成を阻害してしまう状況が発生してしまうことがあります。その状況として条約9条は，「虐待若しくは放置」に言及し，こうした例外的な状況においてのみ，「すべての関係当事者」，すなわち子ども自身も含めた父母などの参加と意見を述べる機会が確保された適正な法的手続を経たうえで，「子どもの最善の利益」のために必要な場合には，子どもを保護者から分離することを認めているのです。

そして条約19条1項は，「あらゆる形態の身体的若しくは精神的な暴力，傷害若しくは虐待，放置若しくは怠慢な取り扱い，不当な取り扱い又は搾取（性的虐待を含む。）から」，子どもを保護する責任が締約国にあることを明らかにし，条約20条1項は，「一時的若しくは恒久的にその家庭環境を奪われた児童又は児童自身の最善の利益にかんがみその家庭環境にとどまることが認められない児童は，国が与える特別の保護及び援助を受ける権利を有する」と規定しています。

子どもの権利という観点からみれば，子どもには，身体的，精神的，社会的に発達し，自らの人格を形成していくための家庭環境を有する権利があるにもかかわらず，虐待等の状況下においてはその権利が侵害されているために，その代替的養育環境として被虐待児等は児童福祉施設に入所し，自らの心身の発達とそれに伴う人格を形成していく権利を有しているといえます。他方，国の義務という観点からみれば，国にはそうした子どもを保護し援助する義務があるのです。

それでは児童福祉施設における権利擁護，すなわち保護者と別れ，施設での生活を余儀なくされた子どもたちの権利擁護とは，いったい，何を意味しているのでしょうか。児童福祉施設は本来，家庭環境が有している機能を代替するためのものです。しかし，施設においては，他者との集団生活を余儀なくされますし，子どもの権利を実現していく役割は保護者ではなく，施設の職員となります。保護者からの分離と集団の生活を余儀なくされる子どもたちは，その時点ですでに，自らの権利を一部制限されているといえます。したって，施設においてはとくに，子どもの権利擁護といった考え方が必要となります。

子どもの権利擁護で大切なことは，これまでも述べてきたように，子どもは自ら考え，「意見」を述べ，行動できる存在である，つまり自己決定できる主体であるということを前提に，その環境を整えていくことにあります。そしてその際，子どもの権利擁護という考え方を十全に理解し行動することがまず求められるのが，施設の職員ということになります。施設に入所してくる，傷ついた子どもたちにとって職員は，彼・彼女たちの家庭環境で得られなかった身体的，心理的，社会的発達をうながし，おとなとの信頼関係を回復する役割を負っているからです。にもかかわらず，残念ながら，施設において体罰や虐待が発生してしまう・しまったケースがあります。それゆえ，施設職員にとって，子どもの権利擁護という考え方は必須のものといえます。

施設の職員は，児童の福祉を志し，専門的な教育を受け，自ら望んでその職に従事したにもかかわらず，なぜそのようなことを起こしてしまった・しまうので

しょうか。そのメカニズムを精確に解明することは，子どものためだけでなく，職員のためにも重要な仕事です。ここでは，この問題にこれ以上，立ち入ることができません。みなさんで勉強・研究をしてみてください。以下，たとえば井上仁『子どもの権利ノート』の目次から，児童福祉施設における権利擁護にとって，大切な子どもの権利を列挙してみます。各項目の詳細については，みなさんで学習してみてください。

- 権利の説明と責任・義務について
- 個としての尊重と差別の禁止
- 知る権利
- 意見表明権の保障
- 家族の尊重
- プライバシーの保護
- 情報および資料を利用する権利
- 教育についての権利
- 健康に関する権利
- 思想，良心，宗教に関する権利
- 遊ぶ権利
- 交際をする自由
- 体罰，虐待，搾取，そして性的な被害からまもられる権利
- アフターケアの権利

## 2. 里親制度の現状と課題

### 1）里親制度の現状

　里親制度は，何らかの事情により家庭での養育が困難，または受けられなくなった子どもたちに，温かい愛情と正しい理解を持った家庭環境のもとでの養育を提供する制度です。

　現状においては，地域社会の変化や核家族化により，社会的養護を必要とする子どもたちが増加するなか，虐待による影響など，さまざまな課題を抱えた子どもが多くなっています。しかし，このような子どもたちに対応できる里親が少ないこと，里親家庭においても家庭環境が変化していたり，里親制度への社会の理解不足から，里親委託が進まない事情があり，社会的養護を必要とする子どもたちの9割は施設養護であり，家庭養護である里親委託は一向に増えない状況です。

### 2）里親委託優先の原則

　2009（平成21）年，「児童の代替的養護に関する指針」が国連総会決議により採択され，わが国においても，2011（平成23）年，厚生労働省雇用均等・児童家庭局長が「里親委託ガイドラインについて」という通知を出しました。これは，保護者による養育が不十分，または養育を受けることが望めない社会的養護を必要とするすべての子どもの代替的養護は，家庭養護が望ましく，里親委託を

優先して検討することを原則とするべきである，という方針です．とくに乳幼児は安定した家族関係のなかで，愛着関係の基礎をつくる時期であり，子どもが安心できる温かく安定した家庭で養育されることが大切です．

社会的養護が必要な子どもを里親家庭に委託することにより，子どもの成長や発達にとって，以下のような効果が期待できることから，社会的養護においては里親委託を優先すべきとされています．

① 特定のおとなとの愛着関係のもとで養育されることにより，自己の存在を受け入れられているという安心感のなかで，自己肯定感を育むとともに，人との関係において不可欠な，基本的信頼感を獲得することができる．

② 里親家庭において，適切な家庭生活を体験するなかで，家族それぞれのライフサイクルにおけるあり様を学び，将来，家庭生活を築く上でのモデルとすることが期待できる．

③ 家庭生活のなかで人との適切な関係の取り方を学んだり，身近な地域社会のなかで必要な社会性を養うとともに，豊かな生活経験を通じて生活技術を獲得することができる．

## 3）里親制度の改正
### （1）里親の区分

里親制度は，2008（平成20）年の児童福祉法の改正により，表2-1に示すように，養育里親，養子縁組を前提とする里親，親族里親の3種類が明確に区分され，従来の短期里親は養育里親に吸収され，専門里親は養育里親のなかに含められることになりました．

表2-1 里親制度の区分

| 区分 | 養育里親（専門里親） | 養子縁組里親 | 親族里親 |
|---|---|---|---|
| 対象児童 | 要保護児童（保護者のいない児童又は保護者に監護させることが不適当であると認められる児童）<br>（専門里親）<br>次に掲げる要保護児童のうち，都道府県知事がその養育に関し特に支援が必要と認めた者<br>① 児童虐待の防止等に関する法律第2条に規定する児童虐待等の行為により心身に有害な影響を受けた児童<br>② 非行等の問題を有する児童<br>③ 身体障害，知的障害又は精神障害がある児童 | | 次の要件に該当する要保護児童<br>① 当該親族里親と三親等以内の親族である児童<br>② 児童の両親その他当該児童を現に監護する者が死亡，行方不明，拘禁等の状態となったことにより，これらの者による養育が期待できない児童 |
| 要件，欠格事由等 | 経済的に困窮していない者であって養育里親研修を修了したもの・里親希望者及び同居人が次の欠格事由に該当しないこと<br>○ 成年被後見人又は被補佐人<br>○ 禁錮以上の刑に処せられ，その執行を終わり，又は執行を受けることがなくなるまでの者<br>○ 児童福祉法，児童買春，児童ポルノに係る行為等の処罰及び児童の保護等に関する | 要保護児童について養子縁組によって養親となることを希望すること | 当該要保護児童の3親等以内の親族であること |

|  |  |  |  |
|---|---|---|---|
|  | 法律その他国民の福祉に関する法律で政令で定めるものの規定により罰金の刑に処せられ，その執行を終わり，又は執行を受けることがなくなるまでの者<br>○ 児童虐待の防止等に関する法律第2条に規定する児童虐待又は被措置児童等虐待を行った者その他児童の福祉に関し著しく不適当な行為をした者<br>① 養育里親の要件に加え，次のいずれかに該当すること<br>イ 養育里親として3年以上の委託児童の養育の経験を有する者であること<br>ロ 3年以上児童福祉事業に従事した者であって，都道府県知事が適当と認めた者であること<br>ハ 都道府県知事がイ又はロに該当する者と同等以上の能力を有すると認めた者であること<br>① 専門里親研修を修了していること<br>② 委託児童の養育に専念できること |  |  |
| 研修受講義務 | 義務あり<br>(養育里親研修・専門里親研修) | 義務なし ||
| 登録有効期間 | 5年間（5年ごとに更新研修を受講）<br>専門里親：2年間（2年ごとに更新研修を受講） | 規定なし | 当該委託児童の解除とともに取り消し |
| 委託児童等の人数の限度 | 委託児童4人まで（うち専門里親として委託される児童は2人まで）<br>同時に養育する委託児童及び委託児童以外の児童（実子など）の合計は6人まで |||
| 里親手当 | 国の基準額：委託児童1人当たりの月額<br><br>人数　1人　72,000円（専門里親）123,000円<br>　　　2人　36,000円（専門里親）87,000円<br>　　　3人　36,000円<br>　　　4人　36,000円 | 手当なし ||

## (2) ファミリーホーム（小規模住居型児童養育事業）

ファミリーホームは，2008（平成20）年度から，これまで一部の都道府県等で行われていた，里親ファミリーホームを参考にして創設された事業です。

里親とも施設とも異なる中間的なグループホームで，5～6人の子どもを養育者の住居において養育するという事業形態として，社会福祉事業のひとつに位置づけられました。

## 4）養育里親の手順

養育里親として認定され，実際に子どもを養育するまでには，以下のプロセスがあります。

　　　①登録申請（児童相談所）
　　　②基礎研修・認定前研修の受講（都道府県知事から修了証の交付）
　　　③家庭訪問・調査（児童相談所）
　　　④都道府県の児童福祉審議会里親認定部会で審議
　　　⑤認定（都道府県知事から認定証の交付）

表2－2　ファミリーホーム

| 対象児童 | 要保護児童（保護者のいない児童または保護者に監護させることが不適当であると認められる児童） |
|---|---|
| 養育者要件 | ・養育里親として2年以上同時に2人以上の委託児童の養育経験を有する者<br>・養育里親として5年以上の登録，かつ通算5人以上の委託児童の養育経験を有する者<br>・3年以上児童福祉事業に従事した者<br>・上記に準ずる者として都道府県知事が適当と認めた者 |
| 児童定員 | 5人または6人 |
| 職員 | 1人以上の専任養育者がその住居に本拠をおく，その他，2人以上の養育者又は補助者をおく |
| 予算 | 委託児童1名当たり（月額）：事務費15万円程度，事業費（一般生活費）5万円程度 |

⑥マッチング（児童相談所）
⑦委託の打診と説明（児童相談所）
⑧子どもと里親の面会（児童相談所）
⑨里親委託（都道府県知事から委託証の交付）

## 5）里親研修

2008（平成20）年の児童福祉法改正により，養育里親になるためには，「基礎研修」・「認定前研修」の受講が義務づけられました。また，5年ごとの更新研修も義務づけられました。養育里親基礎研修の概要を表2－3に，養育里親認定前研修の概要を表2－4に，養育里親更新研修の概要を表2－5に，それぞれ示します。

なお専門里親についても同様ですが，更新は2年ごととなります。

## 6）里親支援

里親委託を推進するために，児童相談所が中心となり，里親の居住する市区町村や里親支援機関，児童家庭支援センターなどと連携し，里親の資質の向上を図るための研修や，里親への相談支援，里親の相互交流等の里親支援を行っています。里親支援は，里親が直面するさまざまな状況に対して，子どもへの対応に悩み，過度な抱え込みや，里親が孤立することのないよう支援しています。

① 里親支援機関事業

里親支援機関事業は2008年に設置されました。これは，児童相談所，里親，乳児院などの児童福祉施設が相互の理解を深め，共通の認識を持ち，里親委託などを推進するとともに，社会の里親制度の理解を深めるなど，里親制度の普及啓発を積極的に行うためのものです。また，里親の資質の向上を図るための研修，里親に対する相談・援助など，里親支援を総合的に実施することを目的としています。

② 里親会

里親会は，里親家庭を支援する団体で，児童相談所ごとに活動をしている支

表2-3 養育里親基礎研修

| 対象者 | 養育里親を希望する者 |
|---|---|
| 目的 | ・社会的養護における里親制度の意義と役割を理解する<br>・今日の要保護児童とその状況を理解する（虐待，障害，実親がいるなど）<br>・里親に求められるものを共有する（グループ討議） |
| 実施機関 | 都道府県（法人，NPO等に委託可） |
| 期間 | 1日+実習1日程度 |
| 内容 | ・里親制度の基礎<br>・保護を要する子どもの理解について<br>・地域における子育て支援サービスについて<br>・先輩里親の体験談・グループ討議<br>・実習（児童福祉施設の見学を主体としたもの） |

表2-4 養育里親認定前研修

| 対象者 | 養育里親を希望する者で，基礎研修を受講した者 |
|---|---|
| 目的 | 社会的養護の担い手である里親として，子どもの養育を行うために必要な知識と子どもの状況に応じた養育技術を身につける |
| 実施機関 | 都道府県（法人，NPO等に委託可） |
| 期間 | 2日+実習2日程度 |
| 内容 | ・里親制度の基礎（里親が行う養育に関する最低基準）<br>・里親養育の基本（マッチング，交流，受託，解除までの流れ，諸手続等）<br>・子どものこころ（子どもの発達と委託後の適応）<br>・子どもの身体（乳幼児健診，予防接種，栄養等）<br>・関係機関との連携（児童相談所，学校，医療機関等）<br>・里親養育上のさまざまな課題（愛着形成行動，真実告知，ライフストーリーワーク等）<br>・児童の権利擁護と事故防止<br>・里親会活動<br>・先輩里親の体験談・グループ討議<br>・実習（乳児院・児童養護施設） |

部，都道府県（指定都市）ごとの里親会，全国的な組織である全国里親会があります。それぞれ役割は異なりますが，すべての里親会が里親支援機関として活動することが望まれています。

③ 里親支援専門相談員

2012（平成24）年，社会的養護関係施設に地域支援の拠点機能を持たせ，里親やファミリーホームへの相談などの支援体制の充実を図るため，児童養護施設および乳児院に里親支援専門相談員の配置ができるようになりました。

## 7）里親制度の課題
### （1）里親制度が知られていない

里親という言葉は知られていても，里親制度の内容や里親養育の実際については，一般には，ほとんど知られていません。里親制度についての広報・周知を図

表2-5 養育里親更新研修

| 対象者 | 登録または更新後5年目の養育里親 |
|---|---|
| 目的 | 養育里親として児童の養育を継続するために必要となる知識，新しい情報等を得る |
| 実施機関 | 都道府県（法人，NPO等に委託可） |
| 期間 | 1日程度 |
| 内容 | ・社会情勢，法改正等（児童を取り巻く最新情報，児童福祉法・児童虐待防止法改正等）<br>・児童の発達と心理・行動上の理解等<br>・養育上の課題に対応する研修<br>・意見交換（受講者が共通に抱えている悩みや課題について）<br>・未委託里親の場合は施設実習が必要（1日間） |

ることが，まず必要です。そして里親への志望者を増やすためにも，また里親養育への理解者・支援者を増やすためにも，国を挙げての啓発が求められます。

里親になろうとする人が，どこに相談にいったらよいかわからないことも多いので，ポスター，リーフレットの配布はもとより，里親支援機関のホームページや身近な市区町村のホームページに案内を常時出すなどの工夫が必要です。さらに市区町村の窓口の職員が里親制度を理解し，説明できるということが，非常に重要となります。一般の人にとって，児童相談所は，敷居が高く直接相談することが困難だからです。

また，里親の養育体験発表会などを開催し，一般の人が直接，里親養育の実際を聞くことも，里親希望者を増やす上で重要なきっかけになります。

## （2）里親を支える仕組みができていない

子育てをする上では，さまざまなことが起こり，里親が疲弊してしまうことがあります。子どもが成長するにつれ，今まではっきりしなかった障害特性などが顕著になったり，非行問題に悩むことがあったりします。大切なことは，里親がひとりで抱え込まないようにすることです。里親サロンなどでの里親同志の交流会で相談したり，里親のレスパイト・ケア*を利用したりすることで，里親を孤立させないような支援の仕組みを整える必要があります。

## （3）関係機関との連携

本来，児童相談所が中心になり，里親支援専任職員の配置などにより，里親支援を充実させなければなりません。しかし児童相談所では，被虐待児への対応などに追われて，十分な体制がとれていないのが実情です。

とくに，里親に委託される子どもたちの多くが，施設から里親家庭に委託されることから，出身施設との協働は極めて重要となります。児童相談所が中心になり，里親支援機関や里親会，施設に配置されつつある里親支援専門相談員が連携し，里親からの相談に対応できる体制の整備に努めることが必要です。

さらに，里親同士の支え合いや児童相談所・施設との協働以外にも，近隣住民や学校・病院といった地域の理解と支援が必要となります。

*里親の一時的な休息のため，ほかの里親や乳児院・児童養護施設などに，委託児童を預けること。実施主体は都道府県で，窓口は児童相談所。

# 3. 児童福祉法

## 1）児童福祉を構築する法体系

　児童福祉という言葉は一般には，子どもに関わる何らかの問題を解決し，子どもたちが幸せに暮らすことができるようにするための方策やサービスをさします。ここでは，児童福祉法第1条を念頭に置き，法学者の西村健一郎氏の定義にしたがい，「児童福祉とは，児童が心身ともに健やかに生まれ，かつ育つようにするために行われる社会施策のことである」と定義しておきます。

　児童福祉法第1条は，1項で「すべて国民は，児童が心身ともに健やかに生まれ，且つ，育成されるよう努めなければならない」と規定し，2項で「すべて児童は，ひとしくその生活を保障され，愛護されなければならない」と規定しています。

　児童福祉法は，児童の福祉を実現するための中核的な法律といえます。しかし，児童の福祉を保障し，実現するための法規範は，児童福祉法に限られるわけではありません。

　わが国の法体系・法秩序は，日本国憲法を頂点に，法律，命令（政令・省令など），行政行為といったように段階構造を成しています。児童福祉を現実に実現していく際の要点は，段階構造を成している法規範の条文ないしテキストを前提に，それに関わる人々（公務員および児童福祉を担う人々）が児童福祉の原理をいかに実現していくか，すなわち条文ないしテキストの運用にあるといえます（⇒ p.20，2）（3）児童福祉法の概要）。確認のため，児童福祉に関わる憲法上の権利と中心的な法律，いわゆる児童福祉六法を表2-6に示します。

　なお，これら以外にも，関連する法律として，社会福祉に関する法律，医療・公衆衛生に関する法律，教育に関する法律，労働に関する法律，社会保険に関す

表2-6　児童福祉に関わる憲法上の権利と児童福祉六法

| 憲法上の権利（日本国憲法） |
|---|
| ・個人の尊重と幸福追求権（第13条）<br>・法の下の平等（第14条）<br>・奴隷的拘束と苦役からの自由（第18条）<br>・家族生活における個人の尊厳と両性の平等（第24条）<br>・生存権（第25条）<br>・教育を受ける権利（第26条）<br>・勤労の権利と児童酷使の禁止（第27条）<br>・法定手続の保障（第31条）<br>・裁判を受ける権利（第32条） |
| 児童福祉六法 |
| ・児童福祉法<br>・児童扶養手当法<br>・特別児童扶養手当等の支給に関する法律<br>・母子及び寡婦福祉法<br>・母子保健法<br>・児童手当法 |

る法律などがあり、多岐にわたっています。

## 2) 児童福祉法の概要

### (1) 制定の経緯

　日本は、1945（昭和20）年8月14日にポツダム宣言（「日本国の降伏条件を定める宣言」）を受諾し、翌8月15日に国民に日本の無条件降伏を発表し、第二次世界大戦は終結しました。そして連合国軍（実際はアメリカ軍）占領下の、1946（昭和21）年11月3日に「日本国憲法」は公布され、翌年の1947（昭和22）年5月3日から施行されました。

　第二次世界大戦前の日本では、社会的弱者に対する施策としては救護法（1932（昭和7）年施行）などにより、生活が困窮している児童・老人・障害者などを対象に救貧施策を実施していたに過ぎませんでした。他方、第二次世界大戦末期の空襲などにより、親や家をなくした「戦災孤児」や「浮浪児」が街頭にあふれ、彼ら・彼女らは当時、想像を絶する困難な状況に置かれていました。こうした児童を保護することは緊急の課題であり、政府は、新憲法下の1947（昭和22）年8月、児童福祉法案を第1回国会に提出し、同年12月12日に制定・公布し、翌年1月1日から施行しました。

　児童福祉法は、前年の11月に制定された日本国憲法の中心的な原理である「個人の尊厳」を具体化したものであるといえ、戦後の新しい価値体系を表現しているといえます。そうした意味で児童福祉法は、すべての児童を対象とする児童の福祉に関する基本法という性格を有しており、児童福祉を構築する法体系の中核的な法律といえます。

### (2) 児童福祉法の構成

　児童福祉法は、62条（本則）、8章で構成されています。児童福祉法の構成を章名と節名によって示すと表2－7の通りとなります。

### (3) 児童福祉法の概要

#### ① 児童福祉の原理

　児童福祉法第1条は、1項で「すべて国民は、児童が心身ともに健やかに生まれ、且つ、育成されるよう努めなければならない」と規定し、国民に児童を健全に育成する責務を課し、2項で「すべて児童は、ひとしくその生活を保障され、愛護されなければならない」と規定し、児童の生存権と愛護される権利を保障しています。

　また同法第2条は、「国及び地方公共団体は、児童の保護者とともに、児童を心身ともに健やかに育成する責任を負う」と規定し、児童の保護者のみならず、国および地方公共団体にも児童の健全育成に対する責任を負わせています。

　そして同法第3条に、「前二条に規定するところは、児童の福祉を保障するための原理であり、この原理は、すべて児童に関する法令の施行にあたつて、常に尊重されなければならない」と規定することによって、同法第1条および第2条が児童に関わるすべての法令の施行にあたり、指導原理となることを明らかにしています。

#### ② 対象

　児童福祉法第4条は、1項で「児童とは、満十八歳に満たない者をいい、児童

表2-7 児童福祉法の構成

| | 章名 | 節名 |
|---|---|---|
| 第1章 | 総則（1条-18条の24） | 定義／児童福祉審議会等／実施機関／児童福祉司／児童委員／保育士 |
| 第2章 | 福祉の保障（19条-34条の2） | 療育の指導等／居宅生活の支援／助産施設，母子生活支援施設及び保育所への入所／障害児入所給付費，高額障害児入所給付費及び特定入所障害児食費等給付費並びに障害児入所医療費の支給／障害児相談支援給付費及び特例障害児相談支援給付費の支給／要保護児童の保護措置等／被措置児童等虐待の防止等／雑則 |
| 第3章 | 事業，養育里親及び施設（34条の3-49条） | |
| 第4章 | 費用（49条の2-56条の5） | |
| 第5章 | 国民健康保険団体連合会の児童福祉法関係業務（56条の5の2-56条の5の4） | |
| 第6章 | 審査請求（56条の5の5） | |
| 第7章 | 雑則（56条の6-59条の8） | |
| 第8章 | 罰則（60条-62条の7） | |

を左のように分ける」と規定し，1号で「乳児　満一歳に満たない者」，2号で「幼児　満一歳から，小学校就学の始期に達するまでの者」，3号で「少年　小学校就学の始期から，満十八歳に達するまでの者」と規定しています。

また同法第4条2項は，「障害児とは，身体に障害のある児童又は知的障害のある児童をいう」と規定し，同法第5条は，「妊産婦とは，妊娠中又は出産後一年以内の女子をいう」と規定し，同法第6条は，「保護者とは，親権を行う者，未成年後見人その他の者で，児童を現に監護する者をいう」と規定しています。

### ③ 行政組織など

児童福祉法の施行は，中央では，厚生労働省の雇用均等・児童家庭局が担当し，地方公共団体では，児童・家庭福祉等の部および課が担当しています。そして児童福祉の専門機関として，都道府県は児童相談所を設置し（児童福祉法第12条），そこに児童福祉司を置かなければなりません（児童福祉法第13条。指定都市も同様です。自治令174条の26第1項）。

児童相談所の業務には，（ⅰ）児童に関する家庭等からの相談に応じること，（ⅱ）児童およびその家庭についての必要な調査ならびに医学的，心理学的，教育学的，社会学的および精神保健上の判定を行うこと，（ⅲ）児童およびその保護者に対し（ⅱ）の調査または判定に基づき必要な指導を行うこと，（ⅳ）児童の一時保護を行うこと，などがあります（児童福祉法第12条）。

また児童福祉法は，児童福祉に関する事項を調査・審議する機関としての児童福祉審議会（児童福祉法第8条），そして市町村（児童福祉法第10条），都道府県（児童福祉法第11条），保健所（児童福祉法第12条の6），児童委員（児童福祉法17条）の業務内容，さらに保育士（児童福祉法第18条の4）についての規

定などを有しています。

④　福祉の保障―措置，給付など

障害のある児童に対する療育の指導および医療の給付など（児童福祉法第19条以下），助産施設・母子生活支援施設および保育所への入所など（児童福祉法第22条以下），要保護児童に対する措置など（児童福祉法第25条以下），児童福祉法にはさまざまな観点から児童の福祉を図る規定を設けています。なお，障害のある児童に対する給付など（児童福祉法第21条の6など）については，2013（平成25）年4月1日から施行された『障害者の日常生活および社会生活を総合的に支援するための法律』（通称，障害者総合支援法）との関係には注意を要します。

たとえば上述の内容について条文をいくつか確認してみましょう。保育の実施については，市町村は，保護者の労働または疾病などにより，その監護すべき児童の保育に欠けるところがある場合，「保護者から申込みがあったときは，それらの児童を保育所において保育しなければならない」（児童福祉法第24条1項本文）と規定しています。ただし，保育の需要の増大等のやむを得ない事由があるときは，「その他の適切な保護をしなければならない」（同但書）としています。また，要保護児童に対する措置等については，要保護児童を「保護者のない児童又は保護者に監護させることが不適当であると認められる児童」（児童福祉法第6条の3）と定義したうえで，要保護児童を発見した者の福祉事務所または児童相談所への通告義務（児童福祉法第25条）や，市町村などの採るべき措置（児童福祉法第25条の7以下）などを定めています。

⑤　児童福祉施設

児童福祉施設とは，助産施設，乳児院，母子生活支援施設，保育所，児童厚生施設，児童養護施設，障害児入所施設，児童発達支援センター，情緒障害児短期治療施設，児童自立支援施設および児童家庭支援センターのことをいいます（児童福祉法第7条）。

都道府県は，政令の定めるところにより児童福祉施設を設置しなければならず（児童福祉法第35条2項），児童福祉施設の設置については，市町村は，厚生労働省令の定めるところにより，あらかじめ厚生労働省令で定める事項を都道府県知事に届出を行う必要があり（児童福祉法第35条3項），国，都道府県および市町村以外の者は，厚生労働省令の定めるところにより，都道府県知事の認可を得る必要があります（児童福祉法第35条4項）。

また施設の設備・運営に関しては，児童福祉施設に配置する従業者およびその員数など，厚生労働省令によって最低基準が定められており（児童福祉法第45条2項），都道府県知事は，児童福祉施設の設置者等に対し，その遵守に関する報告・質問・立入検査を求めることができ（児童福祉法第46条），その基準に達していない場合は，改善勧告や改善命令（児童福祉法第46条3項），さらには事業停止命令を行うことができます（児童福祉法第46条4項）。

⑥　そのほか―費用，審査請求，罰則等

児童福祉法はそのほかにも，児童福祉行政に必要な費用について，国，都道府県，市町村の支弁（支払い）などに関する規定（児童福祉法第49条の2以下）や，市町村の障害児通所給付費などについての処分に不服がある障害児の保護者から

の都道府県知事に対する審査請求に関する規定（第56条の5の5），さらには児童の福祉を害する典型的な行為を規定したうえで（児童福祉法第34条），当該規定に違反した者への罰則規定（児童福祉法第60条）などを有しています。

### 3）児童福祉制度の展開—1997（平成9）年の児童福祉法改正を中心に

　社会規範のひとつである法規範は，とくに社会状況の変化を踏まえつつ，社会を適切に規制していく必要があります。児童福祉制度を構築する中核的な法律である児童福祉法も，そうした意味で社会の変化に即した改正が必要であると考えられ，1997（平成9）年に，「制定以来50年ぶりの大改正」といわれる改正が行われました。その背景には，児童や家庭をめぐる生活環境の変化，たとえば都市化，核家族化，離婚の増加，夫婦共働き家庭の一般化，そしてそれらに伴って生じる地域や家庭における子育て機能の低下がありました。そしてこうした子育て機能の低下は，親の育児不安や育児負担へとつながり，近年の児童虐待問題あるいは児童虐待相談件数の急激な増加をも生み出しているものと考えられます。他方，近年の晩婚化の進展を背景とする少子化の進行も大きな社会問題となっています。

　したがって上述の児童や家庭をめぐる問題に対応すべく，児童福祉法の1997年改正では，児童および保護者の選択・意向を尊重するために，保育所の利用手続を市町村の措置（行政処分）から保護者が希望する保育所を選択する仕組みに改めたり（児童福祉法第24条），自立支援を促進するために母子寮を母子生活支援施設（児童福祉法第38条）に，養護施設を児童養護施設（児童福祉法第41条）に，教護院を児童自立支援施設（児童福祉法第44条）に改め，さらに子育て家庭を支援するために，児童家庭支援センターがその地域の児童や家庭の相談に対し助言等を行う（児童福祉法第44条の2）ことになったのです。そしてその後も児童福祉法は，児童や家庭をめぐる環境変化を踏まえ，児童の福祉を十全に実現するためにさまざまな改正が行われてきています。

## 4. 児童虐待の防止等に関する法律

### 1）子どもへの虐待の現状と，児童虐待防止法の制定経緯

　現在，家庭や児童福祉施設内における子どもの虐待が深刻な社会問題となっています。厚生労働省のホームページによれば，全国の児童相談所における児童虐待に関する相談対応件数は，統計を取りはじめてから毎年増加しており，2011（平成23）年度の虐待対応件数は，59,919件となっています。また虐待死は，ほぼ毎年50人を超えているという状況です（⇒p.111，第8章「児童虐待について」）。

　すでに本章の「3. 児童福祉法」で述べたように，子どもの福祉を守る中核的な法律としては，1947（昭和22）年に制定された児童福祉法がありました。この法律には，子どもの虐待について，通告の義務（児童福祉法第25条），立ち入り調査（児童福祉法第29条），一時保護（児童福祉法第33条），家庭裁判所

への申し立て（児童福祉法第28条）といった規定があります。しかし，こうした規定が有効に使われることはありませんでした。

その背景には児童相談所をはじめ，子ども虐待に対する消極的な姿勢がありました。しかし，マスメディアによる「児童虐待」の報道，民間団体による児童虐待の防止活動，そして「子どもの権利条約」の批准などを通じ，子ども虐待に対する社会的関心が次第に高まっていきました。と同時に，前述したように児童相談所での児童虐待に関する相談対応件数は毎年増加していくという状況がありました。

このような子どもへの虐待をめぐる状況を背景として，『児童虐待の防止等に関する法律（以下，児童虐待防止法）』が2000（平成12）年5月に制定され，同年11月から施行されたのです。なお，児童虐待防止法は第1条でその目的を以下のように定めています。

「この法律は，児童虐待が児童の人権を著しく侵害し，その心身の成長及び人格の形成に重大な影響を与えるとともに，我が国における将来の世代の育成にも懸念を及ぼすことにかんがみ，児童に対する虐待の禁止，児童虐待の予防及び早期発見その他の児童虐待の防止に関する国及び地方公共団体の責務，児童虐待を受けた児童の保護及び自立の支援のための措置等を定めることにより，児童虐待の防止等に関する施策を促進し，もって児童の権利利益の擁護に資することを目的とする。」

### 2）児童虐待防止法の概要

児童虐待防止法は，本則17条からなる法律です。その内容は以下の通りです。
(1) 目的（第1条）
(2) 児童虐待の定義（第2条）
(3) 児童に対する虐待の禁止（第3条）
(4) 国及び地方公共団体の責務等（第4条）
(5) 児童虐待の早期発見及び児童虐待に係る通告（第5条から第7条）
(6) 児童虐待を受けた児童の保護等（第8条から第13条）
(7) 親権に関する事項（第14条から第15条）
(8) 大都市の特例（第16条）
(9) 罰則（第17条）

第1条の目的については，すでに引用とした通りです。では，そもそも，子どもを虐待するとはどのような行為をいうのでしょうか。それを定義しているのが同法第2条です。第2条の柱書は，「この法律において，『児童虐待』とは，保護者（親権を行う者，未成年後見人その他の者で，児童を現に監護するものをいう。以下同じ。）がその監護する児童（十八歳に満たない者をいう。以下同じ。）について次に掲げる行為をいう」と規定し，1号から4号に以下のように規定しています。

1号　「児童の身体に外傷が生じ，又は生じるおそれのある暴行を加えること」
2号　「児童にわいせつな行為をすること又は児童をしてわいせつな行為をさせること」
3号　「児童の心身の正常な発達を妨げるような著しい減食又は長時間の放置，

### 表2-8 児童虐待の定義

| | |
|---|---|
| 身体的虐待 | 殴る，蹴る，投げ落とす，激しく揺さぶる，やけどを負わせる，溺れさせる，首を絞める，縄などにより一室に拘束する　など |
| 性的虐待 | 子どもへの性的行為，性的行為を見せる，性器を触る又は触らせる，ポルノグラフィの被写体にする　など |
| ネグレクト | 家に閉じ込める，食事を与えない，ひどく不潔にする，自動車の中に放置する，重い病気になっても病院に連れて行かない　など |
| 心理的虐待 | 言葉による脅し，無視，きょうだい間での差別的扱い，子どもの目の前で家族に対して暴力をふるう（ドメスティック・バイオレンス：DV）　など |

　　　　保護者以外の同居人による前二号又は次号に掲げる行為と同様の行為の放置その他の保護者としての監護を著しく怠ること」
4号　「児童に対する著しい暴言又は著しく拒絶的な対応，児童が同居する家庭における配偶者に対する暴力（配偶者（婚姻の届出をしていないが，事実上婚姻関係と同様の事情にある者を含む。）の身体に対する不法な攻撃であって生命又は身体に危害を及ぼすもの及びこれに準ずる心身に有害な影響を及ぼす言動をいう。）その他の児童に著しい心理的外傷を与える言動を行うこと」

　厚生労働省は，ホームページ上で，以上の1号から4号の児童虐待の定義を表2-8のように例示しながら，わかりやすく分類しています。

　そして同法第3条は，「何人も，児童に対し，虐待をしてはならない」と規定しているのです。また同法は，被虐待児童を迅速かつ効果的に保護するため，国や地方公共団体の責務として，関係機関，民間団体との連携強化の規定を盛り込み（第4条），児童虐待の早期発見（第5条），通告の促進（第6条），立入調査の要件緩和（第9条），虐待を行った保護者と児童の面会・通信の制限等の措置（第12条），児童の「しつけ」に際しての親権行使に関する配慮（第14条），親権喪失制度の適切な運用（第15条），罰則（第17条）などを定めています。

　なお，2000（平成12）年11月から施行された児童虐待防止法ですが，施行後も親などによる子どもへの虐待が後を絶たないことから，その対策を強化するため2004（平成16）年と2007（平成19）年の2回，同法は改正され，上述した内容となっています。厚生労働省は，「児童虐待防止対策の経緯」をホームページ上で，表2-9のようにまとめています。子どもへの虐待を防止するための法的取り組みについて，児童福祉法の改正とあわせて確認しておきましょう。

### 3）子どもへの虐待をなくすために

　これまで確認した，子どもへの虐待を防止するための取り組みは，たとえば，児童相談所の機能を強化するといったように，法制度を改正し，その対策を強化するものであったといえます。しかし，冒頭で確認したように，児童相談所での児童虐待に関する相談対応件数は増加し続け，子どもへの虐待による死亡事例も減少していません。子どもへの虐待を防止するための取り組みとして，法改正という方法以外には，どのような方法があるのでしょうか。

### 表2-9 児童虐待防止対策の経緯

**児童福祉法による要保護児童対策として対応**

**平成12年** 児童虐待防止法の成立（平成12年11月施行）
- 児童虐待の定義（身体的虐待，性的虐待，ネグレクト，心理的虐待等）
- 住民の通告義務　等

**平成16年** 児童虐待防止法・児童福祉法の改正（平成16年10月以降順次施行）
- 児童虐待の定義の見直し（同居人による虐待を放置すること等も対象）
- 通告義務の範囲の拡大（虐待を受けたと思われる場合も対象）
- 市町村の役割の明確化（相談対応を明確化し虐待通告先に追加）
- 要保護児童対策地域協議会の法定化　等

**平成19年** 児童虐待防止法・児童福祉法の改正（平成20年4月施行）
- 児童の安全確認等のための立入調査等の強化，保護者に対する面会・通信等の制限の強化，保護者に対する指導に従わない場合の措置の明確化　等

**平成20年** 児童福祉法の改正（一部を除き平成21年4月施行）
- 乳児家庭全戸訪問事業，養育支援訪問事業等子育て支援事業の法定化及び努力義務化
- 要保護児童対策地域協議会の機能強化
- 里親制度の改正等家庭的養護の拡充　等

**平成23年** 児童福祉法の改正（一部を除き平成24年4月施行見込み）
- 親権停止及び管理権喪失の審判等について，児童相談所長の請求権付与
- 施設長等が，児童の監護等に関し，その福祉のために必要な措置をとる場合には，親権者等はその措置を不当に妨げてはならないことを規定
- 里親等委託中及び一時保護中の児童に親権者等がいない場合の児童相談所長の親権代行を規定　等

　たとえば，その方法のひとつとして市民運動があります。オレンジリボン運動は，子ども虐待防止のシンボルマークとしてオレンジリボンを広めることで，子ども虐待をなくすことを呼びかける市民運動です。みなさんも，オレンジリボン運動のホームページを確認し，同運動の起源や実際の活動内容を確認してみてください。ほかにも，子ども虐待による死亡事例などを検証し，そのメカニズムを解明するという方法もあります。なお，児童虐待防止法第4条5項には，「国及び地方公共団体は，児童虐待を受けた児童がその心身に著しく重大な被害を受けた事例の分析」「調査研究及び検証を行う」ことなどが規定されており，厚生労働省のホームページには，その「検証報告書」が掲載されています。もっとも，こうした研究や分析は，みなさんが行うこともちろん可能です。子どもへの虐待防止を効果的に行うためには，そのメカニズムを知る必要があります。すべきことを知るには，何が起こっているのかを知らなければならないからです。制度の概要を理解したうえで，実際の子育ての現場では一体，何が起こっているのか，なぜ子どもへの虐待はなくならないのか，といった視点を持ち続けることが大切だといえます。

【第 2 章参考文献】

第 1 節

初宿正典・高橋正俊・米沢広一・棟居快行『いちばんやさしい憲法入門　第 4 版』（有斐閣，2011）

農野寛治・合田誠編『保育士養成テキスト⑤　養護原理』（ミネルヴァ書房，2008）

高橋和之『立憲主義と日本国憲法　第 2 版』（有斐閣，2010）

公益財団法人　日本ユニセフ協会ホームページ（2013 年 6 月 2 日現在）http://www.unicef.or.jp/

喜田明人・森田明美・広沢明・荒牧重人編『［逐条解説］子どもの権利条約』（日本評論社，2009）

子どもの権利条約 NGO レポート連絡会議編『子どもの権利条約から見た日本の子ども』（現代人文社，2011）

井上仁『子どもの権利ノート』（明石書店，2002）

第 2 節

『新しい里親制度ハンドブック』（財団法人全国里親会，2010）

『里親委託ガイドライン』（財団法人全国里親会，2011）

『里親・ファミリーホーム養育指針ハンドブック』（全国里親委託等推進委員会，2013）

第 3 節

芦部信喜著・高橋和之補訂『憲法　第 5 版』（岩波書店，2011）

加藤智章・菊池馨実・倉田聡・前田雅子著『社会保障法〔第 4 版〕』（有斐閣アルマ，2009）

西村健一郎著『社会保障法』（有斐閣，2003）

改訂・保育士養成講座編纂委員会編『改訂 4 版・保育士養成講座　第 2 巻　児童福祉』（全国社会福祉協議会，2009）

網野武博・柏女霊峰編著『保育・教育ネオシリーズ 6　子ども家庭福祉の新展開』（同文書院，2009）

厚生省ホームページ『厚生白書（平成 11 年版）』（2013 年 11 月 22 日現在）http://www.mhlw.go.jp/toukei_hakusho/hakusho/kousei/1999/

第 4 節

厚生労働省ホームページ『児童虐待の現状』（2013 年 6 月 2 日現在）http://www.mhlw.go.jp/seisakunitsuite/bunya/kodomo/kodomo_kosodate/dv/about.html

厚生労働省ホームページ『児童虐待関係の最新の法律改正について』（2013 年 6 月 2 日現在）http://www.mhlw.go.jp/seisaku/2011/07/02.html

オレンジリボン運動公式ホームページ（2013 年 6 月 2 日現在）http://www.orangeribbon.jp/

加藤智章・菊池馨実・倉田聡・前田雅子『社会保障法　第 4 版』（有斐閣アルマ，2009）

農野寛治・合田誠編『保育士養成テキスト⑤　養護原理』（ミネルヴァ書房，2010）

網野武博・柏女霊峰編『子ども家庭福祉の新展開』（同文書院，2009）

# 3. 施設養護の理論と原則

　グローバル社会という言葉をよく耳にします。今や社会や経済においては、自国のことだけにとどまらず、国際的な視野に立って判断し、物事を押し進めていくことが重要な時代となっています。児童福祉、社会的養護の分野においても、グローバルな視点、価値観に基づいた施策が不可欠となっており、今日の日本における社会的養護もその大きな転換期を迎えているといえます。

　これまでの日本の社会的養護の歴史を振り返えると、明治から大正期の社会事業といわれていた時代は、国の援助もほとんどなく、ごく一部の慈善家や宗教団体などさまざまな組織が、慈愛・慈悲的精神をもって活動するなかで、子どもたちの救済活動が行われてきました。また第二次大戦後は「日本国憲法」のもと、新たな国づくりのなかでいち早く「児童福祉法」が制定され、国策として孤児や遺棄された子どもたちの保護・救済を中心に進められてきた経過があります。そして現代は、児童家庭福祉という大きな枠組みのなかの社会的養護という広い位置づけがなされています。また、社会的養護が必要とされる子どもたちの特徴をみると、児童養護施設の入所児童の約7割が被虐待児であるという現実があります。さらに発達障害などを持つ子どもたちが増えているという特徴もあげられます。

　このような状況のなかで、子どもたちの受け皿となる社会的養護の関係施設（職員）や里親は、どのような理念や原則のもとで、子どもたちへの養育にたずさわっていく必要があるのかを本章では概説したいと思います。

#  社会的養護の基盤

### 1）児童福祉法

　子どもの福祉を考えるとき、まず基本的な理念や責任として「児童福祉法」の条文の冒頭部があげられます（表3-1）。ここではまず、子どもたちが心身ともに健やかに生まれ、育成されるよう努め、またどの子どもも平等に生活が保障され、愛護されるようにすることが明記されています。そしてこの理念を遂行するために、国および地方公共団体は児童の保護者とともに「育成する責任を負う」ことが課せられています。さらに、すべての児童に関する法令の施行にあたっては、この「理念」が尊重されなければならないことがうたわれています。

　言うまでもないことですが、社会的養護の根幹は、この児童福祉法がよりどころとなっています。そのため、もし家庭や家族に何らかの問題が発生し、子育てができない状況に陥った場合には、国や地方公共団体が、その保護者を支え、改善に向けて支援することが課せられています。そして、状況によっては保護者に

表3-1 児童福祉法

| | |
|---|---|
| 第一章 | 総則 |
| 第一条 | すべて国民は、児童が心身ともに健やかに生まれ、且つ、育成されるよう努めなければならない。 |
| ○2 | すべて児童は、ひとしくその生活を保障され、愛護されなければならない。 |
| 第二条 | 国及び地方公共団体は、児童の保護者とともに、児童を心身ともに健やかに育成する責任を負う。 |
| 第三条 | 前二条に規定するところは、児童の福祉を保障するための原理であり、この原理は、すべて児童に関する法令の施行にあたつて、常に尊重されなければならない。 |

代わり児童福祉（入所）施設や里親の下で、愛情をもって子どもを養育・保護・治療していくことが求められています。

### 2) 児童憲章の理念

児童憲章は1951（昭和26）年に、「児童に対する正しい観念を確立し、すべての児童の幸福を図るために」定められたものです。その総則として以下の3項目が記されています。

- すべての子どもは人として尊ばれる。
- すべての子どもは社会の一員として重んぜられる。
- すべての子どもは良い環境の中で育てられる。

家庭は、子どもにとってもっとも適した育成環境と考えられます。ですから、生を受けた子どもたちが、家庭を核とした保護者や親、親族との関わりのなかで愛着関係を形成し、さらに近隣社会の人たちから見守られ、さまざまな社会体験の広がりを通して、成長していくことが理想といえます。

しかしながら、もし家庭環境が子どもの育成にとって不適切な場合には、社会的養護の下での育成となります。そのため児童入所施設の育成環境では、前述した児童福祉法の理念である子どもの「愛護」「発達保障」をベースに、児童憲章に挙げられている子ども自身が人として尊ばれるための「子どもとしての人格の尊重」が重要となります。なぜなら、子どもたちはそれぞれ異なった人格を所有しており、一人ひとりをきめ細かく個別に育成していくことが求められるからです。そして同時にそこでは、以下で述べる「児童の権利に関する条約」に掲げられている子どもの「意見表明権」も重視されることになります。

児童憲章に掲げられたこの3総則は、われわれ児童福祉（入所）施設の職員の「倫理綱領」にもよく掲げられており、子どもの養育ケアを実践していくためのスローガンにもなっています。

# 2. 子どもの権利に関する国際的条約
## －子どもの権利条約とわが国の課題

### 1）「子どもの権利条約」と「児童の代替的養護に関する指針」

　さらに施設養護を理解するうえで重要なのが「児童の権利に関する条約」（略称「子どもの権利条約」）です。

　これは，国際連合によって1959年に採択された「子どもの権利に関する宣言」の30周年に合わせ，1989年に国連総会において採択された児童（18歳未満の者）の権利について定められた国際条約です。日本政府はこの条約を158番目の締約国として1994（平成6）年4月22日に批准し，同年翌5月22日に施行しました。締約国は国際連合の児童の権利に関する委員会に対し定期的な報告を行い，その後審査され，勧告が出されると善処しなければならないことになっています。

　「子どもの権利条約」では，①生きる権利（子どもが健康に生まれ，安全な水や十分な栄養を得て，健やかに成長する権利。第3条子どもの最善の利益，第6条生命への権利），②守られる権利（子どもたちがあらゆる差別，虐待，搾取から守られる権利。第2条差別の禁止，第32条経済的搾取からの保護，第34条性的搾取・虐待からの保護），③育つ権利（教育を受け，休んだり遊んだり，自分の考えや信じることが守られ，自分らしく成長する権利。第28条教育への権利），④参加する権利（子どもたちが，自分に関係する事柄について意見を述べたり，集まってグループをつくったり，活動する権利。第12条意見表明権，第13条表現・情報の自由）の4つがその柱となっています。

　この4つの柱は，社会的養護を進めていくなかでもっとも大切な"子ども自身が権利の主体"であることを説いたものです。

　この条約のなかで社会的養護に関連する条項を表3－2に示します。

　また，国連では2009年に「児童の権利に関する条約」採択20周年を機に「児

---

**表3－2　子どもの権利に関する条約　（抜粋）**

第9条　親からの分離禁止
1. 締約国は，児童がその父母の意思に反してその父母から分離されないことを確保する。ただし，権限のある当局が司法の審査に従うことを条件として適用のある法律及び手続に従いその分離が児童の最善の利益のために必要であると決定する場合は，この限りでない。このような決定は，父母が児童を虐待し若しくは放置する場合又は父母が別居しており児童の居住地を決定しなければならない場合のような特定の場合において必要となることがある。

第20条　代替的養護
1. 一時的若しくは恒久的にその家庭環境を奪われた児童又は児童自身の最善の利益にかんがみその家庭環境にとどまることが認められない児童は，国が与える特別の保護及び援助を受ける権利を有する。
2. 締約国は，自国の国内法に従い，1の児童のための代替的な監護を確保する。
3. 2の監護には，特に里親委託，イスラム法のカファーラ，養子縁組又は必要な場合には児童の監護のための適当な施設への収容を含むことができる。解決策の検討に当たっては，児童の養育において継続性が望ましいこと並びに児童の種族的，宗教的，文化的及び言語的な背景について，十分な考慮を払うものとする。

### 表3-3 児童の代替的養育に関する指針 （抜粋）

14. 児童を家族の養護から離脱させることは最終手段とみなされるべきであり，可能であれば一時的な措置であるべきであり，できる限り短期間であるべきである。離脱の決定は定期的に見直されるべきであり，離脱の根本原因が解決され又は解消した場合，下記49項で予定される評価に沿って，児童を親の養護下に戻すことが児童の最善の利益にかなうと判断すべきである。
22. 専門家の有力な意見によれば，幼い児童，特に3歳未満の児童の代替的養護は家庭を基本とした環境で提供されるべきである。（以下略）
23. 施設養護と家庭を基本とする養護とが相互に補完しつつ児童のニーズを満たしていることを認識しつつも，大規模な施設養護が残存する現状において，かかる施設の進歩的な廃止を視野に入れた，明確な目標及び目的を持つ全体的な脱施設化方針に照らしたうえで，代替策は発展すべきである。（以下略）
123. 施設養護を提供する施設は，児童の権利とニーズが考慮された小規模で，可能な限り家庭や少人数グループに近い環境にあるべきである。（以下略）

童の代替的養護に関する指針」を採択しました。これは，「児童の権利条約，ならびに親の養護を奪われ又は奪われる危険にさらされている児童の保護及び福祉に関するその他の国際文書の関連規定の実施を強化」する目的で行われたものです（表3-3）。

## 2）グローバルな視点からみた日本の課題

ではこうした国際的な条約，指針に対する日本の対応は，グローバルな視点からみた場合に，どのように判断されているのでしょうか。表3-4に2010年に国連の子どもの権利委員会（Committee on the Rights of the Child）から日本政府に提出された勧告をみてみましょう。

ここに示すように国際的な目線から，日本の社会的養護の課題が多く見えてきます。

わが国では，社会的養護が必要な児童の約9割が施設で養育され，里親での養育は約1割といった現状です。これを今後十数年かけて本体施設での養育を3割，地域小規模児童養護施設や小規模ケアのグループホームでの養育を3割，里親やファミリーホームでの養育を3割とする，施設機能の地域分散化を目標に進めていく方向です。

また被虐待児童の増加に加え，病・虚弱児や障害児の増，子育てしていく家庭そのものの機能が弱まっている現状で，いかに里親を増やし，また社会的養護関係施設が，いかに家庭的かつ小規模化・分散化を図っていくのかが，今後の大きな課題といえます。また「勧告」では，「代替的養護現場」での虐待の問題も指摘されています。これは決してあってはならないことであり，社会的養護に携わる一人ひとりが厳しく自戒しておかなければならない問題です。

## 3）ウェルビーイング（Well-Being）

日本の社会福祉サービスの概念も1994年の「児童の権利に関する条約」の批准後，変化してきています。その後，児童福祉法も幾度か改正され（2001年，2004年，2008年，2012年），かつて児童福祉は社会的弱者の保護を中心とした限定的なウェルフェア（welfare）の概念で進められてきましたが，今は家族や

**表 3-4　国連の子どもの権利委員会からの勧告（2010 年）（抜粋）**

児童の最善の利益
37. 児童福祉法のもと，児童の最善の利益が考慮されているとの締約国（日本）による情報を認めつつ，委員会は，1974 年に可決された同法が最善の利益の優先を十分に考慮していないことに懸念をもって留意する。特に，この権利が，難民や不法移民の児童を含む全ての児童の最善の利益を強制力をもって組み込む過程を通じて，全ての法律に正式かつ組織的に取り入れられてないことを懸念する。

児童の意見の尊重
43. 裁判及び行政手続，学校，児童関連施設，家庭において，児童の意見が考慮されているとの締約国からの情報に留意するが，委員会は，公的な規則が高い年齢制限を設定していること，児童相談所を含む児童福祉サービスが児童の意見にほとんど重きを置いていないこと，学校が児童の意見を尊重する分野を制限していること，政策立案過程において児童が有するあらゆる側面及び児童の意見が配慮されることがほとんどないことに対し，引き続き懸念を有する。委員会は，児童を，権利を有する人間として尊重しない伝統的な価値観により，児童の意見の尊重が著しく制限されていることを引き続き懸念する。

親の養護のない児童
52. 委員会は，親の養護のない児童を対象とする家族基盤型の代替的児童養護についての政策の不足，家族による養護から引き離された児童数の増加，小規模で家族型の養護を提供する取組にかかわらず多くの施設の不十分な基準，代替児童養護施設において広く虐待が行われているとの報告に懸念を有する。この点に関し，委員会は，残念ながら広く実施されていない通報制度の確立に留意する。委員会は，里親が義務的研修を受けていることや引き上げられた里親手当を受けていることを歓迎するが，一部の里親が財政的に支援されていないことに懸念を有する。
53. 委員会は，第 18 条に照らし，締約国が以下の措置をとるよう勧告する。
　（a）子どもの養護を里親家庭，または居住型養護における小集団編成のような家庭的環境のもとで提供すること。
　（b）里親養護を含む代替的養育現場の質を定期的に監視し，かつあらゆる養育現場による適切な最低基準の遵守を確保するための措置をとること。
　（c）代替的養育現場における児童虐待を調査し，かつその責任者を訴追するとともに，虐待の被害者が苦情申立て手続，カウンセリング，医療的ケアその他の適切な回復援助にアクセスできることを確保すること。
　（d）金銭的支援がすべての里親に提供されるようにすること。
　（e）「子どもの代替的養育に関する国連指針」を考慮すること。

児童虐待とネグレクト
56. 委員会は，児童虐待を防止するメカニズムを規定し，強化する児童虐待防止法及び児童福祉法の改正をはじめとする取組を歓迎する。しかしながら，委員会は，民法において「包括的な支配」の実行の権利を与える「親権」の概念及び過剰な親の期待は，児童を家庭での暴力の危険にさらしているということに引き続き懸念を有している。委員会は，児童虐待の件数が増加し続けていることに懸念をもって留意する。
57. 委員会は，児童虐待の問題に対処する現在の取組を，以下を含めてさらに強化するよう締約国に勧告する；
　（a）虐待とネグレクトのネガティブな影響についての公共教育プログラム及び積極的かつ非暴力的形態によるしつけの促進する家族開発計画などの防止プログラムを実施すること，
　（b）家庭及び学校における虐待の被害児童に対し，適切な保護を提供すること。

出典）外務省 HP

社会を含めた「児童家庭福祉」という広い概念に立っているといえます。個人の権利や自己実現が保障され，身体的，精神的，社会的にも良好な状態を示す「ウェルビーイング」の概念は，施設養護や在宅福祉を理解するうえで非常に大切な考え方となっています。

　なお，このウェルビーイングの考え方は，2000（平成12）年の社会福祉事業法が新たに「社会福祉法」に改められたことにも通じています。これは，ほとんどの社会福祉施設が福祉サービスの利用者との契約方式に転換されたことです。ただし子ども虐待のように，契約者（親権者等）が常に子どもの最善の利益を擁護するとは限らず，利用契約の概念に馴染まないため，社会的養護に関わる里親や児童福祉（入所）施設，一部の障害者施設などでは，いまも例外的に行政による「措置制度」が継続されているということを明記しておきます。

---

### コラム ①

## カナダからの訪問者…「スピークアウト」

　日本がちょうど児童の権利に関する条約（子どもの権利条約）に批准して間もない頃，筆者の施設にカナダのある女性が来院しました。当時彼女はオンタリオ州で要保護児童を里親のもとへコーディネートする仕事をしており，日本の乳幼児の施設を見たことがないということでの来院でした。

　彼女が乳児の部屋に入り驚いたことは，ベットが並び赤ちゃんが集団で寝ている場面でした。幼い赤ちゃんが集団生活していることに驚愕した様子で，彼女の口から"ベビーファクトリー"という言葉が漏れたのを覚えています。カナダでは1950年代にすでにこうした施設はなくなったとのことでした。そしてカナダでの要保護児童の話を聞くと，虐待等の親は司法で裁かれさまざまな更生のプログラムを受け，その間，子どもは里親のもとで養育されるとのことでした。ただしひとつの里親宅では約6か月間で，またつぎの里親宅でも6か月と次々に「ドリフト」していくことを聞き，逆に筆者自身が驚きました。

　そして何よりも目から鱗と感じたのは，カナダの保護された子どもたちは，「自分が親から受けてきた虐待の様子をちゃんと頭のなかで整理して」おおやけの場で自分自身の口からみんなに伝える「スピークアウト」ができるということでした。当時の児童養護施設に入所している日本の子どもたちとは，雲泥の差があることを強く感じました。

# 3. 社会的養護の基本的な考え方

## 1)「社会的養護の課題と将来像」について

　2011（平成23）年7月に厚生労働省（社会保障審議会児童部会社会的養護専門委員会）は，子どもや子育てをめぐる社会的環境の大きな変化に対応していくため，これまで述べてきた児童福祉法，児童憲章，国際的な児童の権利に関する条約，ウェルビーイングなどをベースとした「社会的養護の課題と将来像」を発表しました。

　その内容でまず目をひくのは，定義の見直しが図られたことで，「家庭的養護の推進」という大きなくくりのなかで，①「家庭養護」（里親・ファミリーホームなど）と，②「家庭的養護」としての「施設養護」に分けるとともに，施設養護がさらに小規模グループケアを含む「本体施設」と，分園型や地域小規模児童養護施設のような「グループホーム」とに分けられたことです。

　また，この課題と将来像には，「基本的な考え方」から「施設種別ごとの課題と将来像」（児童養護施設・乳児院・情緒障害児短期治療施設・児童自立支援施設・母子生活支援施設・里親及び里親支援機関・ファミリーホーム・自立援助ホーム・児童家庭支援センター），そして「社会的養護の共通事項の課題と将来像」，さらに「施設の人員配置の課題と将来像」や「社会的養護の整備量の将来像」など，今後わが国の社会的養護の目指す方向性が具体的に示されています。

　さらにこの「社会的養護の課題と将来像」をうけて，社会的養護の関係する施設等では，それぞれ種別ごとの「運営指針」が策定され，国において最終整理がなされ，2012（平成24）年に厚生労働省雇用均等・児童家庭局長名通知として出されました。

　ここでは，まず「社会的養護の課題と将来像」のなかの「基本的考え方」を十分理解することが大切ですので，以下に概説します。

## 2) 社会的養護の基本的考え方

　社会的養護は，かつては親がなかったり，親に育てられない子どもへの施策でしたが，現在では，虐待を受けこころに傷を持つ子どもや，何らかの障害のある子ども，DV被害の母子などへの支援を行う施策へと役割が変化してきています。しかし，こうした変化に対する社会的養護のハードやソフトの変革が遅れているのが現状です。

| ①家庭養護：（里親・ファミリーホーム） | |
|---|---|
| ②家庭的養護：<br>（施設養護） | 本体施設（小規模グループケア含む） |
| | グループホーム（分園型・地域小規模児童養護施設） |

図3-1　家庭的養護の推進

社会的養護には「子どもの最善の利益のために」と「すべての子どもを社会全体で育む」という2つの理念が重要となります。これは，保護者による適切な養育を受けられない子どもを，社会の公的責任で保護・養育し，子どもが心身ともに健康に育つ基本的な権利を保障することを目指すものです。

そしてこの2つの理念を実現していくためには「養育機能」「心理的ケア等の機能」「地域支援等の機能」の3つの機能が不可欠となります。

### (1) 養育機能

子どもたちの養育においては，安全で安心して生活することのできる環境のなかで，保護者や親を中心とするおとなとの愛着関係を形成し，心身と社会性が適切に発達することが求められます。適切な養育を受けることによって，子どもたちはよりよく生きようとする意志を持ち，他者との良好な関係に求められる社会性を獲得していきます。そして，責任と自覚を持ち，また信頼できるおとなを通じて，自己イメージを確立していきます。そのため，社会的養護における養育では，子どもたちが安全で安心できる環境のなかで愛着形成を行い，心身ならびに社会性の適切な発展をうながすものとなることが求められます。

### (2) 心理的ケア等の機能

虐待を受けた子どもたちは，身体的な障害だけでなく，情緒や行動，自己認知・対人認知，性格形成など，非常に広範囲な深刻なダメージを受けています。また，被虐待経験は，ささいなことで激しい怒りを起こす暴力につながったり，問題を暴力で解決しようとする傾向を生み出すといったさまざまな影響を及ぼします。

そのため，子どもたちに，安心感を持てる環境と，大切にされる体験を提供し，治療的ケアを行いながら，子ども自身の回復する力を引き出すことで，虐待被害の影響からの修復を目指します。そして適切な発達をうながしていきます。

---

## コラム ②

### 許斐（このみ） 有（ゆう） 氏の言葉

許斐先生は子どもの権利擁護（とりわけ施設入所児童の権利擁護）の熱心な研究者であり，1992年から1996年までの4年間，大阪府立大学で教鞭をとられていたので，ときどき筆者の施設へも来院されることがありました。院の乳児が泣いている場面を見ては「ほら，赤ちゃんが意見表明しているよ！」という先生の姿が，今もまぶたに焼きついています。そしてもの言えぬ乳児だからこそ，ケアする職員は子どもの代弁者ともなる「アドボカシー機能」について十分に理解しておかねばならないと，強く実感したのでした。また先生は，施設で生活する子どもの権利について，「子ども自身がおとなから大事にされているという実感を持てるかどうかであり，施設はそれを保障してあげることがもっとも大事である」ということを常々おっしゃっていました。筆者自身これが施設ケアの根本であると信じ，今も心に深く刻んでいる次第です。

### （3）地域支援等の機能

　児童虐待やDV（ドメスティック・バイオレンス）の背景には，経済面も含めさまざまな生きづらさを抱えた家庭があります。そのため，親子関係の再構築など家庭環境の調整をはじめ，子どもや家族への継続的な支援，自立支援，退所後の相談支援（アフターケア）は不可欠です。社会から排除されたり，孤立している人々を社会の一員として包み支え合う「ソーシャルインクルージョン（社会的包摂，Social Inclusion）の視点が必要となります。

## 4. 社会的養護の原理

　第3節で述べたように社会的養護には「子どもの最善の利益のために」と「すべての子どもを社会全体で育む」という2つの理念が重要となります。厚生労働省が2012（平成24）年に発表した「児童養護施設運営指針」では，この理念の下で「家庭的養護の個別化」「発達の保障と自立支援」「回復を目指した支援」「家庭との連携・協働」「継続的支援と連携アプローチ」「ライフサイクルを見通した支援」の6つの考え方（原理）に基づいて支援を行うことの重要性を述べています（表3－5）。

　この2つの理念を6つの原理に基づいて実行していくことが，よりよい社会的養護の実現へとつながっていくのです。

表3－5　家庭的養護の推進

①家庭的養護と個別化
・すべての子どもは，適切な養育環境で，安心して自分をゆだねられる養育者によって，一人一人の個別的な状況が十分に考慮されながら，養育されるべきである。
・一人一人の子どもが愛され大切にされていると感じることができ，子どもの育ちが守られ，将来に希望が持てる生活の保障が必要である。
・社会的養護を必要とする子どもたちに「あたりまえの生活」を保障していくことが重要であり，社会的養護を地域から切り離して行ったり，子どもの生活の場を大規模な施設養護としてしまうのではなく，できるだけ家庭あるいは家庭的な環境で養育する「家庭的養護」と，個々の子どもの育みを丁寧にきめ細かく進めていく「個別化」が必要である。

②発達の保障と自立支援
・子ども期のすべては，その年齢に応じた発達の課題を持ち，その後の成人期の人生に向けた準備の期間でもある。社会的養護は，未来の人生を作り出す基礎となるよう，子ども期の健全な心身の発達の保障を目指して行われる。
・特に，人生の基礎となる乳幼児期では，愛着関係や基本的な信頼関係の形成が重要である。子どもは，愛着関係や基本的な信頼関係を基盤にして，自分や他者の存在を受け入れていくことができるようになる。自立に向けた生きる力の獲得も，健やかな身体的，精神的及び社会的発達も，こうした基盤があって可能となる。
・子どもの自立や自己実現を目指して，子どもの主体的な活動を大切にするとともに，様々な生活体験などを通して，自立した社会生活に必要な基礎的な力を形成していくことが必要である。

③回復をめざした支援
・社会的養護を必要とする子どもには，その子どもに応じた成長や発達を支える支援だけでなく，虐待体験や分離体験などによる悪影響からの癒しや回復をめざした専門的ケアや心理的ケアなどの治療的な支援も必要となる。

・また，近年増加している被虐待児童や不適切な養育環境で過ごしてきた子どもたちは，虐待体験だけでなく，家族や親族，友達，近所の住人，保育士や教師など地域で慣れ親しんだ人々との分離なども経験しており，心の傷や深刻な生きづらさを抱えている。さらに，情緒や行動，自己認知・対人認知などでも深刻なダメージを受けていることも少なくない。

・こうした子どもたちが，安心感を持てる場所で，大切にされる体験を積み重ね，信頼関係や自己肯定感（自尊心）を取り戻していけるようにしていくことが必要である。

④家族との連携・協働

・保護者の不在，養育困難，さらには不適切な養育や虐待など，「安心して自分をゆだねられる保護者」がいない子どもたちがいる。また子どもを適切に養育することができず，悩みを抱えている親がいる。さらに配偶者等による暴力（DV）などによって「適切な養育環境」を保てず，困難な状況におかれている親子がいる。

・社会的養護は，こうした子どもや親の問題状況の解決や緩和をめざして，それに的確に対応するため，親と共に，親を支えながら，あるいは親に代わって，子どもの発達や養育を保障していく包括的な取り組みである。

⑤継続的支援と連携アプローチ

・社会的養護は，その始まりからアフターケアまでの継続した支援と，できる限り特定の養育者による一貫性のある養育が望まれる。

・児童相談所等の行政機関，各種の施設，里親等の様々な社会的養護の担い手が，それぞれの専門性を発揮しながら，巧みに連携し合って，一人一人の子どもの社会的自立や親子の支援を目指していく社会的養護の連携アプローチが求められる。

・社会的養護の担い手は，同時に複数で連携して支援に取り組んだり，支援を引き継いだり，あるいは元の支援主体が後々までかかわりを持つなど，それぞれの機能を有効に補い合い，重層的な連携を強化することによって，支援の一貫性・継続性・連続性というトータルなプロセスを確保していくことが求められる。

・社会的養護における養育は，「人とのかかわりをもとにした営み」である。子どもが歩んできた過去と現在，そして将来をより良くつなぐために，一人一人の子どもに用意される社会的養護の過程は，「つながりのある道すじ」として子ども自身にも理解されるようなものであることが必要である。

⑥ライフサイクルを見通した支援

・社会的養護の下で育った子どもたちが社会に出てからの暮らしを見通した支援を行うとともに，入所や委託を終えた後も長くかかわりを持ち続け，帰属意識を持つことができる存在になっていくことが重要である。

・社会的養護には，育てられる側であった子どもが親となり，今度は子どもを育てる側になっていくという世代を繋いで繰り返されていく子育てのサイクルへの支援が求められる。

・虐待や貧困の世代間連鎖を断ち切っていけるような支援が求められている。

出典）厚生労働省「児童養護施設運営指針」

## 【第3章参考文献】

日本ユニセフホームページ（http://www.unicef.or.jp/about_unicef/about_rig.html）
外務省ホームページ（http://www.mofa.go.jp/mofaj/gaiko/jido/pdfs/1006_kj03_kenkai.pdf）
『社会的養護の課題と将来像』（社会保障審議会児童部会社会的養護専門委員会，2011）
『児童養護施設運営指針』（厚生労働省雇用均等・児童家庭局長名通知，2012）

# 4. 児童福祉施設と関係諸機関（地域社会・学校含む）

## 1. 乳児院

乳児院は，児童福祉法でつぎのように定められています。

> 乳児院は，乳児（保健上，安定した生活環境の確保その他の理由により特に必要のある場合には，幼児を含む。）を入院させて，これを養育し，あわせて退院した者について相談その他の援助を行うことを目的とする施設とする。（第37条）

このように，乳児院は原則として乳児（1歳未満）を入所させて24時間，365日養育する施設ですが，実際には2歳あるいは3歳まで入所しているケースも多くみられます。2004（平成16）年の児童福祉法改正により，「保健上，安定した生活環境の確保その他の理由により，特に必要のある場合」には就学前までの入所が可能となりましたが，3歳以上の入所児のほとんどが，重い障害のある子どもや兄弟姉妹が同じ施設にいる子どもです。

### 1) 沿革と概要

児童福祉法が制定された戦後まもない1948（昭和23）年頃の乳児院には，結核にかかった赤ちゃんや栄養失調，下痢や肺炎などの感染症にかかった乳幼児が預けられていました。当時は，子どもの病院がなく，乳児院がその役割を代行していた状態にあり，乳児院のなかには，その後，病院へと発展した施設もありました。

その当時，乳児院で赤ちゃんを世話する直接処遇職員は，看護師が中心となっていましたが，その配置数は乳児3人に対して1人でした。

乳児院は，保育所とは異なって，24時間にわたって赤ちゃんの世話をするところです。したがって，夜間も授乳やおむつ交換などでスタッフが夜勤をしなければならないため，当時は，日中に1人のスタッフが10人前後の赤ちゃんの世話をしなければならない状態でした。そのような環境では，乳幼児の発達を保障することはもとより，十分な健康管理さえもままならない状態にあり，ホスピタリズム（施設病）への対応が大きな課題となっていました。

こうした状況を改善するため，表4－1に示すように児童福祉施設最低基準によるスタッフの配置基準が徐々に改正され，現在では職員対乳児の比率は1：1.6になりました。また，表4－2，表4－3に示すように，直接処遇職員は看護師だけでなく保育士や児童指導員が採用され，担当養育制を取り入れるなど，特定

表4-1　乳児院の直接処遇職員配置基準の定数改正

| 改正年 | S23 | S39 | S45 | S54 | H23 | H24 |
|---|---|---|---|---|---|---|
| 0.1歳 | 3：1 | 2.5：1 | 2：1 | 1.7：1 | 1.7：1 | 1.6：1 |
| 2歳 |  |  |  |  | 2：1 | 2：1 |
| 3歳以上 |  |  |  |  | 4：1 | 4：1 |

出典）「社会的養護の課題と将来像」（厚生労働省）

表4-2　乳児院の職種別職員定数表

| 職　種　別 | 職　員　の　定　数 |
|---|---|
| 施設長 | 1人 |
| 嘱託医 | 1人 |
| 看護師<br>保育士<br>児童指導員 | 2歳未満児（定員から2歳児及び3歳以上児の現員を差し引いたもの）通じて1.6人につき1人<br>2歳児の現員通じて2人につき1人<br>3歳以上児の現員通じて4人につき1人<br>ただし，看護師は定数10人の場合は2人以上，10人を超える場合は10人増すごとに1人以上とし，その他は保育士又は児童指導員とする。なお，定数20人以下の施設については，この定数のほか保育士1人を加算する |
| 個別対応職員 | 1人 |
| 家庭支援専門相談員 | 1人 |
| 栄養士 | 1人 |
| 事務員 | 1人 |
| 調理員等 | 定員30人未満の場合は4人。定員30人以上10人ごとに1人を加算する |

出典）「児童保護措置費・保育所運営費手帳」

表4-3　その他の加算職員一覧（乳幼児10人未満を入所させる乳児院を除く）

| 加算職種 | 加　算　職　員　数　等 |
|---|---|
| 里親支援専門相談員加算 | 1人 |
| 心理療法担当職員加算 | 1人，但し，心理療法を行う必要があると認められる児童又はその保護者10人以上に心理療法を行う場合に限る。 |
| 小規模グループケア加算 | 児童指導員又は保育士1人。管理宿直等職員1人（非常勤） |
| 家庭支援専門相談員加算 | 1人，但し，定員40人以上で，既に家庭支援専門相談員を配置している場合に限る。 |
| 指導員特別加算 | 児童指導員1人，但し，定員35人以下の場合に限る。（非常勤） |
| ボイラー技士雇上加算 | 1人（非常勤） |

出典）「児童保護措置費・保育所運営費手帳」

のおとなとの間に愛着（アタッチメント）を形成することにより，ホスピタリズムの解消に努めてきました。

　乳児院における養育は，一生涯にわたる人間形成の基礎を培うという長きにわたる視野をもって，乳児のウェルビーイングを積極的に推進するものでなければなりません。子どもが生きる力を培い，生きがいのある人生を切りひらく役割が

乳児院には求められています。

## 2）支援の対象
### （1）入所している子どもたち
　2013（平成25）年現在，全国に乳児院は131施設あり，入所定員は約3,800人です。施設数，入所児数とも1975（昭和50）年前後をピークに減少し，一時は114施設まで減少しました。ところが近年になり，虐待の増加によって，入所児数も増加し，施設数も増えてきています。

　入所している子どもたちには，病虚弱児，障害児（知的障害を含む）が多いという特徴があります。子どもたちのなかには，未熟児として生まれた子どもであったり，肝炎などの感染性疾患を有していたり，アレルギーがあったり，重度の障害があったりします。

　また，1歳未満児が，乳児院で養育している子どもの約9割を占めます。このことは，児童相談所での一時保護が難しい年齢であることを意味しています。また，保護者への指導，子どもへのきめ細かい配慮が必要な子どもが多いことも意味しています。

### （2）子どもたちの入所理由
　子どもたちの入所理由は，全国乳児院入所実態調査によると，母親の疾病，虐待，父母就労（借金・貧困），父母の怠惰（ネグレクト），未婚・婚外出産，受刑，養育拒否，次子出産，児童自身の障害，父・母の家出，離婚・別居，などが主なものでした。

　母親の疾病には精神障害（知的障害も含む）がもっとも多く，また内科系，外科系，産婦人科系のさまざまな病気が含まれています。

　未婚は増加しつつあり，最近はとくに若年の未婚の母が増えてきているようです。

　ここで注意すべきことは，子どもの遺棄や保護者の死亡が少ない一方で，母親の精神障害，保護者の虐待や怠惰（ネグレクト含む）が目立つことです。つまり，現在の乳児院には保護者のいない，あるいは保護者が不明の子どもは少なく，保護者がいる子どもがほとんどで，家庭へ引き取られることも多いのです。しかし，その保護者は育児への不安を持っていることも多く，保護者への支援が重要になってきています。

### （3）家庭復帰率は6割
　全国乳児院入所実態調査によると，乳児院退所後の子どもの処遇は，約55％が親元引取りで，31％が他の児童福祉施設への変更となりました。その多くは児童養護施設ですが，子どもに障害がある場合には障害児施設へ変更されています。里親委託（7.5％），養子縁組（1.9％），親族引取（0.9％）を合わせると，家庭復帰率は約6割というのが現状です。

　乳児院の在籍期間は，1か月未満の短期在籍と2年以上の長期在籍とに両極化しています。短期では，家庭の養育などの機能にそれほど支障がない「保護者の入院や次子出産」などの理由で，乳児院がその期間の家庭機能を補完しています。一方，長期では，家庭の養育機能に重大な支障・課題があり，子どもの家庭復帰が難しいケースとなっています。

## 3）支援の内容と求められる視点

　乳児院では，入居している乳幼児の養育はもちろんのこと，保護者支援，地域の赤ちゃんのセーフティネットとしての役割を果たしています。

### （1）赤ちゃんの命を守り，こころを育む

#### ①　24時間365日体制

　乳児院は土日，祝祭日，年末年始といった曜日や時期，時間に制限されることなく，24時間365日の体制で，いつでも赤ちゃんに安心・安全で安定した生活を提供しています。とくに乳児期には赤ちゃん一人ひとりのペースに合わせた自律授乳やSIDS予防への15分指針など，小さな命を守るための，きめ細かな関わりが行われています。

#### ②　一時保護機能

　乳児院は実質的に一時保護所の機能も担っています。児童相談所に付設された一時保護所では，乳幼児（赤ちゃん）の受け入れが困難なため，とくに被虐待やDVなど，乳幼児（赤ちゃん）の緊急的な保護が必要な場合に，一時保護所を経由しない直接措置入所や緊急一時保護の委託を受けています

#### ③　専門的機能

　看護師・保育士・栄養士・心理担当職員といった専門的なスキルを持った職員が，赤ちゃん一人ひとりに合わせた養育を意識的・計画的に行っています。

　乳児院では，赤ちゃんは一時的であるとはいえ，「生涯」にわたる人格形成・人間形成の基礎となる大切な時期を家族と離れて過ごすことになります。ですから，「赤ちゃんそれぞれの個性や育ちの尊重」「愛着関係形成の重視」「パーマネンシー（養育の永続性）の保障と家族再統合，里親委託の推進」「個別的養育」はもとより，乳児院養育指針，倫理綱領やチェックポイントに基づいた「不適切なかかわりの禁止」を柱とした一貫した養育が行われています。

### （2）社会的養護を必要とする赤ちゃんのセーフティネット

#### ①　保護者への支援

　近年，乳児院には，ネグレクト（養育怠惰）を含む被虐待児，病虚弱児，何らかの障害がある赤ちゃんの入所が増えています。

　乳児院では，保護者とのパートナーシップの確立を重視して，家庭支援専門相談員や，赤ちゃんの担当養育者と保護者との信頼関係の構築，保護者の不安や悩みを受容し，また育児スキルを身につけるための支援なども含めた家族再統合・家族再構築を進めています。それには「家族との養育の協働」が欠かせません。

#### ②　地域の重要な社会資源

　乳児院は都道府県全域を網羅した広域の「児童虐待防止ネットワーク」や「要保護児童対策地域協議会」などと十分に連携し，地域のセーフティネットの一翼を担っています。また，各市町村との契約で，家庭での何らかの事情によって一時的に赤ちゃんの養育ができなくなった場合に利用する「子育て短期支援事業（ショートステイ）」や，ひとり親家庭などで仕事が恒常的に夜間となる場合などに赤ちゃんの生活を施設で行う「トワイライトステイ」，地域の親子の遊び場の提供や相談援助を行う「地域子育て支援拠点事業（ひろば事業）」「子育て電話相談」「交流スペースの解放」などさまざまな事業に取り組んでいます。

③ 里親支援

　2009（平成21）年4月には，児童福祉法の改正において，里親養育の拡充が大きく打ち出されましたが，実際には里親支援のための充分な環境は整っていません。そのため，赤ちゃんの養育の専門的機能を持つ乳児院など社会的養護を支える児童福祉施設が，アセスメントやマッチング，モニタリングなど一連の里親支援の一端を担い，里親との協働をはかりながら赤ちゃんの養育の社会化を進めていくことが求められています。

　2012（平成24）年4月には，乳児院，児童養護施設に，里親支援専門相談員の配置が認められ，里親支援機関事業の受託推進とともに，よりいっそう里親支援の充実が求められています。

### 4）今後の課題と期待される役割

　2009（平成21）年11月20日，子どもの権利条約20周年を祝い，第64回国連総会で「児童の代替的養護に関する指針」が採択されました。この指針では，保護者と暮らせない子どもや，その危険にさらされている世界中の子どもとその家族のために，167項目に及ぶ具体的な指針が示されました。

　日本の大規模型の施設中心の社会的養護に対しても，児童の権利条約および，それに基づく2回にわたる子どもの権利委員会の勧告に加え，指針の採択と，それを「考慮して」施策推進をすることを求めた第3回子どもの権利委員会の勧告が，日本の社会的養護関係者をも刺激することとなりました。この指針には，「専門家の有力な意見によれば，幼い児童，特に3歳未満の児童の代替的養護は家庭を基本とした環境で提供されるべきである。この原則に対する例外は，兄弟姉妹の分離の防止を目的とする場合や，かかる代替的養護の実施が緊急性を有しており，又は結果として他の適切な長期的養護措置が実現する場合であろう」（第22項）という記述があります。この項目が示す乳児院にもっとも関係のある大きな影響は，これに基づき，家庭養護を優先的に推進することを明確化したことです。

　2012（平成24）年11月30日に「児童養護施設等の小規模化及び家庭的養護の推進について」（厚生労働省雇用均等・児童家庭局長通知）を発出し，2015（平成27）年度からの15年間を推進期間とした計画を各施設（児童養護施設および乳児院）および各自治体において策定することになりました。

　社会的養護の養育は，できる限り家庭的な養育環境のなかで行われることを目指し，原則として，家庭養護（里親，ファミリーホーム）を優先するとともに，乳児院も施設の小規模化，地域分散化を行い，できる限り家庭的な養育環境（小規模グループケア，グループホームなど）に変えていくことが求められています。

## 2. 児童養護施設

### 1）沿革と概要

　児童養護施設は，社会的養護のうち，施設養護を担う児童福祉施設（児童福祉

法第7条）のひとつです。児童福祉法第41条には「保護者のいない児童（乳児を除く。ただし安定した生活環境の確保その他の理由により特に必要のある場合には，乳児を含む。以下の条件において同じ），虐待されている児童その他環境上養護を要する児童を入所させて，これを養護し，あわせて退所した者に対する相談その他の自立のための援助を行うことを目的とする施設」と規定されています。

現在，社会的養護が必要とされる対象児童数は約47,000人とされ，そのうち児童養護施設に（定員34,259人）29,399人が入所，また施設数は全国に589か所あります。（平成24年10月時点）（表4-4）。児童養護施設は，2006（平成18）年の559施設から増えており，これは施設の小規模化と地域化によるものです。かつては，大きなひとつの建物に20人以上の子どもが生活する大舎制が中心でしたが，現在では家庭的な環境のなかで養育し，社会的自立を目指した中舎制，小舎制へと養育のあり方（子どもへの支援）が変化し，施設の小規模化が進んでいます。とくに近年，虐待を受けて入所してくる子どもたちが増加していることから，職員との個別的な関係を重視し，きめ細かなケアを目的に小規模なグループケアを行う施設の拡充が進められています。

このため施設形態は，大舎制が約50％となっています（表4-5）。小規模施設数は，地域小規模児童養護施設が221か所，小規模グループケアが650か所になっています。地域小規模児童養護施設は，2000（平成12）年から実施されており，本体施設とは別に地域社会のなかに一軒屋やマンションを借りて，子どもの定員6名，職員3名での管理宿直の構成となります。一方，小規模グループケアは，2004（平成16）年から実施され，児童養護施設のケア単位を小規模化し，本体施設内で行うユニットケアと敷地外で行う分園型グループケアがあります。定員は6～8名，職員1名が加算され1施設6グループまで設置が可能となっています。

## 2）支援の対象

児童養護施設に入所している子どもたちの年齢は2歳から18歳までとなっています（ただし何らかの理由で20歳まで在籍することは可能です）。しかし実際には，中学3年生卒業時点（義務教育終了）で進学が決まっていなければ社会自立（退所）となります。措置継続での自立支援・アフターケアは可能ですが，厳しいのが実態です。

子どもたちはさまざまな理由から家庭で家族と生活できずに，児童相談所から委託されて施設にやってきます。その主な理由には「父母の行方不明」「父母の

表4-4　全国の児童養護施設の概要

| 対象児童 | 保護者のない児童、虐待されている児童その他環境上養護を要する児童 |
|---|---|
| 施設数 | 589か所 |
| 定員 | 34,252人 |
| 現員 | 29,399人 |
| 職員総数 | 15,575人 |

出典）厚生労働省「社会的養護の現状について」（平成25年3月）

表4-5 大舎・中舎・小舎の現状，小規模ケアの現状

| | | 寮舎の形態 ||| 小規模ケアの形態 |||
| --- | --- | --- | --- | --- | --- | --- | --- |
| | | 大舎 | 中舎 | 小舎 | 小規模グループケア | 地域小規模児童養護施設 | その他グループホーム |
| 保有施設数<br>(N=552)<br>(平成24年3月) | 施設数 | 280 | 147 | 226 | 312 | 136 | 32 |
| | % | 50.7 | 26.6 | 40.9 | 56.5 | 24.6 | 5.8 |
| 保有施設数<br>(N=489)<br>(平成20年3月) | 施設数 | 370 | 95 | 114 | 212 | 111 | 55 |
| | % | 75.8 | 19.5 | 23.4 | 43.4 | 22.7 | 11.3 |

大舎：1養育単位当たり定員数が20人以上，中舎：同13から19人，小舎：同12人以下，小規模グループケア：6名程度
出典）厚生労働省「社会的養護の現状について」（平成25年3月）

就労」「父母の精神疾患」などがあげられます（表4-6）。近年，とくに増加しているのが「父母の虐待・酷使」「父母の放任・怠惰」で，入所してくる子どものうち被虐待児童の割合が多くなっています。また，子ども自身が課題を持つケースも多くなり，AD/HD（注意欠陥・多動性障害），LD（学習障害），広汎性発達障害，アスペルガー，自閉症などの問題から入所してくるケースも増加しています。

施設の設備については「設備運営基準」があり，子どもたちの居室（1室4人以内，広さは一人当たり4.95m$^2$），トイレ，風呂，相談室，静養室，台所食堂など，また児童の男女・年齢に応じてトイレ・居室は別にすることになっています。職員については，子どもとともに生活し養育を行う保育士・児童指導員，食事を支える栄養士・調理員，専門職として子どもたち一人ひとりに，またその家族に個別に関わる心理療法担当・個別対応職員・家庭支援専門相談員（FSW）・里親支援専門相談員・嘱託医・看護師など，そのほか間接的には施設長・会計・事務・設備営繕そのほかの職員が子どもたちの養育に携わっています。

また，子どもに対して最善の利益が提供できるよう，職員の配置基準も改正されてきています。なかでも直接処遇職員（保育士・児童指導員）においては，平成24（2012）年4月から，1976（昭和51）年より30年以上改正されなかった配置基準が，学齢児（学童）のみ小学1年生〜高校3年生『学童6人に対し1人の職員』だったものが『5.5人に対し1人』に改善されました。

この背景には，匿名による児童福祉施設への寄付活動であるタイガーマスク運動（2010（平成22）年）＊があり，それまでの高齢者中心の福祉から児童養護への関心が広まったことで，厚生労働省も社会的養護の充実の必要性から実施したものと考えられます。

### 3）支援内容と求められる視点

児童養護施設における支援では，子どもたちの日常生活全般に関わる「生活における支援」，学習および将来の進路に関わる「学習・進路のための支援」，社会

＊2010年12月25日伊達直人（漫画『タイガーマスク』の主人公）を名乗る30代の人から，群馬県中央児童相談所へランドセル10個が送られたことを皮切りに，寄付行為が全国に広がりを見せた現象をタイガーマスク運動とよぶ。

表4－6　児童の措置理由（養護問題発生理由）単位：人，[ ] 構成割合（％）

| | H20 | H10 | S62 | S52 |
|---|---|---|---|---|
| （父・母・父母の）死亡 | 775 [2.5] | 947 [3.5] | 2,221 [7.5] | 3,430 [10.9] |
| （父・母・父母の）行方不明 | 2,197 [7.0] | 4,020 [14.9] | 7,757 [26.2] | 9,060 [28.7] |
| 父母の離婚 | 1,304 [4.1] | 2,292 [8.5] | 5,941 [20.1] | 6,190 [19.6] |
| 父母の不和 | 252 [0.8] | 297 [1.1] | 455 [1.5] | 560 [1.8] |
| （父・母の）拘禁 | 1,161 [5.1] | 1,173 [4.3] | 1,383 [4.7] | 1,170 [3.7] |
| （父・母の）入院 | 1,833 [5.8] | 2,467 [9.1] | 3,411 [11.5] | 4,080 [12.9] |
| （父・母の）就労 | 3,055 [9.7] | 3,834 [14.2] | 328 [1.1] | 300 [1.0] |
| （父・母の）精神疾患等 | 3,377 [10.7] | 2,024 [7.5] | 1,533 [5.2] | 1,600 [5.1] |
| 虐待（放任・怠惰、虐待・酷使、養育拒否） | 10,447 [33.1] | 5,192 [19.2] | 3,087 [10.4] | 2,590 [8.2] |
| 破産などの経済的理由 | 2,390 [7.6] | 1,287 [4.8] | / | / |
| 児童問題による監護困難 | 1,047 [3.3] | 1,450 [5.4] | / | / |
| その他・不詳 | 3,305 [10.5] | 1,996 [7.4] | 3,437 [11.6] | 2,560 [8.1] |
| 総数 | 31,593 [100] | 26,979 [100] | 29,553 [100] | 31,540 [100] |

出典）厚生労働省「社会的養護の現状について」（平成25年3月）

生活を営む上で欠かせない「自己形成のための支援」「個別支援が必要な子どもへの対応」，そして施設退所に向けた「退所に向けた支援」が，行われています。

**（1）生活における支援**

　児童養護施設に入所してくる子どもたちのなかには，保護者による虐待やネグレクトにより，基本的な生活習慣が身についていなかったり，不衛生・不健康な環境で成長してきたケースがしばしばみられます。そのため，子どもたちが安心でき安らぎを感じることのできる清潔で家庭的な環境を提供することで，「こころ」と「からだ」の健康，成長，発達をうながしていきます。なかでも身体的な健康の維持・回復は，基本的で重要な支援です。養育者が，子どもたちの健康を気遣い，丁寧に関わることで，子どもたちは「大切にしてもらっている」と感じ，自分を大切にしようとする気持ちを養うことができます。

**（2）学習・進路のための支援**

　十分な義務教育を受けたことのないまま入所してくる子どももいます。基礎学力が不足し，学習習慣を身につけていない子どもたちのために，学校と協力しながら年齢や発達段階に応じた教育を保証していくことが重要となります。このことがまた，将来の「社会的な自立」へと結びついていきます。

### （3）自己形成のための支援

　親や家族との信頼関係を築くことなく，おとなに対して強い不信感を抱いたまま入所してくる子どもは少なくありません。そこでおとなとの良好な二者関係を築くための愛着形成のための支援が重要になります。また，子ども自身にさまざまな葛藤や不安が生じた際には自分を知り，受け入れ，乗り越えられるよう支援することが求められます。こうした経験の積み重ねを経ることで，自尊感情を育み，健全な自己形成が実現できるよう支援していきます。

### （4）個別支援が必要な子どもへの対応

　子どもの行動には，ときとして奇妙で反社会的な面がみられることがあります。とくに入所以前の困難な家庭環境，生育環境の影響で，理解するのが難しい行動をとるケースもあります。また知的障害，発達障害，愛着障害などの診断を受けているケースもあり，一人ひとりの状況を把握しながら，具体的な支援を提供することが重要となります。

### （5）退所に向けた支援

　子どもたちが，家庭引き取りや社会自立，さらには措置変更で施設を退所する際には，住み慣れた環境から，新しい環境にスムーズに移行し，対応できるよう支援していくこと（リービングケア）が重要になります。また，家族との再統合に際しては，養護問題の再発や虐待などのリスクが高まる時期ととらえ，子どもの様子や家庭の状況を見守っていく必要があります。あるいは自立し，ひとりで社会生活をはじめた子どもの場合には，仕事に慣れ，生活が安定するまでの一定期間，本人や職場と連絡を取るなどの支援が必要となります。

## 4）今後の課題と期待される役割

　児童養護施設に入所してくる子どもたちのこころは，家庭や家族からはなれたことによる疎外感，自己喪失感，不信感でいっぱいです。ですから，児童養護施設に保護されたことが完結でなく，そこから始まる「養育」という営みのなかで，ともに成長しようというおとな（養育者）との良好な人間関係をここちよく経験することが重要になります。子どもたちが，当たり前のこととして繰り返される安心できる安全な日常生活を体験することが，養育，施設養護の基本となります。

　それと同時に，養育者は，子どもたちが自分の手で可能性を切り拓くことができる生活環境を提供することが求められます。はじめにおとなの考え方や理論を，子どもに当てはめるのではなく，目の前の子どもを素直に受け止め，見守るまなざしが大切です。養育にはここから「ともに生きる」「気づく」「発見する」「感動する」センスが求められます。

　一方，子どもたちの生活（養育）の場を福祉労働の側から考えれば，単純に8時間労働として1日24時間子どもの養育を行うと（24h÷8h=3），3人の職員が必要となります。これを配置基準に照らし合わせると，5.5人×3人=16.5人となり，ひとりの養育者が16.5人の子どもを支援せざるを得ない状況となります。児童養護の職場ではこれにかぎらず厳しい現実がまだまだ残されています。

　確かに，こうした厳しい現実は否定できませんが，養育者は子どもたちに素直に関わり，コミュニケーションを持てない心情や，理屈では割り切れない情動に

寄り添い，時間をかけ，こころの開くまで待つこと，関わっていくことを大切にしなければなりません。わからないことを無理にわかろうと理論に当てはめて納得してしまうことよりも，わからなさを大切にし，見つめ，関わり，考え，思いやり，調べ，学んでいくことで，子どもをわかる，理解する部分を増やしていくことが，またその姿勢を持ち続けることが，気づきへの始まりとなり，養育者としての感性を磨くことにつながるのです。

## 3. 母子生活支援施設

### 1）沿革と概要

　母子生活支援施設は，児童福祉法（1947（昭和22）年制定）に定められる施設です。さまざまな事情で入所した母と子に対し，心身と生活を安定するための相談・援助を進め，自立を支援しています。児童福祉法第38条では，母子生活支援施設を「配偶者のない女子\*又はこれに準ずる事情にある女子及びその者の監護すべき児童\*\*を入所させて，これらの者を保護するとともに，これらの者の自立の促進のためにその生活を支援し，あわせて退所した者について相談その他の援助を行うことを目的とする施設とする。」と規定しています。

　24時間・365日体制で母子を支えられるよう，生活の場を支援するという施設の特性に則って，仕事や育児，健康，家族関係，将来の生活設計などさまざまな心配事を，休日や家事がひと段落した夜間にも気兼ねなく相談ができるよう職員を常時配置しています。さらに必要に応じて取りつげるよう地域の関係機関とも日ごろからの連携を図っています。また，施設によっては，DV被害により入所した母子の安心・安全な生活を確保するために，夜間警備の強化や，心理療法担当職員の配置，またDVなどにより虐待を受けた子どもに対する積極的な支援を行っています。

### 2）支援の対象

　母子生活支援施設への入所理由でもっとも多いのが「夫などの暴力」です（表4-7）。母子生活支援施設は，改正DV法\*\*\*によって「一時保護施設」として位置づけられ，法律上にも明記されました。今日では保護施設としてもっとも多く利用され，重要な施設として期待されています（表4-8）。

　DVの問題は単に身体への暴力だけではなく，言葉による攻撃や経済的に追い詰める，社会との交流を断つなどといったあらゆる暴力を巧みに操り，対等な立場であるべき配偶者や恋人などの親しい相手を支配・コントロールしようとする構造にあります。また，家庭という日常のなかで暴力を目撃したり，暴力を受けて育つ子どもたちへも深刻な影響があります。

　暴力以外による対人関係の築き方を知らずに暮らしてきた子どもたちの場合，対人関係での正しい距離の取り方やコミュニケーションスキルを正しく身につけていなかったりすることで，トラブルを起こしがちです。また，偏った男性像・女性像，母親像・父親像を受け取っている子どもたちもいます。こうした子ども

\*ここでの女子は，何らかの事情（DVなど）で離婚の届出がない母親，あるいは上記児童をひとりで監護している祖母などをさす。

\*\*ここでの児童は，18歳未満（特別な事情がある場合は，例外的に入所中，子が満20歳になるまで）の子どもをさす。

\*\*\*配偶者からの暴力の防止及び被害者の保護に関する法律（2004（平成16）年改正）。

表4-7 母子支援施設の入所理由（2012（平成24）年度中のある母子生活支援施設の入所世帯割合）

| 夫などの暴力 | 児童虐待 | 家庭環境の不適切 | 母親の心身の不安定 | 住宅事情 | 経済事情 | その他 |
|---|---|---|---|---|---|---|
| 33.3% | 4.8% | 14.3% | 9.5% | 22.0% | 9.5% | 6.8% |

出典）「平成24年度　ある施設見学者用資料」

表4-8　DV法に基づく一時保護の委託契約施設数（平成18年4月現在）

| 母子生活支援施設 | 民間団体 | 婦人保護施設 | 児童養護施設・乳児院 | 他施設 | 合計 |
|---|---|---|---|---|---|
| 83か所 | 81か所 | 18か所 | 23か所 | 24か所 | 229か所 |

出典）「平成18年度全国児童相談所会議」

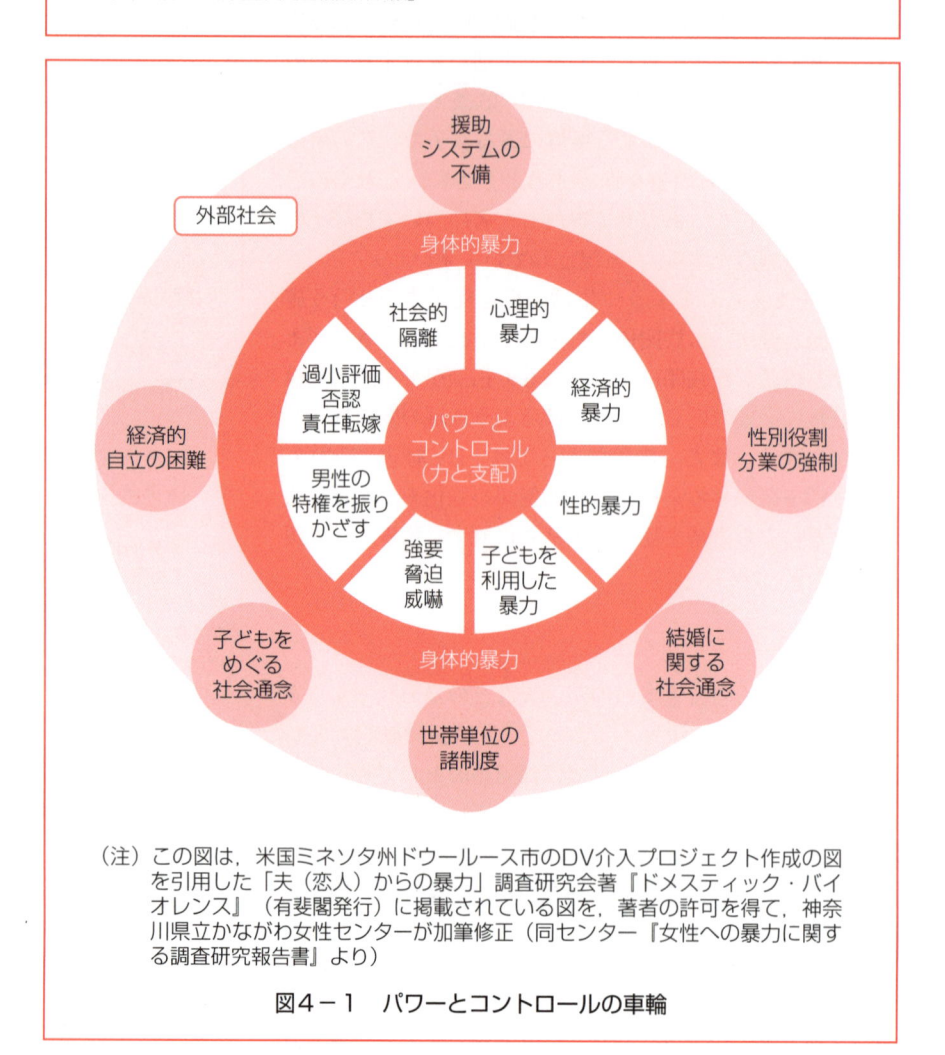

（注）この図は，米国ミネソタ州ドゥールース市のDV介入プロジェクト作成の図を引用した「夫（恋人）からの暴力」調査研究会著『ドメスティック・バイオレンス』（有斐閣発行）に掲載されている図を，著者の許可を得て，神奈川県立かながわ女性センターが加筆修正（同センター『女性への暴力に関する調査研究報告書』より）

図4-1　パワーとコントロールの車輪

たちにとって，施設内での毎日の生活のなかで，さまざまなスタッフと関わっていくことは，さまざまな人間像があることを知り，対人関係のスキルを積み重ね直していくことにつながります。

また近年の特徴として，入所世帯のうち障害がある母親の割合23.5％，外国籍である割合が10.0％と増加傾向にあり，支援のニーズも多様化してきています。

### 3）支援の内容と求められる視点

　母子生活支援施設の目標は，利用者とともに一人ひとりに合った自立のための人生計画を立て，そのゴールへ向けて一緒に歩んでいくことにあります。

　母子生活支援施設が，このほかの児童福祉施設とは異なる最大の特徴は「世帯ごとの個室」があることです。家庭内のプライバシーが守られ，家事や育児などが世帯ごとのペースを維持して行える「個室」で，母親はそれまでの生活で尽き果てた心身のエネルギーを回復させ，自立に向けた目標を探すための生活を開始します。

　また，子どもたちは年齢に合わせて学校・保育所などに通いながら，遊びや学びの場を通じて生活スキルの向上，学力確保，進路決定などの個別的な関わりを施設スタッフと持つことになります。そこでは，自治会活動や季節の行事，文化やスポーツなどの集団活動の創意工夫のなかで，心身の健やかな成長が保障されます。

　こうした「生活の場」に密着して支援するからこそ，施設スタッフは，点ではなく線で世帯を把握でき，日々浮き沈みのある母子関係の状況に間髪入れずに介入し，モデルを示したり相談に応じることができます。それが母子生活支援施設のもっとも重要な支援である「濃密な対人関係の実践」につながっていきます。

　母子生活支援施設が提供する「生活の場」では，今まで失敗が許されなかった環境にいた人々の失敗を大切にし，向き合い，失敗が成功につながっていく体験へと導いていくことができます。

### 4）今後の課題と期待される役割

　2004（平成16）年の児童福祉法改正により，母子生活支援施設は「退所した者について相談及びその他の援助を行うことを目的とする」と規定され，支援の対象は退所された利用者にまで拡大しました。そのため退所した後の継続的な支援や，地域のひとり親家庭の支援をすすめるため，さまざまな事業を展開しています（表4－9）。

　たとえば，退所を目前に控えた世帯の自立のために，地域の住宅地に分園施設を設け，スモールステップが踏めるようにした「小規模分園型（サテライト型）」施設の運営や，地域で暮らすひとり親支援のための「電話相談」「地域交流事業」「施設設備の開放」などをすすめています。

　また，関係が希薄だったり険悪だったりする親族との関係調整や，子どもを虐待してしまう母親や家庭内で母親に暴力を振るってしまう子どもを親子分離する必要性がないかどうかの見極めを行ったりしています。そして，親子分離になっていた母子の引き取りに向けたプロセスに関わり，実際に引き取った後で家庭だけで孤立することを防ぐために，母子での入所の受け入れや，家族再統合後の母子関係調整を積極的に支援しています。

　こうした支援の一方で，母子家庭の経済基盤確立を困難にする雇用の不安定さという社会問題が顕著になっています。たとえば，平成23年度全国母子世帯等

表4-9　施設内および退所後／地域へのサポート

| 施設で生活する母子家庭等 | 地域全体（ひとり親家庭） |
|---|---|
| ◆家庭生活と権利擁護の拠点<br>(1) 癒しを得ることができる生活環境<br>(2) 相談<br>　日常的ストレスへの対応／生活相談（諸サービスの利用，自立に向けての準備）<br>(3) 生活支援と生活スキルの向上支援<br>　生活スキルの習得／制度活用のサポート（アドボケート）<br>(4) 子育て支援と子どもへの支援<br>　養育技術の習得／しつけ／生活習慣／保育／学習指導／遊びの指導／進路相談／被虐待児支援（心理的サポートを含む）／障害児への支援<br>(5) 健康維持のための支援<br>　治療のサポート／服薬のサポート<br>(6) 就労支援<br>(7) 危機対応<br>(8) アフターケア | (1) 地域支援・子育て支援<br>　学童保育／ショートステイ／トワイライトステイ／保育機能強化等<br>(2) 危機対応<br>　ひとり親／単身／被害者支援<br>(3) 相談機能（電話相談含む） |

出典：「母と子の権利擁護と生活の拠点をめざして　全国母子生活支援施設協議会　特別委員会報告書」

表4-10　月収15万円の場合の支出例

| | | | |
|---|---|---|---|
| 家賃 | 6万円 | 日用品 | 5千円 |
| 食費 | 4万円 | 被服費 | 5千円 |
| ガス高熱水費 | 1万円 | 医療費 | 5千円 |
| 保険 | 1万円 | 通信費 | 5千円 |
| 教育諸費 | 1万円 | | |
| | | 合計： | 15万円 |

　調査によれば，平均年間就労収入金額の比較で母子家庭の年間収入が181万円（月額およそ15万円）なのに対し，父子家庭では360万円（月額およそ30万円）と大きな差があります（表4-10）。就労率比較からみると，フルタイムの就業は母子家庭80.6％に対し，父子家庭91.3％とあまり差はありませんが，雇用形態の割合では，正規雇用が母子家庭で39.4％なのに対し，父子家庭は67.2％と大きな差があります。またパート・アルバイトの比率は，母子家庭の47.4％に対し，父子家庭では8.0％という結果となっており，母子家庭が経済的に苦しい状況におかれていることが分かります。

　アンケートでも生活が「大変苦しい」57.6％「やや苦しい」28.4％と，両方を合わせ「苦しい」が85.9％を占めています。日本における不景気の現状が，より厳しく施設の利用者にも反映していると思われます。

　こうした貧困の連鎖を断ち切るためには，母親がより条件の整った就労先を確保し，自立に向かえるようなきめ細かな支援がこれからますます重要となってきています。

# 4. 知的障害児施設（主として知的障害児を入所させる福祉型障害児入所施設）

## 1）沿革と概要

　1891（明治24）年に石井亮一が日本で最初の知的障害児施設「滝乃川学園」を創設しました。1947（昭和22）年には児童福祉法が制定され，法的に知的障害児施設が位置づけられました。2012（平成24）年4月1日に施行された児童福祉法の一部改正により，知的障害児施設をはじめとする障害児を入所させて支援を行う施設は，障害児入所施設として一元化され，重複障害などへの対応の強化が図られました。

　また障害児入所施設は，医療的なケアを必要とする医療型と，医療的なケアが必要ではない福祉型に分類されました。これにより，従来の知的障害児施設は"主として知的障害児を入所させる"福祉型障害児入所施設となりました。ここでは，主に知的障害のある児童を入所させて保護するとともに，日常生活の指導および独立自活に必要な知識技能を与えることを目的としています。

　旧・児童福祉法では，知的障害児施設の一種として「自閉症を主症状とする児童を入所させる知的障害児施設」が「自閉症児施設」に位置づけられていました。しかし，全国でも第1種自閉症児施設が4か所，第2種自閉症児施設が3か所と少なく，ほとんどの自閉症児は知的障害児施設や知的障害児通園施設を利用しているのが現状でした。児童福祉法の一部改正により，医療法上の病院でもある第1種自閉症児施設は"主として自閉症児を入所させる"医療型障害児入所施設に，第2種自閉症児施設は"主として自閉症児を入所させる"福祉型障害児入所施設へ移行されました（図4－2）。

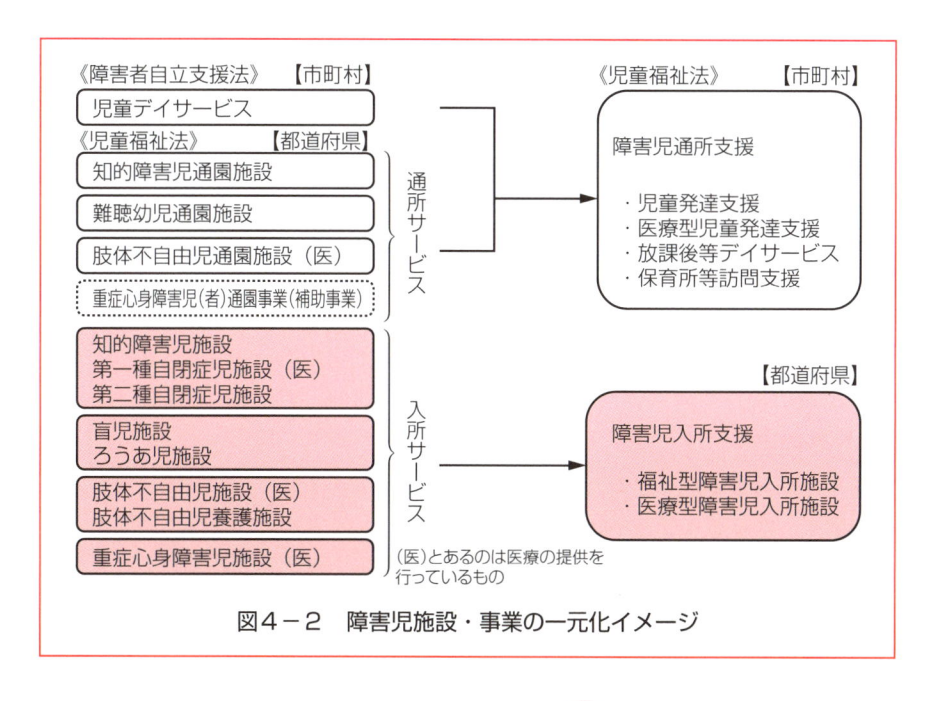

図4－2　障害児施設・事業の一元化イメージ

## 2）支援の対象

　主として知的障害のある児童で，本人の障害の程度や，社会的・経済的な事情など家庭で養育できない，あるいは保護者に養育を任せることが不適当な場合において，入所の対象となります。療育手帳の有無は問わず，児童相談所や医師などにより療育の必要性があると認められた児童も対象とされます。

　ひとくちに知的障害といっても，ひとつの疾患ではなく原因や程度もさまざまです。法的な定義ではないのですが，「知的機能の障害が発達期（おおむね18歳まで）にあらわれ，日常生活に支障が生じているため何らかの特別な援助を必要とする状態にあるもの」といった理解が一般的です。知的機能の障害が学習や対人関係，身辺自立，情緒，言語などのさまざまな側面に影響し，社会的不適応や社会的自立を妨げる要因となるなど，生活のしづらさにつながることが多くあります。

　知的機能は，一般的に知能検査で測定された知能指数（IQ＝Intelligence Quotient）の値で表されます。障害程度の分類も明確な基準はなく，知能指数も目安のひとつでしかありませんが，おおむねIQ70〜51を軽度，IQ50〜36を中度，IQ35〜21を重度，IQ20以下を最重度としています。また，知的機能と適応行動の両方に遅れがみられるときに，知的障害があるとされます。

　自閉症とは，主として①社会性，②コミュニケーション，③想像力の3領域に障害があることを特徴とする障害です。対人関係において，その場に応じた適切な行動をとることができなかったり，言葉が話せない，あるいは言葉が話せても，意味が正確にわかっていなかったり，オウム返しなどの特有の話し言葉，相手の手を使って何かをさせようとする（クレーン現象）など，コミュニケーションを上手くとれないことがあります。また，想像力の乏しさから，経験していないことや目に見えないことを想像することが難しく，ごっこ遊びの少なさや幅の狭さ，初めてのことや変更の際に，見通しを立てることや切り替えることが苦手です。同じ行動を繰り返したり，決まった手順や儀式にこだわるといった活動と興味の偏りもみられ，狭い興味に没頭する極端な「こだわり」を示します。そのほかにもよくみられる特徴として，感覚が鋭すぎたり，逆に鈍感だったりという，感覚の異常があります。

　知的障害児や自閉症児は，本人自身の障害特性などの問題に加え，周囲の人の過保護や過干渉といった不適切な対応や，正しい理解がないなどの環境的な要素も加わって行動の問題に繋がったり，社会的な自立や適応を遅らせてしまっている場合も多くあります。

　近年，本人の発達課題のみでなく，家庭にも何らかの課題があるケースが増えてきており，被虐待児などの家庭環境上養護を要する児童の入所が増加しています。

## 3）支援内容と求められる視点

　どの施設においても共通することですが，支援の前提として，その児童のおかれている状況や気持ちを理解し，寄り添うことが肝要です。

　障害の程度や特性，発達状況，年齢などに応じて個別支援計画を作成し，それに沿って，身辺自立や社会的自立ができるよう生活指導，学習指導，職業指導といった支援が個別または集団で行われます。知的機能や発達障害の程度の違いも

大きく，その子どもの状況に応じて配慮した幅広い対応が必要となります。

　生活指導として，食事，排泄，睡眠といった基本的生活習慣の確立や食事・排泄・洗面・入浴・着脱衣などの身辺処理技能の獲得など，身辺自立を図るための支援を提供します。知的障害児の場合，標準的な発達段階に比べて，多くの時間と回数を必要としますが，繰り返しや，段階を追った継続的な指導が行われれば，これらの技能を身につけていけるケースも多くあります。支援者として留意しておくべき視点は，どんなに発達の遅れが重度であっても，働きかけ次第で必ず，わずかであっても日々変化，成長し，改善していく可能性を確信することです。子どもの障害の程度や能力をよく把握し，継続的な粘り強い対応を心がけた支援の展開が重要となります。継続的な支援を得ることができないことも多く，そのために本人や周囲の人ができないと思い込んだり，成功体験の少なさから主体的に活動に取り組む意欲が育たないこともみられます。

　また，抽象的なものごとの理解が苦手であるため，実際にやってみせるなど，具体的・実際的にわかりやすい形での指導をしていくことが効果的です。生活場面の一つひとつの目標を定め，空間や場所，時間や手順などを構造化し，よりスムーズな生活ができるように取り組むことにより，情緒の安定も図られます。

　学齢児童は，地域の特別支援学校などへの通学を通して，個々の児童に合った方法により教育を受けます。施設内においても，生活に必要な会話や読み書き，数がかぞえられることなど，子どもの状況に合わせた目標を設定し，学習指導を行います。将来の生活を視野に入れて，学校と綿密に連携し，連続性のある一貫した支援を心がけ，一人ひとりに応じた支援を展開していくことが大切です。

　また，18歳を超えた利用者がいる施設では，障害福祉サービスの日中活動支援を行っているところも多くあります。創作活動や軽作業など，利用者の特性に合った活動を行いつつ，日中生活の充実を図っています。

### 4）今後の課題と期待される役割

　近年，被虐待児など家庭での養護が困難な児童の入所が増加しています。そのため，児童だけではなく家族に対して障害の理解をうながしたり，子どもとの関係調整を行うといった支援が必要になってきています。

　従来から成人施設の不足もあり，18歳以上の過齢児の増加が問題になっていましたが，児童福祉法の改正により，18歳を超える児童については障害福祉サービスで対応することとされました。今後は，施設入所のみの進路選択ではなく，自立生活や地域生活に向けた支援の展開を図る必要があります。退所児の進路開拓として，グループホームなどの障害福祉サービスの運営も求められています。

　多くの施設で，短期入所や日中一時支援といった障害福祉サービスを併設していますが，障害の重度・重複化や発達障害児など，さまざまなケースに対応できる療育機関としてその機能の拡充が期待されています。

# 5. 盲ろうあ児施設（主として盲児またはろうあ児を入所させる福祉型障害児入所施設）

## 1）沿革と概要

1949（昭和24）年の児童福祉法の改正により，従来，盲ろうあ児のための施設であった盲ろう学校寄宿舎が児童福祉施設として運営されることになりました。そして，盲ろう学校に付設されている寄宿舎とは異なるものであるとされ，盲ろう学校に通学しない児童（学齢期以前の児童，義務教育を免除された児童等）も対象となりました。また，盲ろうあ児施設は，それまで虚弱児や肢体不自由児とともに「療育施設」として規定されていましたが，盲ろうあ児に対し保護，指導を行う施設として位置づけられました。

2012（平成24）年4月，児童福祉法の一部改正により，「障害児入所支援」として一元化され，盲ろうあ児施設は福祉型障害児入所施設へ移行されました。

この施設は，盲児（強度の弱視児を含む）またはろうあ児（強度の難聴児を含む）を入所させて保護するとともに，日常的な指導や独立自活に必要な知識技能の付与について支援することを目的としています。基本的には，視覚障害児と聴覚障害児とを同一施設に入所させるのではなく，それぞれに独立した施設で専門特化した支援を提供しています。

## 2）支援の対象

基本的には，視覚あるいは聴覚障害（言語障害を伴う）に対して，医学的な治療を必要としない程度にその障害が固定し，家庭においては適切な監護が困難な児童を対象としています。障害の程度は，身体障害者障害程度等級表のとおりです（表4-12）。

主として盲児を対象とする施設は，目の見えない児童や強度の弱視がある児童を対象としています。盲・弱視の教育的分類基準では，矯正視力が0.02未満の場合を「盲」といい，矯正視力0.02以上0.3未満を「弱視」としています。

表4-11　盲ろうあ児施設の推移

| 年 | 盲児施設 施設数 | 盲児施設 定員 | 盲児施設 入所児童数 | ろうあ児施設 施設数 | ろうあ児施設 定員 | ろうあ児施設 入所児童数 |
|---|---|---|---|---|---|---|
| 1980年（昭和55） | 29 | 1,725 | 980 | 29 | 2,074 | 841 |
| 1990年（平成2） | 21 | 1,047 | 365 | 18 | 1,029 | 293 |
| 2002年（平成14） | 13 | 338 | 149 | 15 | 497 | 222 |
| 2005年（平成17） | 11 | 290 | 139 | 14 | 440 | 193 |
| 2011年（平成23） | 9 | 183 | 119 | 10 | 214 | 142 |

出典）「社会福祉施設等調査」（厚生労働省）

表4-12 身体障害者障害程度等級表

| 級別 | 視覚障害 | 聴覚障害 |
|---|---|---|
| 1級 | 両眼の視力（万国式試視力表によって測ったものをいい，屈折異常のある者については，きょう正視力について測ったものをいう。以下同じ。）の和が0.01以下のもの | |
| 2級 | 1. 両眼の視力の和が0.02以上0.04以下のもの<br>2. 両眼の視野がそれぞれ10度以内でかつ両眼による視野について視能率による損失率が95パーセント以上のもの | 両耳の聴力レベルがそれぞれ100デシベル以上のもの（両耳全ろう） |
| 3級 | 1. 両眼の視力の和が0.05以上0.08以下のもの<br>2. 両眼の視野がそれぞれ10度以内でかつ両眼による視野について視能率による損失率が90パーセント以上のもの | 両耳の聴力レベルが90デシベル以上のもの（耳介に接しなければ大声語を理解し得ないもの） |
| 4級 | 1. 両眼の視力の和が0.09以上0.12以下のもの<br>2. 両眼の視野がそれぞれ10度以内のもの | 1. 両耳の聴力レベルが80デシベル以上のもの（耳介に接しなければ話声語を理解し得ないもの）<br>2. 両耳による普通話声の最良の語音明瞭度が50パーセント以下のもの |
| 5級 | 1. 両眼の視力の和が0.13以上0.2以下のもの<br>2. 両眼による視野の2分の1以上が欠けているもの | |
| 6級 | 1眼の視力が0.02以下，他眼の視力が0.6以上のもので，両眼の視力の和が0.2を超えるもの | 1. 両耳の聴力レベルが70デシベル以上のもの（40センチメートル以上の距離で発声された会話語を理解し得ないもの）<br>2. 1側耳の聴力レベルが90デシベル以上，他側耳の聴力レベルが50デシベル以上のもの |

出典）「身体障害者福祉法施行規則別表第5号（第5条関連）」抜粋

　また，主としてろうあ児を対象とする施設は，耳の聞こえない児童や強度難聴の児童を対象としています。聴力の程度についてはdB（デシベル）という単位で表し，障害の程度が重い「ろう」と，それよりも軽い「難聴」とに大きく分けられます。しかし，dBの数値だけで決まるものではなく，補聴器の適合具合によってどの程度の話し言葉が理解できるかといった要因に左右されます。補聴器を使用しても話を聞き取ることが難しい100dB以上の場合が「ろう」とされ，それよりも軽い強度難聴（60〜100dB，非常に大きな声か補聴器の使用による会話のみ理解できる），中等度難聴（40〜60dB，普通の会話にも多少不自由を感じる），軽度難聴（30〜40dB未満，小さい会話が聞きにくく，正確に理解できないことがある）の「難聴」とに大きく分けられています。

## 3）支援内容と求められる視点

　情緒の安定を図り，家庭的な生活を送ることができるようにすることを基本としつつ，年齢や障害の程度，心身の発達状況などに応じた個別支援計画を立てます。生活指導では，とくに幼児期における基本的生活習慣や社会適応能力の獲得，遊びや運動あるいは自治会やクラブ活動などの集団活動を通して，協調性や自立に向けての主体性を養い，社会生活力（ソーシャルスキル）の育成を目指します。また，行事や地域社会との交流など社会経験の機会を増やし，公共のマナーや社会性を学ぶことも，豊かな情操を養い，将来の自立生活や望ましい人間関係の形成を図るうえで重要です。そのほか，視覚・聴覚障害児にとって，交通事故の防止，非常災害に備えての訓練など，安全についての指導も大切です。

　学齢児童は，地域の特別支援学校などに通学して教育を受けています。施設においても学習指導を行うとともに，関係学校と緊密に連携し，個々の児童の全人的な成長を目指した支援を行います。

　盲児施設では，発達状況に応じて感覚訓練，運動，歩行訓練などの取り組みを行います。たとえば，言葉と連動させて物を触ったりする経験を通して，触角や嗅覚，聴覚などを刺激する知覚活動を行い，言葉の概念やイメージを具体化させていきます。また，環境認知が不十分なために生じる自発的な移動や運動の少なさを解消するため，遊びなど積極的に体を使って外界に働きかけたり，歩行に必要な足腰の筋力を強くするような機会を設けます。歩行訓練では，歩行することの恐怖感を取り除き意欲を高める，音に向かってひとりまたは介助者とともに真直ぐに歩いたり，正しい方法での伝い歩きをする，白杖を使用しての歩行訓練や公共交通機関の円滑な利用を目指した単独歩行訓練などを行います。

　視覚障害児の場合，視覚からの情報が得られないため，適切な日常生活習慣や生活動作を学ぶ機会が制限されます。規則正しい生活リズムの確立，食事のマナー，排泄時の諸動作，衣服の着脱やたたみ方，整理整頓や衛生管理など具体的かつ継続的な指導が求められます。

　ろうあ児施設では，聴能訓練や言語機能訓練，コミュニケーションに関する指導に重点がおかれています。残存聴力を活用し，障害の程度に応じて補聴器などによる聴力の補償を行い，遊びや日常生活のなかでいろいろな音の刺激に対する反応をよく観察し，聞こえの状態を把握する，音を聞こうとする態度を身につけさせる，必要な時期に読話の指導を行う，日常生活に密着した具体的なことがらについて，懇切丁寧に十分話しかける，といった支援を行います。また，日常生活での他者とのコミュニケーションを円滑に図ることができるよう，障害の状態や発達段階などを考慮して，手話・指文字をはじめ，絵カード，読話・筆談など適切な対話の方法を指導し，コミュニケーション手段の選択肢を広げていくことも重要です。

　退所後，できるだけ自立した生活ができるように，日常の生活指導において社会性や協調性を育成するとともに，自活訓練や地域生活への移行に向けた体験学習などの機会を設け，生活能力の向上を図る支援も重要です。また，学校や地域の関係機関と連携し，既成概念にとらわれない多方面にわたる職場開拓を推し進めたり，児童の就業能力を高めるための訓練を行うといった就労支援を行うことも大切です。

## 4）今後の課題と期待される役割

　医療の発達にともなう早期発見・早期治療や，学校の寄宿舎の利用が増えたことなど，盲ろうあ児施設の入所児童は施設数とともに減少の一途をたどっています。これまでに培ってきた専門的な支援機能を維持しつつ，他の障害児等の受け入れを積極的に行い，施設の継続的な運営を図る必要があります。

　また，知的障害を伴う重複障害による重度化や，視覚・聴覚障害を伴わない知的障害児や肢体不自由児などの受け入れ，近年では，虐待などの理由で入所する子どもも増えてきており，支援内容も複雑となり，支援者にはより高い専門性が求められています。

　さまざまなケースに対応するためにより幅広い視点から発達や支援を考え，将来の自立生活を図るためにも，一人ひとりの個性に応じて社会生活力を育む支援が求められています。

## 6. 肢体不自由児施設（主として肢体不自由児を入所させる障害児入所施設）

### 1）沿革と概要

　1942（昭和17）年，高木憲次が現在の肢体不自由児施設の基礎となる整肢療護園を創設しました。児童福祉法が制定された1947（昭和22）年当初の肢体不自由児施設は，療育施設と呼ばれ，虚弱児施設と一本化されていましたが，1950（昭和25）年に分化され，独立した児童福祉施設として制度化されました。1963（昭和38）年「通園児童療育部門」によって通所形態が導入され，さらに「重度病棟」「母子入園部門」が設けられて肢体不自由児に対する療育事業の強化が図られました。

　また，2012（平成24）年4月に施行された児童福祉法の一部改正により，「障害児入所支援」として一元化され，「肢体不自由児療護施設」は福祉型障害児入所施設に，「肢体不自由児施設」は医療型障害児入所施設へ移行されました。

　医療型施設は，主として肢体不自由のある児童を入所させて治療するとともに，日常生活の指導および独立自活に必要な知識技能を与えることを目的としています。児童福祉法に規定された児童福祉施設であると同時に，医療法上の病院でもあります。また，福祉型施設は，肢体不自由の程度が病院に入院する必要のないものの，さまざまな理由により家庭で生活できない肢体不自由児を入所させ，保護・養育するとともに自立に必要な知識技能を与えることを目的とする施設です。

　とくに重度の児童に対する福祉対策として制度化された「重度病棟」や，入所の措置がとられた児童のうち，おおむね2歳から6歳の肢体不自由児を母親とともに約3か月間入所させ，機能訓練などの発達支援を行うとともに，母親にも療育に必要な知識・技術などの訓練方法を習得させようとする「母子入園部門」を設置している施設もあります。

表4-13 肢体不自由児施設の推移

| 年 | 施設数 | 定員 | 入所児童数 |
|---|---|---|---|
| 1980年（昭和55） | 76 | 9,716 | 7,306 |
| 1990年（平成2） | 72 | 8,787 | 6,217 |
| 2002年（平成14） | 66 | 5,969 | 3,801 |
| 2005年（平成17） | 63 | 5,375 | 3,060 |
| 2011年（平成23） | 59 | 3,684 | 1,954 |

出典）「社会福祉施設等調査」（厚生労働省）

## 2）支援の対象

　主として肢体不自由のために医学的な治療を必要としている満18歳未満の児童が対象です。肢体不自由とは，上肢，下肢または体幹機能に障害のあることです。上肢は，肩から手指までの部分を，下肢は股関節から足にいたる部分をさし，体幹とは簡単にいうと胴体のことで，頸部，胸部，腹部および腰部を含みます。

　肢体不自由児施設が創設された当初は，ポリオや骨関節炎などが肢体不自由を引き起こす主な原因でした。しかし，予防ワクチンの普及によるポリオの激減や結核性の骨関節炎の克服など，医学・医療技術の進歩や早期対策の普及によって，肢体不自由の起因疾患は減少してきています。そのなかで，脳性麻痺（CP：Cerebral Palsy）が52.1％（平成21年全国肢体不自由児施設実態調査）と大きな比率を占めています。脳性麻痺による肢体不自由児は永続的な運動障害や随伴症状があり，そのため全身の機能障害，視力，聴力，言語，あるいは知的面での障害などをあわせ持っており，その療育が施設の大きな課題となっています。

　また，近年，手足のみが不自由な児童は減少しており，重度の知的障害を伴う重症心身障害児など，重度重複障害の児童や自閉症スペクトラム障害のある児童の利用が増えています。さらに，被虐待児を含めて，家庭での養育が困難なために入所する社会的入所児童も増加しており，あらゆる障害児に対応しています。

## 3）支援内容と求められる視点

　長期入院のため治療や訓練が生活の中心となり，人との交流や運動など制限の多い生活環境のなかで育つなど，発達的に多くの問題を抱えています。

　児童発達支援管理責任者をはじめ，医師・療法士（理学療法・作業療法・言語療法など）・看護師・保育士・児童指導員など多職種によるチームアプローチを行います。医療的なケアを中心とした支援を行い，児童の症状に応じて，整形外科的治療や理学療法，作業療法による機能訓練，栄養管理など身体機能の向上や回復を図ります。また，規則正しい集団生活を送ることにより社会性と自立性を養い，日常生活動作の習得・向上のための指導・訓練を行うなど，児童の健全育成を図ります。障害の状態，発達段階や年齢，施設生活における精神的負担などの心理的特性にも配慮しながら，個別あるいは集団での遊びや生活経験などによる指導を通じて，児童の豊かな人格の形成やこころの成長を図る機会を設けることも大切です。とくに乳幼児期の児童においては，生活場面における児童の自主

表4-14　障害児施設の利用者の年齢構成について（入所）

|  | 乳幼児<br>（0歳～6歳） | 学齢期・青年期<br>（7歳～17歳） | 加齢児<br>（18歳以上） |
| --- | --- | --- | --- |
| 肢体不自由児施設 | 31.3％ | 59.9％ | 8.9％ |
| 肢体不自由児療護施設 | 9.7％ | 43.5％ | 46.8％ |
| 重症心身障害児施設 | 2.8％ | 10.1％ | 87.1％ |
| 知的障害児施設 | 3.2％ | 56.8％ | 40.1％ |
| 自閉症児施設 | 3.4％ | 67.2％ | 29.4％ |
| 盲児施設 | 5.8％ | 81.0％ | 13.1％ |
| ろうあ児施設 | 12.1％ | 81.2％ | 6.7％ |

出典）「社会福祉施設等調査報告」（平成18.10.1現在）

性を高めるための動機づけや，自主的に取り組む力を育むことが大切です。

日常生活指導では，規則正しい生活を通して食事・排泄・衣服の着脱などの基本的生活習慣を身につけるための指導を行います。また，感覚遊びや音楽，スヌーズレン，製作，運動などの設定保育や自由遊びなどの集団活動を通して，参加する喜び，楽しさを経験させ，社会性の育成を図っています。そのほか，行事や園外活動などを行い経験の幅を広げることで，自立心と協調性，豊かな情操を培うなど，家庭的で明るい日常生活が送れるよう支援が展開されます。

学齢児童は特別支援学校に通学して教育を受けます。通学の難しい児童に対しては，派遣された教師によって教育が行われます。

母親に対する療育支援も不可欠な領域です。母子入園では，障害や病気に対しての正しい知識や発達への理解を深めることを目的とした勉強会の実施や，保護者間の親睦と情報交換，母親のリフレッシュを目的とした母子分離などを行っています。

## 4）今後の課題と期待される役割

医療的なケアや児童の個別的な養護内容の充実，重度化・多様化する障害児への療育などに対応するため，実態に応じた専門職員の適正な配置と，地域資源との協働・連携が必要とされています。

肢体不自由児は早期療育が求められており，他の児童福祉施設に比べ幼児や学齢期の子どもの入所割合が多くなっています。医療的ケアと生活指導をあわせて受けることができる環境は，障害児を持つ家族支援の面でもその役割は大きく，乳幼児期での母子分離の難しさによる母子入園部門や母子通園による療育の場の充実はますます重要になることが予想されます。また，地域の障害児療育医療の拠点として，地域で暮らす障害児・者に対する専門医療と福祉の供給が期待されています。

# 7. 主に重症心身障害児を対象とした医療型障害児入所施設（旧・重症心身障害児施設）

## 1）沿革と概要

　重症心身障害児に対する社会的関心が高まってきたのは，1957（昭和32）年頃からです。その後，島田療育園に重症心身障害児療育の研究が委託され，その結果，1967（昭和42）年の児童福祉法改正により，重度の知的障害および重度の肢体不自由が重複している児童を入所させて，これを保護するとともに，治療および日常生活の指導をすることを目的とする児童福祉施設として制度化されました。重症心身障害児施設は，児童福祉施設であると同時に，医療法上の病院という両面性を持つ施設です。なお，「重症心身障害」という言葉は行政・福祉関係者の間で使われており，医学上の診断名ではありません。
　2012（平成24）年4月に施行された児童福祉法の一部改正により，「障害児入所支援」として一元化され，医療型障害児入所施設へと移行されました。

## 2）支援の対象

　対象となる児童は，最重度，または重度の知的障害と身体障害者障害程度等級表に示されている1，2級の重度の肢体不自由が重複している児童です（表4－15）。重症心身障害者は療育期間が長期にわたり，児者一貫した支援がより必要とされることから，18歳を過ぎても継続して入所することができ，乳幼児から

表4－15　身体障害者障害程度等級表（肢体不自由）

| 級別 | | 1級 | 2級 |
|---|---|---|---|
| 上肢 | | 1. 両上肢の機能を全廃したもの<br>2. 両上肢を手関節以上で欠くもの | 1. 両上肢の機能の著しい障害<br>2. 両上肢のすべての指を欠くもの<br>3. 一上肢を上腕の2分の1以上で欠くもの<br>4. 一上肢の機能を全廃したもの |
| 下肢 | | 1. 両下肢の機能を全廃したもの<br>2. 両下肢を大腿の2分の1以上で欠くもの | 1. 両下肢の機能の著しい障害<br>2. 両下肢を下腿の2分の1以上で欠くもの |
| 体幹 | | 体幹の機能障害により坐っていることができないもの | 1. 体幹の機能障害により座位または起立位を保つことが困難なもの<br>2. 体幹の機能障害により立ち上がることが困難なもの |
| 乳幼児期以前の非進行性の脳病変による運動機能障害 | 上肢機能 | 不随意運動・失調等により上肢を使用する日常生活動作がほとんど不可能なもの | 不随意運動・失調等により上肢を使用する日常生活動作が極度に制限されるもの |
| | 移動機能 | 不随意運動・失調等により歩行が不可能なもの | 不随意運動・失調等により歩行が極度に制限されるもの |

出典）「身体障害者福祉法施行規則第7条別表第5号」（抜粋）

表4-16 重症心身障害児施設の推移

| 年 | 施設数 | 定員 | 入所児童数 |
|---|---|---|---|
| 1980年（昭和55） | 48 | 5,448 | 4,849 |
| 1990年（平成2） | 65 | 6,835 | 6,551 |
| 1995年（平成7） | 78 | 8,009 | 7,748 |
| 2002年（平成14） | 101 | 9,838 | 9,582 |
| 2005年（平成17） | 112 | 11,015 | 10,489 |
| 2011年（平成23） | 133 | 13,289 | 12,771 |

出典）「社会福祉施設等調査」

高齢者まで利用しています。

重症心身障害児は，知的障害が重く，かつ重度の肢体不自由があるために自立歩行は難しく，移動，食事，排泄，入浴など日常生活のほとんどに介護を必要とし，また，てんかん発作や脳性麻痺その他の精神障害をあわせ持っていたり，人工呼吸器を装着しているなど，医療や看護の手厚いケアが必要な児童や寝たきりの児童もいます。一方では，生活習慣を身につけ，ある程度の活発な表現活動ができる児童もおり，支援の内容もさまざまです。

### 3）支援内容と求められる視点

医療や看護による健康管理や治療といった医療的アプローチが基盤となりますが，一人ひとりの症状や発達の段階，生活背景などを十分に考慮し，支援することが大切です。

日常生活指導は，食事，排泄，洗面，更衣などの身辺自立生活指導に重点を置きます。設定保育では，絵画，製作，音楽，各種の遊びなどの表現活動により情緒面に働きかけ，情緒の安定や豊かな人間性の獲得を図ります。また，行事や園外活動による地域交流，グループ活動によって集団参加の態度や社会性を育成します。重症心身障害児の場合，言葉でのコミュニケーションをとることが難しい場合がほとんどですが，情緒的・感覚的に判断していることもあり，積極的にコミュニケーションを図り，対人反応を引き出すような働きかけも重要です。

健康管理では，疾病・発作の予防および疾病の早期発見，健康保持に努め，日常生活面での児童の観察とこまかい注意が大切になってきます。

このように医療的ケア，生活面・情緒面での支援など，あたたかい心情とこまやかな配慮に基づく包括的な療育の展開により，豊かな人間性の育成と社会的発達，より潤いのある生活の提供と，一人ひとりの自己実現をめざしていきます。

なお学齢児への学校教育は，特別支援学校への通学や，訪問学級の設置により施設内教室において訪問教育が行われます。

### 4）今後の課題と期待される役割

重症心身障害児の発生数は，医療の進歩により，むしろ増加しているといわれています。それは，超低体重出生児や重症仮死産など，以前では死亡していたケースが救われるようになったことが大きな要因といわれています。また，幼児期のおける溺水や交通事故の後遺症に起因するものもあります。社会的ニーズは

高く，施設数・入所利用者ともに増加している一方，高度な専門的ケアを継続的に提供するための専門職員の確保や職員配置などの課題もあります。

長期入所に伴う児童の体重増加，医療の進歩に伴い呼吸管理や食事機能，消化器症状など，より高度で濃密な医療ケアを常時必要とする「超重症児」とよばれる重度の障害のある子どもの療育についても大きな課題となっています。

2012（平成 24）年の児童福祉法の改正と自立支援法の見直しにより，重症心身障害児施設の 18 歳以上の入所者についても，ほかの障害者と同様に障害福祉サービスにより対応するとされています。しかし，重症心身障害者への適切な支援を提供できる「障害福祉サービス」が現行では療養介護のみと少ないことと，重症心身障害児者に対しては，継続的に一貫した支援が必要とされることが多いことから，医療型障害児入所施設と療養介護を一体的に実施できるようにされました。これにより，児者一貫した支援の確保が可能であるとされています。しかし，療養介護では療育を含む発達支援について十分な対応ができていないなどの課題もあり，支援の継続性・一貫性を確保し，重症心身障害児者の特性に対応するためにも，専門職員の適正な配置が望まれます。

また，医療的ケアに対応できる福祉サービス事業者が極めて少なく，在宅で介護を行う家族の負担軽減のためにも，地域や在宅の重症心身障害児者に対する通園事業や短期入所など受け入れの拡大など，在宅生活支援に積極的に対応し，地域療育の拠点としての機能を整備していくことが課題となっています。

## 8. 情緒障害児短期治療施設

### 1）沿革と概要

昭和 30 年代，非行の低年齢化や不登校の問題などが出現し，こうした児童の早期治療と健全育成の必要性が高まってきました。1960（昭和 36）年，児童福祉法の一部改正によって，児童福祉施設として加えられ，翌 1961（昭和 37）年に，県立津島児童学院（岡山）が全国で最初の情緒障害児短期治療施設として開設されました。

この施設は，児童福祉法第 43 条の 2 に規定されており，「軽度の情緒障害を有する児童を，短期間，入所させ，又は保護者の下から通わせて，その情緒障害を治し，あわせて退所した者について相談その他の援助を行うことを目的とする」施設です。

情緒障害という言葉が不必要な誤解や偏見につながる，また対象となる児童やその保護者への気持ちへの配慮などといった理由から，名称変更を求める意見が多く，情緒障害児短期治療施設運営指針（平成 24 年 3 月 29 日厚生労働省雇用均等・児童家庭局長通知）により，当面は「児童心理治療施設」という通称を用いることができるとされ，現在ではその名称を使用している施設も多くあります。2011（平成 23）年 10 月 1 日現在，全国に 37 施設があり，1,251 人の子どもたちが在籍しています。

## 2）支援の対象

　不登校や虐待などの理由により，心理的困難や苦しみを抱え日常生活に生きづらさを感じている児童たちで，そのなかでも医療的な観点から生活支援を基盤とした心理治療が必要とされる児童や，その家族を対象としています。

　「情緒障害」とは，知的な発達の遅れや重度の精神障害，器質的な問題がなく，家庭，学校，地域社会での対人関係の歪みなどで悩んだり苦しんだりして感情を適切に表出したり，抑制することができなくなり，社会生活に不適応を起こしている状態をいいます。

　情緒障害は，一般的に以下の3つに分類されます。
　① 非社会的問題（ひきこもり，不登校，場面緘黙，孤立，自傷行為等）
　② 反社会的問題（虚言，盗み・万引き，怠学，反抗，授業妨害，乱暴等の軽度の非行）
　③ 神経性習癖（夜尿，遺尿，チック，吃音，爪かみ，偏食・拒食等）

　近年，発達障害のある子どもや，虐待によってこころの傷（トラウマ）を抱えた子どもの入所が増加しており，さまざまな心理的な問題への対応が期待されています。

　一般には学童期から18歳に至るまでの児童を対象とし，施設への入所・通所は児童相談所（長）が適当と認めた場合に「措置」として決定されます。入所治療は原則として数か月から2～3年程度の比較的短期間で，家庭復帰，児童養護施設などへの措置変更，あるいは里親への養育につないでいきます。子どもの家族や退所した子どもたちは，アフターケアとしての通所や外来治療を中心とした治療・支援の対象となります。

　入所児童の内訳は，全国的には中学生がもっとも多く，小学校高学年，小学校低学年，高校生の順となっています。被虐待児が75％を占め，広汎性発達障害の児童が26％，軽度・中度の知的障害のある児童が12.8％，児童精神科を受診している児童が40％，薬物治療を行っている児童が35％となっています。

## 3）支援内容と求められる視点

　施設では，医師（精神科・小児科など），心理療法担当職員，児童指導員，保育士，看護師，個別対応職員，家庭支援専門相談員，栄養士などが配置され，児童の社会的適応力の回復および向上を図り，施設を退所した後，健全な社会生活を営むことができるように，心理治療や生活指導を行っています。多くの施設に学校や分校・分級が設置されています。総合環境療法という独自の支援システムを展開しており，福祉・医療，教育を中心として，家族支援や施設外での社会体験など，施設内・外で児童に関わるすべての生活場面を治療的な経験としてとらえ，児童や保護者が体験する葛藤などの体験内容の内面化や行動化を通した気持ちの整理と行動の統制ができるように支援しています。また，通所部門を持ち，在宅通所での心理治療などの機能を持つ施設もあります。

　心理治療では，治療目標に合わせて個別あるいは集団でのカウンセリング，遊戯療法，心理劇などの心理療法を行います。児童が自己の内面を表現し，こころを癒す体験を積み上げていき，健全な社会生活を営むことができるようになることを目指して行います。また，家庭の状況に応じて，親子関係の緊張を緩和し，

関係の再構築が図られるように家族に対して定期的な面接や家族療法を行い，親子関係や家庭環境の調整を行うなど，退所後に問題が再発せず安定した生活が継続できるように環境整備を図っていく家庭支援も重要です。

　基本的生活習慣の確立と豊かな人間性および社会的能力を養い，将来自立した生活を営むことができるように個々に応じた計画的な支援を行います。養育の基本としては，まずは情緒の安定を図るために，温かく安定した人間関係を育み，児童が安心感や安全感を抱けるような生活の場を提供することが大切です。また，児童の心情に寄り添い，受容的な関係のなかで，児童が起こさざるを得なかった行動問題の意味を探り，その発生プロセスや背景にある問題を，児童や家族に理解できるようにしていきます。

　また，児童が本来持っている困難を乗り越えようとする力を引き出すよう支援していきます。社会のなかでいきいきと自信をもって自分の生活を送れるようになるために，子どもの自主性を尊重し，自分の生活に関して選択できる機会を多く取り入れることが必要です。

　社会参加能力を高めることも重要な支援です。施設内での生活や遊び，行事を通じて，児童が家族や友人あるいは学級などの集団との関わりのなかで，相手や状況に合わせて自分をコントロールし，主体性を育み，対人関係技能の習得を図ることで，地域社会で暮らしていくための力を身につけていきます。

　また，退所を視野に入れた支援を展開し，退所後の自立生活にうまく適応できるように環境の調整をします。退所後の進路決定に際しては，児童の力や希望を考慮し，児童を取り巻く状況と照らし合わせて，最善の選択ができるよう支援していきます。

### 4）今後の課題と期待される役割

　これまで，心理的問題が大きく家庭での養育では改善が難しい児童など，時代のなかで注目されるさまざまな児童のこころの問題の治療に先駆的に取り組んできました。現在，児童虐待は増加の一途をたどっており，高度な治療機能を持つ施設として，被虐待児などの医学的な関わりを含めた手厚いケアが必要な，より困難性の高いケースへの対応を図る必要があります。専門的なケアが必要な児童が増加しているなか，施設設置数が少なく各都道府県に最低1か所の設置が求められています。また，入所前や退所後の支援を含め，地域の児童や家族，関係機関の相談に応じるなど，地域と密着した活動や情緒障害の早期発見・早期対応を推進するためにも，児童精神科の診療所の併設など外来機能の充実が望まれています。

　これまでのノウハウを活かして，社会的養護の分野における心理支援のセンター的な役割を持ち，他施設などへの支援や相談を受けたり，特別支援学校や児童精神科などとの心理支援ネットワークをつくり，支援の幅を広げるとともに，研究や研修を推進する役割を担うことが期待されています。また，近年，児童の問題が低年齢化していること，低年齢のうちから手厚い治療をすることが重要であることから，幼児期への対応も検討することが今後の課題です。

# 9. 児童自立支援施設

## 1）沿革と概要

　児童福祉法第44条により，不良行為やその行為をなすおそれのある子ども，家庭環境上などの理由により生活指導が必要な子どもに対して，それぞれの状況に応じて支援やケアーを行い，健全育成を図ることを目的とする施設です。

　1900（明治33）年に感化法が制定され，感化院が創設されたのがその始まりです。その一方で，篤志家が設立した家庭学校も存在していました。1933（昭和8）年，少年教護法の制定とともに，感化院は少年教護院と呼ばれるようになりました。第二次大戦後は，児童福祉法（1947年公布）に吸収され，名称も「教護院」と一本化されています。さらに，1998（平成10）年，児童福祉法が改正され，教護院という名称から，児童自立支援施設と変更となり，現在に至っています。

　全国に58施設あり（2013年現在），かつては実際の夫婦が起居をともにする「夫婦制」が一般的でした。しかし，その担い手が不足してきたため夫婦制の施設は年々減少し，現在では職員がグループをつくり処遇する交替制による指導体制が全体の7割となっています。

## 2）支援の対象

　1998年，児童自立支援施設に名称変更になったとき，不良行為やその行為をなすおそれのある児童以外に，生活指導の必要な児童，家庭環境上の問題を有する児童，人間関係上の問題を有する児童などの入所枠が増やされた経緯があります。しかし実際は，児童相談所（ケースワーカーが措置を決定）は，不良行為があったかどうかで児童の入所を検討するケースが多いです。

　不良行為やその行為をなすおそれのある子どもとは，平たく言えば，「非行児」とよばれることになります。「非行」ということを，どのような視点でとらえるかが，児童自立支援施設での職員の大事な専門性となります。本来，生まれもっての非行児などいるはずもなく，その子の養育環境が原因となって子どもは変化し，問題を起こすようになります。児童自立支援施設に措置される児童は，ほとんどの子どもが保護者から希薄な愛情しか受けておらず，淋しい成育歴を経ているなど，親子の問題が根底にあるといえます。日々の生活において児童は孤立感を抱いてきたり，自分の気持ちをわかってもらえなかった，などの不遇感を抱えてきており，ひどい養育ケースでは虐待に発展してしまっています。適切な愛情を受けなければ，児童には愛着障害が起きますし，親子関係のもつれや関係の悪化のため，関係修復支援が後に必要となるケースは少なくありません。

　虐待を受けた児童やケアーされなかった児童のもっとも特徴的なことは，おとなへの強い不信感や怒りを内面に積み重ねることです。また，ひどい虐待ケースになると，児童にはトラウマによる不適応行動やトラウマからの回避行動が生活のなかで現れる場合もあります。

## 3）支援の内容と求められる視点
### （1）子どもたちに自信を持たせる
　児童自立支援施設の職員にとって大切なことは、入所児童を「非行児＝悪」という観点からとらえて問題を取り除こうと指導するのではなく（もちろん、それも必要なこともありますが）、もとは不適切な養育の犠牲者であるという入所児童への視点を持つことが大事であり、福祉的な「支援」を心がけることが肝要とされてきました。

　かつて、その前身である教護院は、劣悪な家庭環境からくる、さみしさや孤立感を持っている児童に対して、職員が惜しみなく愛情を注ぐことにより一定の信頼関係を築き、そのなかで児童の成長を図ろうとしてきました。児童の成長とは、努力することで達成感につなげ、振り返ったときに「自分はやればできるんだ」との自信になっているという、こころの『成長』をさしています。ですから児童自立支援施設となった現在でも、職員はこのアプローチを基本として、すべての児童の指導に取り組んでいます。

　入所前の児童の生活では、日々の暮らしのなかで保護者が食事を提供してくれる環境で育ったケースは比較的少なく、保護者からの適切な養育を受けることなく育ってきた子どもたちが多いことが経験上わかってきました。また体罰の頻度も高いなど、通常では考えられない我慢を強いられてきた児童が多いといえます。そのような生活環境で育った子どもたちにとって、日々の生活において目標を設定し、それに向かって努力するということは、さらなる我慢がおおいかぶさることになります。そうした子どもたちは日常生活のなかで努力するという以前に、苦難な日々の暮らしから逃避する意味で問題行動に走ってしまったのです。つまり努力が実って達成感を得るような健全な体験ができる成育環境にはなかったのです。当然、劣等感が強く、自己肯定感や自尊心に乏しい児童になってしまっています。

　ですから児童自立支援施設での児童への指導のポイントは、安全な生活や安定した人間関係のなかで、さまざまな取り組みを通して「自信をつける」ことにあるといえます。

### （2）日常の指導
　こうした視点は、以下の日々の指導の根底に流れています。
　① 生活指導

　児童自立支援施設では、入所前の保護者から適正な養育を受けることのなかった無秩序な生活から一転、規則正しい集団生活のなかで、安心・安全に暮らすことを経験します。寮担当職員をはじめ、おとなとの良好な関係性を学び、またほかの児童との協調、協力する態度を育んでいきます。そのためにも、児童自立支援施設では生活に一定の枠組みやルールが必要となります。その一方、閉そく感を持ちがちな生活にリズムを与えるために、多くの行事も設定されています。夏休みや冬休みなどに許可外出（帰宅訓練とよぶところも）も行います。

　② 作業指導

　農作業や環境美化に取り組んでいるところが多いです。努力することが実って、達成感を得ることができるということ（農作業では収穫など）を、比較的短いスパンで体験でき、どの児童にも一定の目に見える成果や達成感をもたらすこ

とができる活動として，行われてきました。入所児童が苦手とする，協調すること，協働する姿勢も養うことができ，人間教育の一環としても大切な位置づけになっています。ただ近年，学校教育の導入とともに，各施設の作業指導の時間は減少しつつあります。

### ③ クラブ指導

児童の達成感を得る活動として，もっとも劇的な効果をもたらすことができるものとして，スポーツ活動に力を入れてきました。男子は野球部，女子はバレーボール部などが，施設の主力活動であることが多いです。また秋からはランニングをメインの活動にし，努力が反映しやすい取り組みを行っています。クラブ活動は，施設に併設されている学校（教諭が担当する）が受け持つ仕組みにしている児童自立支援施設もあります。また，英語検定や和太鼓などの文化活動に力を入れる施設もあります。

## 4）期待される役割と今後の課題

### (1) 育ち直しの教育

教護院の時代から職員は，反社会的な問題行動（非行）とともに，情緒的な問題も呈する児童が多いことに悩まされてきました。やがて，施設に入所している児童の成育歴のなかで虐待の占める割合が相当数に上ることが判明し，そのことが原因で強い他者不信や，「怒り」の内在化を招いていることがわかってきました。それが，さらに情緒的な問題となって対人関係に容易にでてしまい，トラブルへと発展してしまっていたのです。こうしたことから児童自立支援施設となった今では，入所する児童の多くが，虐待などの不適切な養育のなかで，児童の心理的な欲求が満たされず，成長段階において正常な心理的発達を遂げられなかった児童であるとの認識が定着してきました。

かつて教護院時代を含め児童自立支援施設の職員は「トレーニングにより自信をつけること」や「間違いを指導し，修正していくこと」に取り組んできました。しかし現在では，それだけではなくて，施設における各自の成育過程において，その児童が入所前には満たされなかった欲求を「満たし直し」していくこと，「愛情を与え直す」ことが大切であると考えるようになっています。そして，子どもたちの精神的な成長は，それまで達成できなかった心理的な欲求の満たし直しができる場を，どれだけ多く提供できるかにかかっているといわれるようになりました。「信頼関係」や「愛着関係」，そして「思いやりのある体験」を通じた，基本的な人間信頼の回復を目指す取り組みが不可欠であり，児童自立支援施設は，反社会的，非社会的な問題行動を抱える児童に対して，それができうる最終の福祉施設として認知されるようになったのです。

### (2) 学校教育導入

教護院時代は，入所児童に対して「義務教育の猶予，免除」という条文がありましたが，児童自立支援施設になりその条文は撤廃され，施設長はすみやかに公教育を導入するように改められました。しかし，各自治体によって施設の規模や事情が異なり，公教育の導入は足並みがそろったものにはなっていません。そのため，いまだに準ずる教育の学習指導（教員でない職員が学習を担当する）を行う施設もあります（2014年3月現在）。

児童の入所前の成育歴を原因とする影響は，学習についても及んでいます。保護者による適正な養育を受けていない多くの児童は，学習に対する価値観が成立しておらず，低学力のまま推移してきており，さらに学校生活において叱られることが多かったために学校に失望感を抱いている子どもが多いです。そして，学校のなかで劣等感をかかえ，自信を得ることができない経緯をたどってきています。また，一部の児童には発達障害や知的障害が認められ，能力的なハンディキャップをかかえる児童もいます。

　このような児童に対して，児童自立支援施設に併設される学校では，きめのこまかい指導が必要とされています。そのため，ただ単にカリキュラムをなぞるだけの授業ではなく，子ども一人ひとりに対して柔軟な対応を行わないと児童の意欲の底上げにはつながらないという困難さを抱えています。

　現在，学校教育が導入されている施設は「分校」「分教室」としての導入が多く，いずれにしても十分な教員スタッフにより支援できている施設は多くないのが現状です。

### (3) 心理治療の取り組み

　通常のこころの成長を支援する以外に，被虐待の強い傾向のある児童に対しては，トラウマから回復するための対応が必要となります。そのため，臨床心理司による心理治療の場を設定したり，性問題児童（男子の性加害と女子の性被害）への治療的な取り組みも心理司が担当したりしています。こうした児童の個別の課題を克服するための手段として，心理治療やカウンセリングを導入する施設が増えてきています。

### (4) 児童の措置について

　児童の入所の権限は，児童相談所の児童福祉司（ケースワーカー）が司ることになります。ケースワーカーは，警察からの通告にしたがい児童を指導する立場ですが，問題がエスカレートし，指導に対しても改善がみられないときは社会内処遇をあきらめ，施設などでの処遇を考えざるを得なくなってしまいます。児童の自立支援施設への入所については，児童福祉法上の措置と，少年法上の家庭裁判所の審判による入所の2通りあります。後者であっても審判後は，ケースワーカーへの引き継ぎを必要とします。

　児童と保護者との関係改善が必要なケースは，ケースワーカーと施設職員の協力が必要となることが多く，なかでも保護者への指導はケースワーカーの力量にかかっています。

　児童は施設での生活を経たのち，退所となるわけですが（多くの児童自立支援施設は中学卒業時などの区切りのよいところでの退所を判断），どうしても家族が引き取れないケースでは里親や他施設をケースワーカーが探すことになります。また，退所児童が再び問題を起こしたときは，ケースワーカーに児童を委ねることになるので，施設職員はケースワーカーとの連携がとても大切になります。

### (5) 児童の退所とアフターケア

　小学生で入所した場合は，一定期間の生活の後，児童の行動改善と周囲の環境が整った時点で復学を考える施設が多いです。ただ，大部分が中学生での入所であり，多くの施設は，中学校卒業時点で，施設を退所するようにしているようです（各施設により事情は異なります）。

また，児童自立支援施設は，どこも潤沢なスタッフがいるわけでもなく，アフターケアについては，十分な取り組みができない傾向にありますが，退所して1年は予後調査・訪問を行う施設が多くなっています。

# 10. 障害児通園施設

## 1）沿革と概要

2012（平成24）年4月に施行された児童福祉法の一部改正により，さまざまな障害があっても身近な地域で適切な支援が受けられるよう，これまで各障害別に分かれていた障害児通園施設・事業は，「障害児通所支援（児童発達支援）」として施設体系が一元化されました。また，これまでの事業形態などを踏まえて，児童福祉施設として位置づけられる「児童発達支援センター」と，そのほかの「児童発達支援事業」に分類されました。さらに，児童発達支援センターは「福祉型」と「医療型」に分類されました（図4−3）。

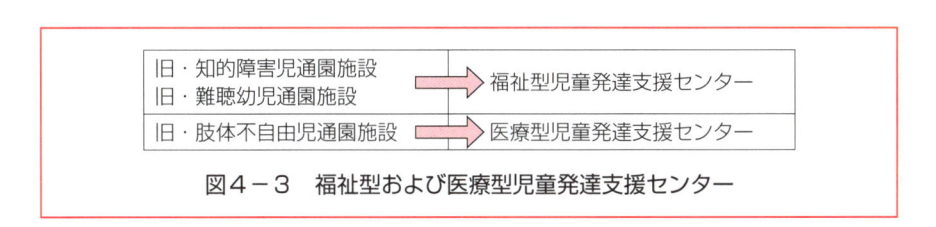

| 旧・知的障害児通園施設<br>旧・難聴幼児通園施設 | → | 福祉型児童発達支援センター |
| --- | --- | --- |
| 旧・肢体不自由児通園施設 | → | 医療型児童発達支援センター |

図4−3　福祉型および医療型児童発達支援センター

児童福祉法第43条において福祉型児童発達支援センターは，障害児を日々保護者の下から通わせて，日常生活における基本的動作の指導，独立自活に必要な知識技能の付与または集団生活への適応のための訓練を提供することを目的とする施設として規定されており，これに加え，医療型は治療を提供するとされています。

## 2）支援の対象

① 主として知的障害のある児童を通わせる福祉型児童発達支援センター（旧・知的障害児通園施設）

主に知的障害のある義務教育終了後の児童または就学前の幼児を対象としていますが，ほとんどの施設が就学前幼児を利用対象の中心としています。なかには母子ともに通園させて療育を実施している施設もあり，児童とその家族の地域生活を支援しています。

② 医療型児童発達支援センター（旧・肢体不自由児通園施設）

肢体不自由児通園施設は，乳幼児期からの早期療育の場として1969（昭和44）年に制度化された，医療法上の診療所の性格を有する施設です。療育効果の大きい就学前の肢体不自由児に対して，通園による治療と機能訓練，生活指導などの適切な療育を行っています。

③　主として難聴児を通わせる福祉型児童発達支援センター（旧・難聴幼児通園施設）

　強度の難聴（難聴に伴う言語障害を含む）と言語障害（言語発達障害，構音障害）のある就学前の幼児で，聴力および言語能力の機能訓練を行うことが適当とされた児童を対象としています。聴覚障害児の言語活動を促進し，意志の伝達を助け，生活の適応を図るためには，障害の早期発見と適切な聴能訓練・言語機能の訓練を行う必要があることが認識され，1975（昭和50）年に早期発見・早期療育の場として設立されました。

## 3）支援の内容

　一人ひとりの児童の発達状況，障害の状態などに応じた個別支援計画をたて，それをもとに個別または年齢や発達状況に応じた集団での生活指導や機能訓練，あるいは治療が展開されます。基本的生活習慣の確立や身辺処理技能の獲得を中心とした生活指導をはじめ，音楽，製作，お話しなどの設定保育を行います。また，体力や運動能力の増進と健康な身体づくりを図るとともに，遊びや行事，あるいは地域交流を通して経験の幅を広げ，集団のルールを理解し，望ましい対人関係や自立心を養うなど，全人的な発達をめざして，児童の成長発達をうながすためのさまざまな指導を行います。

　旧・肢体不自由児通園施設では，個々の児童の身体症状に対応した医学的治療のほか，理学療法や作業療法などによって運動発達を促進し，日常生活動作訓練もあわせて身体的な自立性を高めることを目標とした機能訓練が重点的に取り組まれています。

　主として難聴児を支援する施設では，児童の聴力の状態を的確に把握し，残存する聴覚機能を十分に活用・開発することを目的として，定期的に年齢に応じたさまざまな聴力検査を行い，言語訓練，聴能訓練および補聴器装用訓練など，言語・コミュニケーション能力の育成を図るための療育を実施しています。

　地域で安心かつ安定した家庭生活が送れるよう，家庭の養育能力の向上を支援することも通園施設における重要な役割です。母子通園を実施しているところでは，母親が安定した母子関係を育てるとともに，家庭においても継続して適切な訓練が実施できるように指導を行います。

## 4）今後の課題

　早期治療・早期療育の場として，通園施設の役割は重要です。福祉型施設においては，できるだけ早い段階で訓練につなげるためにも，医療機関との連携が大切です。

　これまでの各分野での専門的な支援機能を維持しつつ，その他の障害に対しても総合的に対応していくことが求められています。また，専門性を活用して保育所や幼稚園などへの訪問支援や障害児相談支援の実施，児童発達支援事業などの他の関係機関との連携を図りながら支援ネットワークを築くなど，地域における中核的な療育施設として地域支援にあたることが期待されており，施設機能や環境整備，職員の専門性の向上などが課題となっています。

## 5）このほかの障害児通園施設—「児童発達支援事業」および「放課後等デイサービス」

このほかの障害児通園施設（事業）として，児童発達支援事業と放課後等デイサービスがあります。

### ① 児童発達支援事業

通所利用の障害児に対して，身近な療育の場として日常生活における基本的な動作の指導，知識技能の付与，集団生活への適応訓練等を供与することを目的とした事業です。未就学の乳幼児が7割以上で，主に就学前の障害児に対する発達支援を行なっていた旧・児童デイサービスⅠ型や，旧・重症心身障害児（者）通園事業のうち，既存施設内実施型であったB型事業から移行されました。市区町村保健センターが療育の必要性を認め，障害児通所給付費の支給決定を受けた児童が対象となります。

### ② 放課後等デイサービス

学校通学中の障害児に対して，授業の終了後または休業日に児童発達支援センターその他の厚生労働省令で定める施設に通わせ，生活能力向上のために必要な訓練，社会との交流の促進などを目的としています。学校教育と相まって障害児の自立を促進するとともに，放課後等の居場所づくりを推進する事業です。未就学児が7割未満で，主に就学している障害児に対する放課後支援を実施していた旧・児童デイサービスⅡ型から移行されました。学校教育法に規定する学校（幼稚園，大学を除く）に就学している障害児が対象となります。

### ③ 療育の概要

一人ひとりの児童の年齢や障害，身体および精神の状況や発達段階，関心などに合わせた個別支援計画を策定し，それをもとにした個別療育または集団療育を実施します。活動内容としては，生活習慣や社会性を育む活動などといった日常生活での具体的な目標を設定し，食事・更衣・排泄・移動などの日常生活における基本的動作や自立心の獲得を目指した指導や訓練を行います。また，さまざまな遊びや行事，挨拶や身だしなみなどの指導を通じて，社会性を高めるとともに，生活の基本ルールを身につけるように支援していきます。

### ④ 課題

早期療育の場として，理学療法士などの専門職を加配し，質の高いサービスを提供しているところもあれば，指定基準を下回らない程度の人員で実施しているところもあり，事業所の方針や都道府県の療育への取り組み姿勢，人口規模によって実態に格差があります。

職員配置や設備など児童発達支援センターよりも実施基準が緩く，実施事業所数の拡大を図り，できる限り身近な場所で支援を受けられるようにすることが期待されていますが，個々の状況に応じた適切な支援が行えるよう，職員の専門性の確保および向上と適正な配置が望まれています。

【第4章引用・参考文献】
第1節
全国乳児福祉協議会編『新版　乳児院養育指針』（2009）
全国乳児福祉協議会編『乳児院の将来ビジョン検討委員会報告書』（2012）

全国乳児福祉協議会編『乳児院赤ちゃんいのち輝いて』(2010)
厚生省雇用均等・児童家庭局監修『乳児院ハンドブック』(日本児童福祉協会, 1999)
こども未来財団編『児童保護措置費・保育所運営費手帳　平成24年度版』(2012)
厚生労働省雇用均等・児童家庭局編『全国厚生労働関係部局長会議(更生分科会)資料』(2013)

第2節
小田健三・石井勲編著『養護内容の理論と実際』(ミネルヴァ書房, 2007)
松浦崇著『社会的養護』(近畿姫路大学教育学部通信教育課程)
児童養護における養育のあり方に関する特別委員会『この子を受けとめて, 育むために』(全国社会福祉協議会全国児童養護施設協議会, 2008)
『児童福祉施設援助指針』(大阪府社会福祉協議会児童施設部会)

第3節
須藤八千代著『母子寮と母子生活支援施設のあいだ　女性と子どもを支援するソーシャルワーク実践』(明石書店, 2010)
神原文子・NPO法人しんぐるまざぁず・ふぉーらむ・関西編著『ひとり親家庭を支援するために―その現実から支援策を学ぶ―』(大阪大学出版会, 2012)

4節〜8節および10節
小田兼三・石井薫『社会的養護入門』(ミネルヴァ書房, 2013)
神戸賢次・喜多一憲編『新鮮・児童の社会的養護原理(シリーズ・福祉新時代を学ぶ)』(みらい, 2011)
厚生労働省ホームページ『平成23年社会福祉施設等調査結果の概況』(http://www.mhlw.go.jp/toukei/saikin/hw/fukushi/11/)
厚生労働省ホームページ『厚生労働省傷害保健福祉関係会議資料』(http://www.mhlw.go.jp/seisakunitsuite/bunya/hukushi_kaigo/shougaishahukushi/kaigi_shiryou/)
厚生労働省ホームページ『情緒障害児短期治療施設運営指針』(厚生労働省雇用均等・児童家庭局長通知, 平成24年3月29日)(http://www.mhlw.go.jp/bunya/kodomo/pdf/tuuchi-53.pdf)
厚生労働省ホームページ『第1回障害児支援の見直しに関する検討会参考資料』(http://www.mhlw.go.jp/shingi/2008/03/s0318-3.html)

第9節
全国児童自立支援施設協議会編『児童自立支援施設の支援の基本』(2011)
全国児童自立支援施設協議会編『全国児童自立支援施設運営実態調査』(2011)
全国児童自立支援施設協議会編『児童自立支援施設の将来像』(2003)
全国児童自立支援施設協議会編『百代に花開く』(2000)
全国児童自立支援施設協議会編『児童自立支援施設運営ハンドブック』(1999)
全国教護院協議会編『教護院運営ハンドブック』(1985)

# 5. 児童福祉施設における社会的養護の具体的な取り組み（援助や支援の側面から）

　社会的養護の充実を図る目的で，厚生労働省は2011（平成23）年7月に「社会的養護の課題と将来像」を取りまとめました。また，施設運営基準の改正など職員配置基準の見直しを図るとともに，2012（平成24）年度には6種別の社会的養護施設種別協議会の参画により，「施設運営指針」と「第三者評価基準」が策定されました。この「施設運営指針」は社会的養護が目指すべき養育・支援などの水準を示したものです。また「第三者評価基準」は，施設運営指針の実現を念頭に作成されています。

　近年，子どもと子育てをめぐる社会環境は大きく変化し，家庭をめぐる課題は複雑化，深刻化しています。そのようななかで，すべての子どもが子どもとして育つように保障する，将来を担う次世代の育成への取り組みが急務となっています。

　そこで，本章では，母子生活支援施設を中心とした援助や支援の取り組みを通して，現代必要とされる社会的養護の具体的な取り組みについてまとめてみます。母子生活支援施設は，児童福祉施設のなかで唯一，子どもたちの健全育成とともに，母親が自分自身の人生を生き生きと歩んでいくことを，家族を超えたつながりのなかで応援し支援する施設で，2012年には社会的養護を担う施設として位置づけられています。

　その意味では，家庭的養護と表現することもできますし，また児童福祉施設であることから施設型養護ということもできます（竹中，2007）。母子生活支援施設における支援の特徴は，母子が一緒に生活しつつ，母と子の関係に着目し，母親の支援や子どもの支援を含めた家族全体を見据えた支援を行うことができるという点にあります。そのため利用者への関わりや言葉がけはそこに焦点をあてたソーシャルワークを基盤としており，まさにファミリーソーシャルワークを実践する現場そのものであるといえます。

## 1. 児童虐待相談件数の増加

　児童相談所への児童虐待相談件数は年間約6万件，DV被害も2万件を超え，増加傾向が続き，家族をめぐる深刻な状況が社会問題化しています（図5－1）。この背景には経済の低迷などによって貧困や格差がひろがり，不安定な経済状況が要因となって，子育てに対する不安から，虐待への連鎖が生じやすくなっています。一般に児童虐待は，生活に余裕がなくなったときに生じる傾向がみられます。とくにひとり親家庭では，住居や就労，そして子育てに対する十分な方策がなく，子育ての不安や余裕がなくなったときに不適切な養育が生じてしまいがちです。そのため，ひとり親家庭の子どもたちが育つ環境にもっと目を向けていく

図5-1　児童虐待相談件数

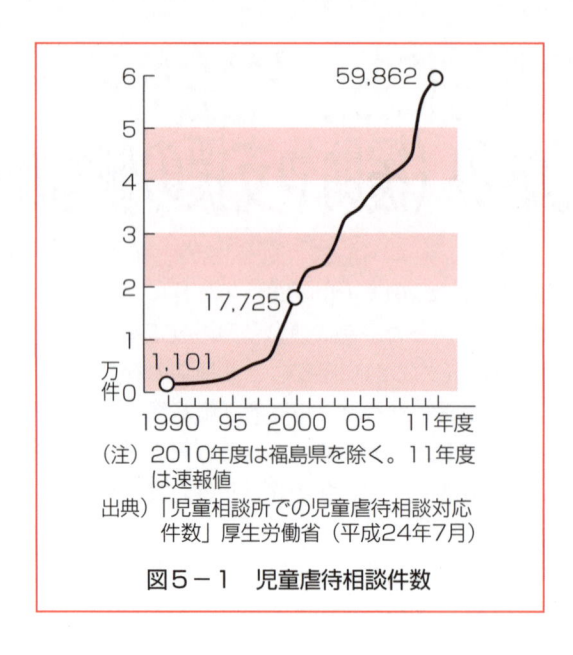

（注）2010年度は福島県を除く。11年度は速報値
出典）「児童相談所での児童虐待相談対応件数」厚生労働省（平成24年7月）

必要があります。
　たとえば2010年に大阪市西区のマンションで3歳と1歳の幼児が母親に置き去りにされ餓死する事件がありました。母親はひとり親家庭で、2人の幼い子どもは50日間もごみが散乱する部屋に放置され、その結果、餓死という悲惨な最期を迎えました。逮捕された母親は「すべてから逃げたかった」と供述していました。「逃げたかった」という感情は、子育てをしている母親なら誰でも持ったことのあるものです。しかし、50日間も放置するという一線を越えた行為には、母親の成育歴が関わっているように思われます。母親の家庭は、小学生のときに両親が離婚し、実母に引き取られていたときには不衛生な部屋でネグレクトをうけており、また中学生になって実父に引き取られてからは家出を繰り返すという生活を過ごしていたようです。
　ひとり親家庭を取り巻く環境は厳しく、社会のさまざまな不利益・不公平が集約されているように感じられます。また、経済的困窮を経験しての再婚の場合、夫婦間に歪んだ依存関係が生じやすく、そこにDVが絡むと、恐怖により母親自身が夫（継父）の虐待に同調してしまう場合も少なくありません。また、核家族化が進み、閉鎖的な家庭環境に育った人の場合、「親がもっとも抑圧的であった」と振り返る人も多くいます。母子生活支援施設に入所する母親のなかにも、生育過程で暴力を経験した母親も多くおり、「どうせ自分など生まれなければよかった」などと、自分を責めてしまい、うつ状態に陥ることがあります。そのような過去の経験が、子どもを育てることに疲れて、ネグレクト状態を招いてしまうという結果につながることがあります。また、母親が両親や近隣住民から孤立しているなど、子育て支援を得られない状況が、ネグレクトや虐待を招く要因となるケースもみられます。
　そのため支援者は、母親や子どもたちがさまざまな事情から受けた育ちの傷を理解することが、支援の第一歩であることを忘れてはなりません。その母親や子どもたちのありのままを受け止め、信頼感や自己肯定感の回復の支援とをあわせ

て，母子の育ちや学習を支援していくことが求められます。そして子どもたちが自らの手で将来のイメージを形成し，それに向けた努力を継続していけるように支えていくことが重要です。

つまり，母子生活支援施設の役割は，支援を必要とする母子が心的回復を図り主体的に問題解決できるよう，安心できる安全な環境を提供し，将来の夢や希望，つまり自分らしい生活の実現に向けた歩みを続けられるよう継続的に支えることにあります。そして，退所後もそれまでの関係が切れることなく，継続性のある支援を行っていく必要があります。そのため施設が，母子にとって拠り所になるような関係が求められます。

虐待を受けてしまった子どもは，トラウマを抱えていたり，適切な人間関係のスキルの学びが積み重ねられていないという特徴があります。そのためそうした子どもたちには，友だちへのいじめ，言葉による暴力，ケガをさせる，あるいは万引きなど反社会的行動がみられることもあります。

虐待を受けたことのある子どもは，自分へのこだわりが強く思い通りにならないと，大声で泣いたり暴言を吐いたりすることで，ほかの子どもとけんかになったり，からかわれたりすることがあります。そしてその結果，友だちとの関係が結びにくいということがあります。また，ある子どもは，母親からたたかれたイライラから，トイレに洗剤を撒き散らすといういたずらを繰り返したりしました。あるいは性的虐待を受けていた子どもは境界線がとりにくい場合もあります。父親の暴力から逃げていた子どもが，児童養護施設入所後1年で身長が10cmも伸び体重も増加したということもありました。

こうした事例から，虐待は，子どもたちから安心感を奪い，大切にされるという体験を奪ってしまうということがわかります。虐待を受けてしまった子どもたちに対して，安心感を確立できるように援助することは支援の大前提となります。そのため安全な場所と安心できる支援者の存在が重要となります。そのため母子生活支援施設の支援者は，子どもとの信頼関係に重点を置き，常に子どもの問題解決力に働きかけようにします。そして，トラブルがあるごとに子ども同士の話し合いを行い，場合によっては母親も交えて解決策を考えていきます。

子どもが感情的になって怒っても後で振り返る場をつくり，怒っていたときの気持ちを子ども自身が話すことができるように心がけることが大切です。そのような過程を通じて，子どもたちが自己肯定感を回復し，おとなへの不信感を取り払うようにしていきます。こうした日常生活の積み重ねと心理的な支援が，子どもの日々の生活に大きな影響を与え続けていくのです。

## 2. DV相談等の増加

2012年に全国の警察が認知した配偶者からの暴力（DV）件数が前年より9,621件増の4万3,950件となりました（図5－2）。これは，DV防止法が施行された2001年以降で過去最多となり，今や女性の3人にひとりがなんらかの暴力を経験しているといわれています（警察庁2013）。

DVの被害者や児童虐待の加害者には，安全で安心な環境を喪失してしまうこ

とで，さまざまな心身の健康障害が増加しているといわれています。

　母子生活支援施設に入所してくる母親の主な入所理由は，夫からの暴力すなわちDVが圧倒的に多く，入所理由の50％近くを占めています（図5－3）。またDV被害によって入所者してくる子どものうち4割が入所前に母親から虐待を受けています。これらの虐待行為がみられる母親の6割は，母親自身が生育歴のなかで虐待や暴力を受けた経験があり，世代間での連鎖がみてとれます（全母協2013）。

　こうして虐待を繰り返してしまう母親には，施設が生活の場であるからこそ，予防や介入が可能となります。子育ての負担を軽減し，適切な就労訓練を行うなど貧困に陥っている状況を解決して，経済面と，親子がこころを通わせる時間が必要です。総合的に母親を支えることで安定した子育てへとつながっていきます。

　そして，虐待を繰り返してしまう母親の支援で大事なことは，福祉・保健・雇用・教育・法務など多岐にわたった支援であり，関連するさまざまな機関との協力・連携が不可欠となります。

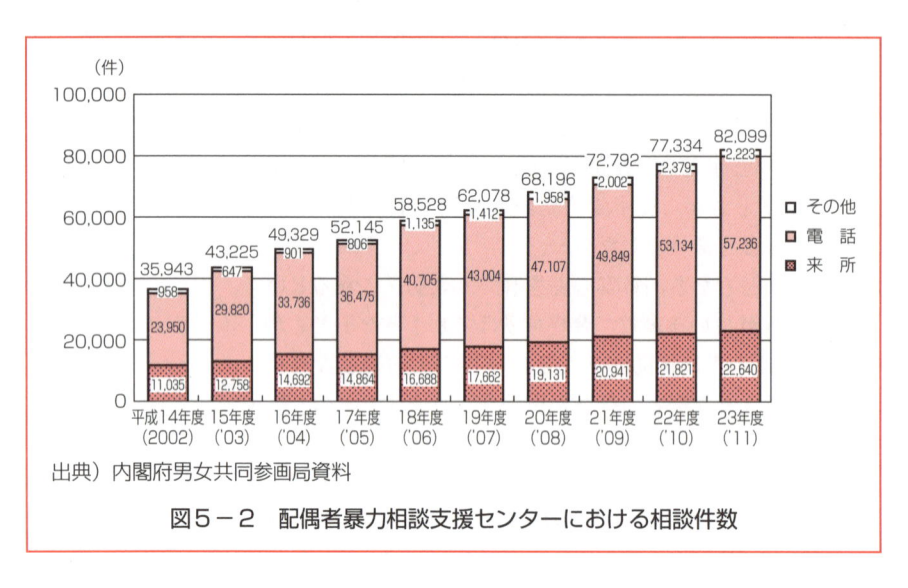

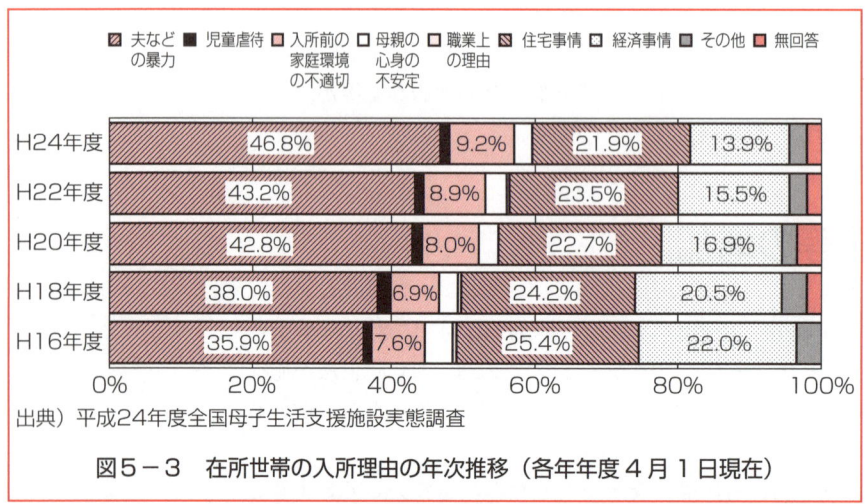

出典）内閣府男女共同参画局資料

図5－2　配偶者暴力相談支援センターにおける相談件数

出典）平成24年度全国母子生活支援施設実態調査

図5－3　在所世帯の入所理由の年次推移（各年年度4月1日現在）

# 3. 子どもたちの貧困

　現在，わが国の子どもたちを取り巻く環境には，不安定で非常に厳しいものがあります。全家庭の「子どもの貧困率」は15.7％ですが，「大人が一人」の「子どもがいる現役世帯」である「ひとり親家庭」の貧困率は50.8％に上っています（表5－1）。

　こうした貧困問題を社会的養護の立場から解決していくには，どのような支援が可能でしょうか。

　ある母子生活支援施設では，不登校の中学生男児の高校進学を支援することができ，夢や希望をつなぐことができました。この不登校の男児は，中学3年間で，300日ほどしか出席していませんでした。テストは，ほとんど受けておらず，登校しても昼からの状態であったため，施設の職員が3年間声がけして，学校まで一緒にいくなど支援しました。男児の母親は，DVで入所して精神的に不安定な状態が続き，毎日，自分自身のことで精いっぱいでした。とくに男児の高校進学の時期になると，うつ状態になり精神科に通院するようになりました。

　施設職員は，このままの状態では男児が両親と同じ中卒，高校中退となってしまい，仕事の選択肢が狭まり，生活に追われる日々を送るという，貧困の連鎖が続くのではないかと懸念しました。男児は，自分が高校に進学できるとは思っていませんでしたが，職員は男児と一緒に高校見学するなど男児が将来のイメージを持てるような働きかけを行いました。そして，在籍する中学校と相談して，昼間の高校で本人が行きたいと思える高校を探し，願書の提出も一緒にすることで，不登校児の受け入れに力を入れている高校に合格することができました。中学時の男児は「自分をリセットしたい」と言っていましたが，4月から高校通学という前向きなリセットをすることができました。入学当初は，男児が休まず通学する姿に，「今日も時間通りに出掛けていたよ」と支援者が喜び，見守っていましたが，今ではもう通学することが当たり前のようになっているとのことです。

　このように教育現場は，教科による学習にとどまらず，生活のあり方を学ぶ重

表5－1　子どもの貧困

貧困率の年次推移

| | 平成15年 | 平成18年 | 平成21年 |
|---|---|---|---|
| 相対的貧困率 | 14.9％ | 15.7％ | 16.0％ |
| 子どもの貧困率 | 13.7％ | 14.2％ | 15.7％ |
| ひとり親世帯の貧困率 | 58.7％ | 54.3％ | 50.8％ |
| 貧困線 | 117万円 | 114万円 | 112万円 |

世帯別の所得状況

| | 200万円未満 | 250万円未満 | 300万円未満 |
|---|---|---|---|
| 母子世帯 | 39.5％ | 55.0％ | 78.2％ |
| 児童のいる世帯 | 5.9％ | 9.1％ | 13.1％ |
| 高齢者世帯 | 37.8％ | 48.7％ | 59.9％ |

相対的貧困率　：貧困線に満たない世帯員の割合
子どもの貧困率：17歳以下の子ども全体に占める，貧困線に満たない子どもの割合
出典）平成22年国民生活基礎調査／厚生労働省

要な場所となります。貧困の連鎖の問題は，単にお金がないというだけでなく，子どもの生きる力を奪い，人生の基盤をも奪っていくものです。そのため，すべての子どもが夢を持てるような環境を整えていくには，社会全体が貧困問題に積極的に取り組んでいくことが強く求められます。

## 4. 日常生活支援の重要性

　現在，母子生活支援施設では，「暴力」と「貧困」が入所理由の8割を占めています（平成24年度母子生活支援施設実態調査）。そして入所する母親の半数以上が，幼少期に貧困，DV，虐待など非常に困難な生育過程を経てきています。母親たちのこうした過去は，今度はその子どもたちを，母親が現在直面している人間関係を築く際の困難さや，社会生活を営むことの難しさから生じる，ネグレクトや虐待という問題に巻き込んでいます。まさに成長期における負の経験が親から子へと引き継がれてしまうという，深刻な連鎖の問題が発生しているのです。

　そのため，保護者（母親），子どもそれぞれへの日常生活支援が重要となってきます。

### 1）母親への日常生活支援

　母親への日常生活支援では，その子どもとともに両者の意思を尊重し，自己決定を最大限に尊重した支援が求められます。時間をかけて信頼関係を構築することにより，母親にとっての日常生活が形成できるように支援します。その際，人格を尊重して，自己決定を否定しないことが重要です。また支援者である施設職員には，母親と子どもが下した自己決定が，本人たちにとって最適かどうか客観的な判断を下すことが求められます。もし母子の決定が本人たちにとって最適でないと考えられる場合には，何が最適かを母親，子どもに伝え，新たな自己決定を生み出すべく説得を尽くすことが大切です。あくまでも自己決定しようという意志に寄り添いながら，自己決定のための条件整備を行い，粘り強く説得を繰り返すことが重要となります。

　母親と子どもたちは，児童虐待，DVなどによって生きる権利を脅かされた被害者です。そのため，本人たちへの説得と納得というプロセスを維持することが，母親と子どもの権利を守っていく上で重要となります。ただしその一方で，私たち支援者は，強いられた支援が信頼関係の構築にはつながらないということを充分理解しなければなりません。

　母子生活支援施設の長所は，生活の場に直接関わり，衣食住を含めて家事支援に介入することができるという点です。これは生活の基盤を形成し，安定させるための重要な支援となります。そしてこうした支援を行う際には，それぞれの家族にそれぞれのルールがあるということを尊重し，個別性，プライバシーの保護を十分に配慮しなければなりません。

　施設に入所してくる母子にはさまざまな事情があります。

　3人の子どもへのネグレクト傾向がある母親の子どものひとりは，真冬でもヨレヨレの汚れた半袖Tシャツ1枚で過ごしていました。彼は朝ご飯は食べてい

なくとも「食べた」とウソを言って母親をかばっていました。母親の幼少期は，実母から「死ね」とさげすまれ，たたかれる毎日でした。「誰も信用できない」それがこの母親の口癖でした。

また別の母親は幼少期に両親が亡くなり，親戚に引き取られましたが，虐待を受け，児童養護施設に入所しました。高校中退後結婚しましたが，夫から暴力を受け続けました。気分の浮き沈みがあり，落ち込むと支援者との接触を拒んだり，自傷行為を行うことがありました。

支援を必要とする母親のほとんどが，このように幼少期から家族や血縁関係から孤立し，居場所を失った状態でいます。支援者は，こうした女性たちが母親になり，新たに自分の家庭をつくり，生き直していく過程に寄り添い，支援していく者でなければなりません。子育てが大変なことは，想像するにたりません。支援者は，支援を必要とする母親とともに子どもの成長を楽しむ子育て共同者であることが求められます。

## 2） 子どもたちへの日常生活支援

子どもの成長にとって大切なことは，経験，場所，仲間です。子どもたちとの関わりにおいては，子どもの目線に立つことを心がけ，子どもにとって頼れるおとなとなって信頼関係を築いていくことが大切です。そして日々の活動やさまざまな行事を通して，その関係を確認していくことが求められます。

また，子どもたちは多くの友だちとふれあい，成功や失敗を繰り返しながら社会性や共感性が身につけていきます。その際，暴力や暴言に頼らずに子どもたちが自己表現できるよう，自己表現の練習に力を入れていくことが重要です。このほか，子どもたちと，みんなで楽しかったことを共感し振り返りながら，その場限りにならない支援を心がけるようにしましょう。そしてそこに母親を巻き込み，一緒に面白さを見出せることが大事です。母親を巻き込む，そのことが母子生活支援施設ならではの特徴ともいえます。

たとえばある施設で，園庭に植えたトマトのたくさんの青い実が，赤く熟する前に全部ちぎられるという事件がありました。このとき施設職員は，むやみに犯人探しをしようとはせずに，収穫できなかったこと，そのこと自体をすごく残念がりました。それは，そのような些細な出来事を通じて，子どもたちにほかの人のことを思いやるこころが育ってほしいと願ったからでした。そのような日々の出来事から，自他ともに人を大切にするこころを，そして自己肯定感を育めるよう，支援することが重要です。

もうひとつの子どもたちへの重要な支援として，学習支援があります。子どもの学習意欲や学校生活には，保護者の日常生活が大きく影響しています。そのため，家庭での学習が不十分な場合には，それを施設が補完することは極めて重要です。

大阪市児童福祉連盟母子部会で行った実態調査（平成24年）では，小学生の間は80％の子どもが学校に登校できているのですが，学年が上がるに連れてその割合は減少していき，中学生では25％の子どもがよく休むと報告されています。一方，勉強が「わかる」と感じることができれば，学校を「楽しい」と感じているとの結果が出ており，学習の理解度は子どもの登校率に大きな影響を与え

ています。そのため学習習慣が定着するように宿題を課したり，個別学習支援を実施して落ち着いて学習が取り組める環境を提供するなど，学習意欲の回復，基礎学力の定着，そして学力の向上の支援は欠かせないものとなっています。

　子どもたちに将来の職業を尋ねると，保育士や学童支援員などの人と関わる仕事を志す答えが多く聞かれます。しかし，これらの職業に就くためには，高校を卒業して大学に進学し資格を得る必要があります。その機会がすべての子どもたちに平等に与えられるようにし，子どもたちが自己実現をはかれるように支援を提供することは，貧困や虐待の世代間連鎖を断ち切る重要な要素であるといえます。

## 5. 専門的ケアの必要性

### 1）生活環境の治療的調整

　DVや児童虐待，不適切な養育環境などの生育過程から発生してくる問題として，感情のコントロールができにくい抑うつ状態などの心理的な問題，孤立する・攻撃的・感情的な対応や話し方をするなどの対人関係の問題，仕事が続かない・依存性が高いなどの生活における問題など，さまざまな問題が生じています。生まれ育った家族のなかで，「発達」や「文化」の大切なプロセスを体験できず，おとなになってからも人間関係がうまくいかなかったり，日常生活に支障をきたすことがあります。その結果，自尊感情や自己肯定感が持てないという状況に陥ってしまいます。こうした家族の問題に関しては，何気ない日々の24時間の生活環境そのものを治療的に調整することが求められます。これは，失われた自尊感情や主体性を取り戻すための，母子ともに専門的な心理的支援には欠かせない取り組みとなっています。

### 2）自尊感情回復プログラム（SEP）

　自尊感情や自己肯定感を持てない母親や子どもの場合，ときとして人に対する怒りを抱えて，反社会的あるいは非社会的行為に及ぶことがあります。そうした怒りの裏には「自分は悪くない」「責められている」といった思いが存在しています。

　こうしたケースでは，支援者は怒りがどこからくるかを理解し，一人ひとりに対して常に価値ある存在として関わり，丁寧に尊敬の念をもって接することが，自尊感情の回復につながっていきます。つまり「人から丁寧に扱われる」「人から大事にされている」といった思いが自己肯定感の回復につながっていくのです。そこに至るまでには，長い時間が必要ですが，施設で大事にされた体験は，じわじわと伝わっていきます。このほか，自己肯定感を取り戻すためには，日々の関わりや，カウンセリングやグループワークなどで自尊感情や自己肯定感を取り戻す過程の心理的支援プログラムが有効となります。

　たとえば筆者が勤務する施設では，入所している母親を対象に自尊感情回復プログラム（SEP）を実施しています。社会生活を円滑にするための適切な技術

図5-4 自尊感情回復プログラム（SEP）概念図
2013藤木モデル

にソーシャルスキル（Social Skill，社会的技能，生活技能）がありますが，自尊感情プログラムとは，このソーシャルスキルトレーニング（Social Skill Training, SST）をベースにした心理教育と認知修正を強化することで，自尊感情の向上を図ろうとするものです（図5-4）。

たとえば，朝，子どもを保育園に連れて行くとき，おもらしをしてしまった子どもにすぐにあたってしまう母親は「おまえはいつも忙しいときに」と言って怒りが爆発させてしまいます。しかし認知修正によって「子どもはおもらしするのは当たり前」「○○ちゃん，すっきりしたね」と考えると，普段と変わらず平静でいられるようになります。つまり，気持ちが楽になり，感情的にならずにすむ考え方を探すようにするのです。

また子どもの場合は，一人ひとりが大事な存在であるというメッセージを与えることが必要です。そのためには，自分も他者も同じように認められるようになることで暴力に頼らない気持ちを表現できるようにすること，また「エンパワメントを高める」ということを目標にしたワークが効果的です。ゲームやロールプレイを通じて，「自尊感情」「非暴力」「ストレスマネジメント」「気持ちの表現」に焦点を当てたプログラムを提供します。

たとえば思い切って子どもの力を信頼してみることで，日頃友だちに対して暴力的であった子どもが，穏やかな協力関係や信頼関係を学んでいくことがあります。つまり，どのようなプログラムを子どもに提供しても，おとながその子への関わり方を変えない限り，子どもの自己肯定感は高まりません。支援者も心理担当者と協力して，子どもと一緒にプログラムを体験することで，日頃見えない子どもたちの側面が，ワークという手法を通して発見でき，包括的な支援につながる可能性がでてきます

虐待を受けてきた母親や子どもたちは，生育過程において適切なソーシャルスキルを学習していないため，不適切なスキルが正しい，という思い込みを持ってしまっています。しかし，時間をかけていろんな角度から考え，職員と話し合ったり，あるいはグループワークに参加してほかの人の考え方を知ることで，当事者の意識は少しずつ変化していきます。このプログラムを受けることで，少しずつでありますが，コミュニケーション能力が回復し，職員との関係が改善され，困っていることを伝えることができるようになった母親がいます。また，身体的・精神的DVを長年受けた結果，自己肯定感がとても低く，物事を悪いほうに考えてしまう母親が，日常生活を通じて職員とともに少しずつ認知修正を練習す

ることで，自己肯定感を持てるようになっています。

　なお，支援者は，問題解決にばかり目がいきがちですが，利用者がその問題をどのように感じているかを引き出し，本人自身に気づいてもらえるような言葉がけや関わりのスキルを身につけることが求められます。そうすることで，パートナーシップを重視した人間関係を築いていく力が身につき，支援の幅が広がっていきます。

## 6. 家族支援および地域支援の充実

　社会的養護を担う施設が，家族の代わりとなることは難しいかもしれません。しかし，家族ではないにしても，もうひとつの「きずな」となり，特別な用事や相談事がなくとも，母親や子どもたちが気軽に立ち寄れる「居場所」となることは難しくありませんし，そのような関係づくりが今，求められています。

　社会的養護を必要とする家族のニーズはますます複雑・多様化しています。そのため，支援する職員は，支援者としての資質や技量の専門性を高める必要があります。

　また，今後の社会的養護を担う施設としての課題は，地域ニーズの把握に努め，そのニーズに応える積極的な姿勢をどのように維持していくかということです。地域支援としては，妊婦による施設利用の促進，退所母子への家庭訪問支援など，予防的アプローチを積極的に行っていくことが重要です。そして，そのためにも，適切な人員配置を求められています。

　虐待の防止，親子関係再構築などの家族支援を強化していくためには，地域支援の強化が不可欠です。社会的養護を担う施設がソーシャルワーク機能を強化していくためには，これまで以上に福祉事務所，児童相談所，婦人相談所などさまざまな機関とのネットワーク体制を構築し，積極的な施設活用を推進した地域との連携が重要となります。そして，家庭支援，地域支援の充実を図ることが，子どもの最善の利益の実現へとつながっていくのです（図5－5）。

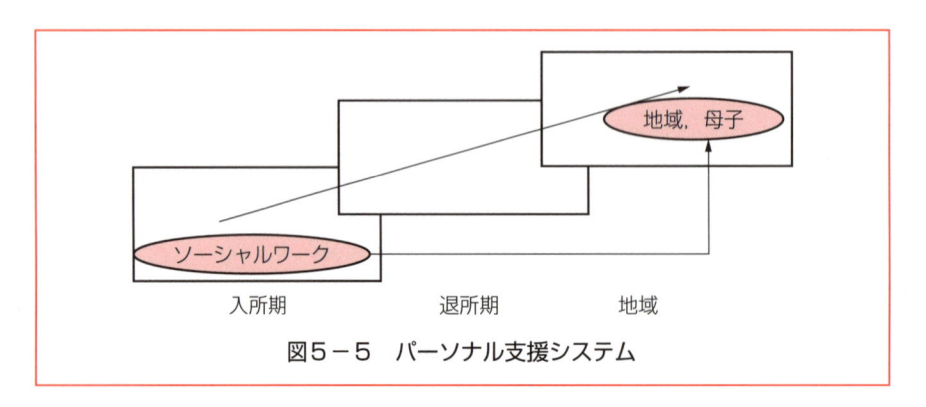

図5－5　パーソナル支援システム

【第5章参考文献】
『平成24年度全国母子生活支援施設実態調査』（全国母子生活支援施設協議会，2013）
『母子生活支援施設運営指針関係資料集』（全国社会福祉協議会・全国母子生活支援施設

協議会，2012)
『平成 22 年国民生活基礎調査』(厚生労働省大臣官房統計情報部，2010)
『内閣府男女共同参画局資料』(内閣府男女共同参画局，2012)
山縣文治・林浩康『社会的養護の現状と近未来』(明石書店，2007)
岩間伸之『支援困難事例のアプローチ』(メディカルレビュー社，2008)
岩間伸之・原田正樹『地域福祉援助をつかむ』(有斐閣，2012)
藤木美奈子『母子生活支援施設におけるシングルマザーに対するグループ介入プログラムの効果』(2013)

# 6. 児童養護の技術と方法
## （ソーシャルワーク：社会福祉援助技術）

　社会福祉の歴史をみると，どのような国でも子どもへの福祉実践は非常に早くから取り組まれてきています。しかも，子どもへの直接的な援助だけでなく，一番大切にすべき育成環境である家族への支援が重要視されてきました。社会的に子どもを預かり育成する児童養護の分野でも同じです。本章では，そのような児童養護の場面で用いられる社会福祉援助の技法であるソーシャルワーク（社会福祉援助技術）について解説し，その運用について概説します。

## 1. ソーシャル・ケース・ワーク

### 1）ソーシャル・ケース・ワークの意義と展開

　ソーシャル・ケース・ワークは，慈善組織協会で友愛訪問員として活動していたM.E.リッチモンドが，その実践をもとに科学的に体系づけたものです。わが国では，個別援助技術とよばれてきました。これは社会生活上の諸問題に直面して自らの解決が困難な状況に陥っている個人や家族に対して，その困難な状況を克服するために対面的・個別的に環境との調整を行い，パーソナリティの発達をうながしていく援助技術です。ケースワークには，困難な状況のために心身ともに不安定な状態にある人を支援的に援助する心理的側面と，もう一方では社会資源を活用して，環境条件の調整を行って，具体的なサービスを提供する社会的側面とがあります。このことから，ソーシャル・ケース・ワークは心理・社会療法であるといわれているのです。

### 2）ソーシャル・ケース・ワークの定義

　多くの研究者がケースワークの定義づけを行ってきていますが，ここではそのなかの代表的なものを紹介します。
　① M.E.リッチモンドの定義
　前述したように，リッチモンドは数々の援助実践から導き出された知見を体系化し，「ソーシャル・ケース・ワークとは何か」（1922）を著し，そのなかで「ソーシャル・ケース・ワークは，人間とその社会環境との間を個別に，意識的に調整することを通して，パーソナリティを発展させる諸過程から成り立っている」とし，個人と社会環境との関係調整に焦点をあて，利用者の育成によって問題解決を図るという枠組みをつくったのです。そしてソーシャル・ケース・ワーカーという新たな専門職を生み出した彼女は「ケースワークの母」とよばれています。

② S．パワーズの定義

S．パワーズは，1915 年から 1947 年の間に出されたケースワークに関するさまざまな定義を分析研究して，「ソーシャル・ケース・ワークは，利用者とその環境との間において，よりよい調整を行い，適切な個人能力および地域資源を活用するために，人間関係についての科学的知識と対人関係とを活用する技術（art）である」（1947）と定義しました。

③ H．パールマンの定義

H．パールマンは，問題解決アプローチを提唱して，著書「ソーシャル・ケース・ワーク：問題解決の過程」でケースワークをつぎのように定義しました。「ソーシャル・ケース・ワークは，人が社会的に機能する間に起こる問題をより効果的に解決することを助けるために，福祉機関によって用いられるひとつの過程である」（1957）。社会的機能とは，社会生活上の立場や活動であり，これがうまく機能していない状態が生活問題を生みだすととらえたのです。この定義の特徴は，人間の社会的側面に視点が置かれていることです。またパールマンは，人・問題・場所・過程の 4 つの P（Person, Problem, Place, Process）という要素でケースワークが成り立っていると指摘しました。

## 3) ソーシャル・ケース・ワークの構造

人が人を支え護り育成する科学的実践としてのソーシャル・ケース・ワークは，以下に掲げる 7 つの部分で構成され，それらはひとつの構造を示しています。

① 利用者

社会福祉サービスの利用者本人とその家族などを意味します。従来は，クライエントとよばれていましたが，この言葉に込められるニュアンスは，専門家からの視点が強く，当事者としての主体性の尊重という点では弱いため，現在では利用者とよばれるようになってきています。また欧米ではコンシューマー（消費者）とよばれることもあります。

② 問題

利用者の立場から考えた場合の問題であって，社会福祉サービスの利用というニーズが明らかになった生活上の困難を意味します。具体的には，利用者が適切な社会関係を維持し，活用する上での障害となる福祉的問題（一般的には生活問題）ということになります。

③ 目的

ここでいう目的とは，社会福祉援助の目的でもあり，利用者の生活問題を軽減し，解決に導くことです。それは利用者の主体性を尊重し，自己表現をうながし，主体的に行動できるように支援し，自己実現に導くことによって達成されます。

④ 実践機関と援助者

実践機関とは，社会福祉施設，社会機関や団体などを意味します。そして，援助者とは，そこで働いている各種の専門職のことです。

⑤ 援助関係

利用者と援助者との間には信頼関係（ラポール）が形成されなければなりません。援助者には専門職としての知識，価値，技術を備え，さらに常に自らの専門

性を高めていくことが求められるのです。
### ⑥ 援助の展開過程
　ケースワークにおける援助は，ひとつの過程に沿って展開していきます。利用者との出会いからはじまり，問題が解決することによって，この過程は終結します。
### ⑦ 社会資源
　利用者にとって活用できる人的・物的資源や情報のことであり，これらが利用者の生活問題解決のために活用されなければなりません。

## 4）ソーシャル・ケース・ワークの原則
　ここでは，その原則としてもっとも基本的な「バイスティックの7つの原則」(1957) について解説します。
### ① 個別化（クライエントを個人としてとらえる）
　一人ひとりのクライエント（利用者）が独自性を持つ存在であることを認めていきます。
### ② 意図的な感情表現（クライエントの感情表現を大切にする）
　クライエントが持つ否定的な感情を自由に表現できるようにします。
### ③ 統制された情緒的関与（援助者は自分の感情を自覚して吟味する）
　援助者が自分の個人的感情を制御すること（自己覚知すること）で，クライエントの感情に共感します。
### ④ 受容（受けとめる）
　クライエントの行動や言動，態度をあるがままに受けとめます。
### ⑤ 非審判的態度（クライエントを一方的に非難しない）
　援助者が自分の価値観・倫理観だけで，クライエントを裁かないようにします。
### ⑥ クライエントの自己決定（クライエントの自己決定をうながして尊重する）
　クライエント自身で，その人生の選択，決定を行うことが必要であり，援助者が決定するものではありません（7原則のなかでも中心的な原則です）。
### ⑦ 秘密保持（秘密を保持して信頼感を醸成する）
　援助の過程で知りえた情報を，他者に漏らしてはいけないこと。情報を共有する場合は，原則的にはクライエントに説明の上，同意を得なければなりません。

## 5）ケースワークの展開過程
　ケースワークにおける展開過程とは，生活上の困難や問題を解決する援助の流れです。近年では，調査→診断→治療という過程を踏まえる医学モデルから，生活モデルによるアプローチが主流となり，インテーク→アセスメント→プランニング→インターベンション→モニタリング→エバリュエーション→ターミネーションというプロセスの考え方が定着してきています（図6−1）。
### ① インテーク（受理面接）
　ケースワークの過程は，援助者と利用者が最初に出会う面接から始まります。この最初の段階の面接をインテーク（受理面接）といいます。この段階で大切なことは，援助者が利用者の話を積極的に傾聴し，受容し，共感することで信頼関係（ラポール）を築くことです。そして，援助者は利用者のニーズを明確にして，

```
┌─────────────┐   ┌─────────────┐   ┌─────────────┐   ┌─────────────┐
│ インテーク   │   │ アセスメント │   │ プランニング │   │インターベンション│
│ (受理面接)   │→  │ (事前評価)   │→  │ (援助計画)   │→  │   (介入)     │
│クライエントの主│   │援助開始に向けて│   │クライアントとと│   │処遇計画に基づい│
│訴,問題の把握と│   │の情報収集による│   │もに具体的な問題│   │た具体的,積極的 │
│援助可能か否かの│   │ニーズの明確化 │   │解決の方法を計画│   │方法による援助の│
│判断:可能ならば│   │              │   │              │   │実施           │
│援助契約      │   │              │   │              │   │              │
└─────────────┘   └─────────────┘   └─────────────┘   └─────────────┘
                                                            ↓
┌─────────────┐   ┌─────────────┐   ┌─────────────┐
│ターミネーション│   │エバリュエーション│   │ モニタリング │
│   (終結)     │←  │  (事後評価)  │←  │(経過の見守り)│
│目標が達成され問│   │どの程度効果があ│   │円滑に援助がなさ│
│題解決に至ったら│   │ったのか測定と事│   │れているか,そし│
│援助の終結    │   │後評価        │   │て効果的であるか│
│              │   │              │   │吟味し,見守る │
└─────────────┘   └─────────────┘   └─────────────┘
```

図6-1　援助のプロセス

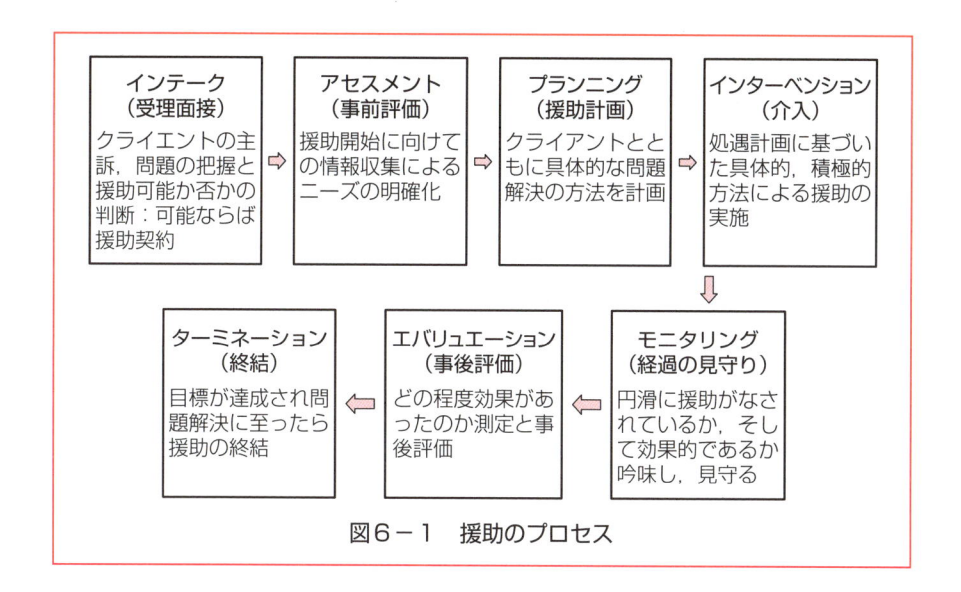

所属機関で提供できるサービスを説明し，利用者がサービスを利用するかどうか，自己決定できるように支援しなければいけません。

② アセスメント（事前評価）

　問題の所在を明確にするための情報収集の段階をアセスメントといいます。情報収集し，さらに分析を行います。そのためには利用者の話を傾聴し，利用者の生活状況や問題のとらえ方などを把握します。そして，アセスメントは利用者との共同作業で行われることが望ましく，利用者の希望や意向，価値観を尊重することが大切です。

③ プランニング（援助計画）

　アセスメントにしたがって，具体的な問題解決の方法を計画する段階のことです。この段階において，利用者の参加は必要不可欠です。そして，利用者の視点に立って計画の内容をわかりやすく説明することも必要となってきます。

④ インターベンション（介入）

　インターベンションでは，これまでのアセスメントやプランニングの段階を経て，具体的かつ積極的方法により展開される段階です。社会資源を紡ぐケアマネジメントを行うこと，利用者の主体性をうながすエンパワメントに取り組むこと，利用者のまわりにサポートネットワークを構築すること，利用者自身を代弁し権利を擁護するためにアドボカシーを展開すること，社会資源の開発など，さまざまな手法が必要となります。

⑤ モニタリング（経過の見守り）

　援助の過程が常に順調であるとは限りません。たえず援助の成果をフィードバックすることが必要です。モニタリングは，円滑に援助がなされているか，それが効果的であるかを吟味し見守る段階です。モニタリングの結果，場合によっては，再アセスメントが求められます。

⑥ エバリュエーション（事後評価）

　サービスを提供した結果，その利用者が問題解決を図れたかどうかを判断する段階です。とくに最近では，利用者によるサービス評価，第三者評価が導入され

ており，サービスの効果や成果を検証することでもあるエバリュエーションの意味が重要となってきています。

　⑦　ターミネーション（終結）

　問題解決に至り，援助が必要でなくなった場合にターミネーションとなります。このとき，利用者自身が解決のプロセスを振り返り，体験したことを今後の人生の糧にしていくことや，再度の問題化に対処する方法を想定しておくことなどが必要な場合もあります。

### 6) ソーシャル・ケース・ワークの実際

　この援助技術が用いられる領域は，大きく2つに分けられます。まず福祉事務所・児童相談所など，伝統的に相談支援業務を主とする領域です。そして，もうひとつは社会福祉施設や病院・家庭裁判所など本来の業務を補助するために，その援用が期待される領域です。ここでは児童養護の分野におけるケースワークの展開を解説します。

　子どもの各般の問題に関する地域の専門機関として児童相談所があります。ここには，児童福祉司が配置されていて，相談・調査などの業務を担当しています。また，福祉事務所の家庭児童相談室では，家庭相談員が配置され，社会福祉主事とともに，子どもの福祉に関して地域に密着した相談窓口機関としての役割を果たしています。

　さらに，児童養護施設などの入所施設では，利用者の生活の場を保障するとともに，児童指導員，職業指導員，保育士，生活指導員，家庭支援専門相談員（ファミリーソーシャルワーカー）などの専門職が配置され，当事者の日常生活での相談援助を行い，家族，学校，地域，関連諸機関との連絡調整などの役割を果たしています。とくに近年では，施設入所の時点から，児童相談所と施設がより緊密に協働して支援する取り組みが行われています。また施設では，子どもの行動や成長過程とともに，施設に面会などに訪れる保護者との面談や通信を通じて家族の状況を見守り，児童相談所に報告しています。そして，そのつど，子どもや保護者などの意向が反映され，児童相談所と施設との協働によるソーシャル・ケース・ワークの展開にしたがって，具体的な支援計画が遂行されます。たとえ家庭状況に変化がなくても，半年から年度ごとに計画の見直しが行われ，さらなる計画化とその遂行が行われます。

## 2. グループワーク（集団援助技術）

### 1) グループワークとは

　グループワークは，本来ソーシャル・グループ・ワークとよばれており，わが国では，集団援助技術と訳されてきました（ただし，本章では，グループワークという表現を用います）。グループワークとは，グループを活用して個人の成長や問題の解決をうながす社会福祉の援助技術のことで，ここでいうグループとは複数のメンバーがそれぞれ自己を十分に表現して開示し，複数の関係や相互作用

が展開される場のことをいいます。そのようなグループでの諸体験を，メンバー個人の変化や成長に活かし，問題解決に活用することがグループワークの目的です。グループワークにおいては，援助者と利用者との関係だけではなく，利用者と利用者の関係が重要視され，それを見守り，必要に応じて専門的，意識的，計画的にグループに関わる援助者がグループワーカーとなります。

## 2）グループワークの定義

グループワークの概念については，初期モデルと，1960年から1970年代にかけての現代モデル，そして1980年代以降に検討された概念，というように大きく3つに区分されます。とくに，初期モデルではW．ニューステッター，G．コイル，G．コノプカらが理論化に貢献しています。グループワークの定義として，ここでは代表的な3人の定義を以下に紹介します。

① W．ニューステッターの定義

1935年に全米社会事業会議で初めてグループワークについて，つぎのように定義しました。

「グループワークとは，自発的なグループ参加を通して個人の成長と社会的適応を図る教育的過程である。」

② G．コイルの定義

グループワークの母とよばれたG．コイルは，著書「グループワーク年鑑」において，つぎのように定義しています。

「グループワークとは，任意につくられたグループで，余暇を利用して，グループリーダーの援助のもとに実践される一種の教育的過程であり，グループ経験を通して，個人の成長と発達をはかるとともに，社会的に望ましい目的のため，各成員がグループを利用することである。」(1939)

③ G．コノプカの定義

グループワークの治療的効果に注目し，治療的グループワークの分野で開拓的な貢献を果たしたのがG．コノプカです。コノプカは，著書「ソーシャル・グループ・ワーク」のなかでつぎのように定義しています。

「ソーシャル・グループ・ワークとは，ソーシャルワークのひとつの方法であり，意図的なグループ経験を通じて，個人の社会的に機能する力を高め，また個人，集団，地域社会の諸問題に，より効果的に対処しうるよう，人々を援助するものである。」(1963)

## 3）グループワークの構造

グループワークの技法を行うにあたり，この援助技術を構成する要素を理解していることが重要となります。それぞれの要素を最大限に活用しながら援助者はグループに寄り添い，グループとともに援助の道筋をたどっていきます。そのような要素としては，つぎの5つがあげられます。

① 援助者

援助者は，グループに参加しているメンバーが，グループを活用して目的を達成できるよう，側面的に支援する役割を担います。

② 利用者
　利用者とはグループのメンバーであり、その特徴は、主に以下のようになります。まず福祉ニーズを持っていてサービスを必要としている人、そして、ⓐ各利用者が対面的であること、ⓑ各利用者間で相互作用が働いていること、ⓒ利用者相互間に個人的な印象や知覚を有すること、です。
③ グループ
　ここでいうグループとは、単なる人々の集まりではなく、各々に自分を表現して、複数の関係や相互作用が展開される集団のことです。
④ プログラム活動
　プログラム活動は演劇、話し合い、ゲーム、スポーツ、レクリエーションなど、グループや個々のメンバーが目標達成のために行う、手段としての活動のことです。
⑤ 施設・機関
　これらは、グループワークを主宰する場です。それぞれの施設・機関の特徴が、グループを組織する場合の利用者とグループワークの目的に反映されることになります。社会福祉施設内などの福祉現場で行われているようなグループ活動などは、「一次的現場」におけるグループワークとよばれ、それ以外の場所で行われるものは、その機関や施設の目的から補助的に行われるものとして「二次的現場」におけるグループワークと区別していることもあります。

## 4）グループワークの原則
　ここでは、グループワークを用いる場合の基本的な6つの原則を紹介します。
### （1）個別化の原則
　援助者にとって、グループのなかで個人として扱って欲しいというメンバーの欲求を読み取り、適切にこたえながら、集団のなかの一人ひとりのメンバーを個別に尊重することが重要となります。またグループそのものもまったく同じグループというものは存在しません。それぞれ独自の性格を有し、その集団の個性を活かしながらグループとして成長していくことになります。この個と集団の個別化は、グループワークでは重要な原則です。
### （2）受容の原則
　メンバー一人ひとりの長所・短所を認めて、その人の言動、感情、信条などをあるがままに、まず受け入れることです。
### （3）制限の原則
　グループ活動において、実施時間や場所などからくる物理的な制限といった枠組みの設定や、メンバーの言動について制限を設けることをいいます。グループワークを進めるにあたって、最小限のルールは必要となりますし、援助者はすべてのメンバーの安全を守らなければなりません。そのため、あるメンバーの言動や感情の表れが、他のメンバーを身体的・心理的に傷つけるものであってはならないし、自らをも傷つけるものであってはなりません。そのために、制限を設けることも必要となるのです。
### （4）参加の原則
　グループワークは、メンバーの参加があってはじめて成立します。援助者は、

個々のメンバーがグループに参加できるように，環境を整えて，メンバーを励まし，参加への動機を高めることや，参加能力の向上を支援する必要があります。

### （5）葛藤解決の原則

グループワークは，援助者がメンバーの抱える問題を解決するというものではありません。グループ内でのメンバー間の相互作用は，肯定的にも否定的にも作用します。否定的となった場合には，葛藤として表面化します。その際には，援助者は，安全で適切な葛藤処理方法を示して，メンバーが葛藤処理を行えるように支援する必要があります。そして各メンバーで構成されるグループが主体的に，この葛藤を乗り越えたときに，個と集団は大きく成長します。

### （6）継続評価の原則

メンバーやグループが成長していくためには，継続的な評価が必要です。今，各メンバーは成長への道筋を，どのようにたどっているのか，またグループ全体の目標はどの程度，達成されてきているのかなどを評価して，プログラムの再計画化，実施の修正に反映させていくことが求められます。

## 5）グループワークの展開過程

グループワークの展開過程は以下のようになります（図6－2）。

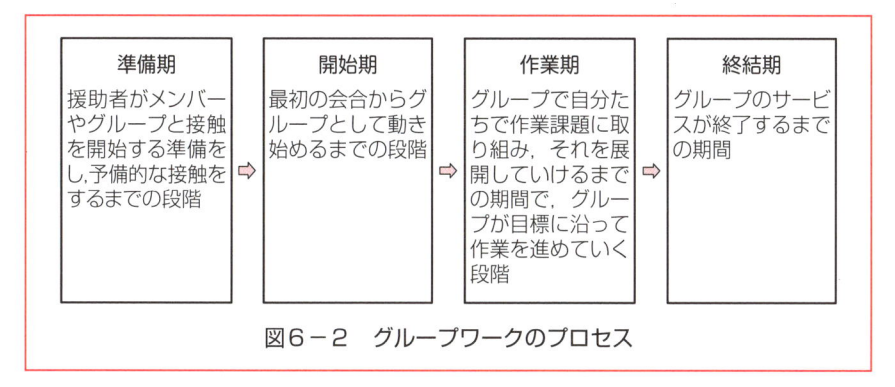

| 準備期 | 開始期 | 作業期 | 終結期 |
| --- | --- | --- | --- |
| 援助者がメンバーやグループと接触を開始する準備をし，予備的な接触をするまでの段階 | 最初の会合からグループとして動き始めるまでの段階 | グループで自分たちで作業課題に取り組み，それを展開していけるまでの期間で，グループが目標に沿って作業を進めていく段階 | グループのサービスが終了するまでの期間 |

図6－2　グループワークのプロセス

### （1）準備期

グループワークを始める前に，まず利用者のニーズや動機を探ることが大切です。ニーズや動機に基づいて問題点や課題を明らかにし，グループワークの活用が効果的かどうかの判断を立て，グループワークの目的や目標を定めていきます。この過程のなかでメンバーの人数，グループの形態，場所，時間，プログラム，予算などを立案します。そして，これらが決まると，つぎに援助者は，メンバーとなる参加者の現在の生活状況，感情，ニーズなどについて理解することが必要となります。これら準備期で援助者が行う重要な作業を「波長あわせ」といいます。「波長あわせ」では，援助者がグループワークへの参加の勧誘をするとともに，事前に個別に予備的な接触を図ります。そうすることで，第1回目のセッションが立ち上がったとき，それぞれの参加者がどのような気持ちで参加し，グループがどのように展開し，どのように支援していくかについての援助者の準備ができるようになります。また「波長あわせ」をすることで，援助者は，あらかじめ一定の事態の予測を立てることができます。とくにメンバー同士が初めて出会う第1回目のセッションは，その後の展開において非常に重要な意味を

持ちます。また，参加者が他機関の支援を受けているときなどには，その機関の援助者にグループワークの目的や目標を説明し，理解を得ておくことも必要です。とくにグループが葛藤状況を体験している間，参加者の状態が悪くなることも想定して，メンバーの所属する施設や機関の理解，そして緊急の支援確保を他機関と調整しておくことも，この段階での重要な準備です。

### （2）開始期

　グループとしての最初の集まりから，グループとして動き始めるまでの初期段階にあたります。援助者は，メンバーがグループに溶け込むことができるようにグループの雰囲気をやわらげ，リラックスした状態でプログラムを進めていくことが求められます。このように開始期には，援助者と参加者との援助関係の樹立，参加者の理解と納得に基づく確認（場合によっては契約の確認），プログラムなどの全体の進め方について参加者の自主性獲得への援助，そのつどのセッションの評価と記録ということがポイントになります。また，必要に応じて，個別の声かけや個別の相談に応じることも必要となります。

### （3）作業期

　個々のメンバーやグループ全体が，目標達成に向かって，その結果を出せるように活動してくる段階です。そして，グループが劇的に展開されてくる時期でもあります。援助者は，「個人」と「集団」が自分たちの課題に取り組み，展開し，目的達成のために明確な成果が出せるように援助していく必要があります。

　ここでのポイントは，個人への援助，グループ発達への援助，グループ作業への援助，グループダイナミックス（グループの凝集性，サブグループ，グループ規範など）を活用した援助，そして，評価です。

### （4）終結期

　援助関係を終結する段階にあたります。そして，利用者にとってはこの集団で得たものを糧にして，つぎの生活に移行していく時期でもあります。また，メンバー間に対立などがある場合，継続困難となり終結することもあります。ここでのポイントは，終結の準備，感情の分かち合い，終結の評価，移行への援助，記録のまとめなどが考えられます。

## 6）グループワークの実際

　とくに生活型の児童福祉施設では，日々の子どもたちの生活そのもののなかに，グループワークの必要な場面が存在します。ここでは，そのいくつかを紹介します。

### （1）遊び・余暇について

　どのような規模であっても，子どもたちが集団で生活している施設では，児童指導員や保育士といった施設の職員がグループワーカーとしての力量を持ち，子ども集団のなかの個々の子どもたちの成長を見守ることは，とても大切です。子どもたちが遊びや余暇を通じて，他者に関わり，さまざまなことを学ぶことは，子ども時代にとって重要な意味を持っています。集団遊びを通して，子どもたちのリーダーシップやメンバーシップが養われ，グループ内の信頼関係にもよい影響を及ぼしていくことにつながっていきます。また集団内で生じる葛藤をどのように解決していくかということも大切な学びとなります。子どもたちの言動や様

子をみながら，側面的に支援する場面は，生活型施設に数多くみられます。

### （2）学習支援について

　施設に入所してくる子どもたちのなかには，家庭環境の不安定さから学習態勢が未確立であったり，不登校などによる学習機会の欠如などから，本来その子どもが持っている能力的な問題以外でのハンディが大きくのしかかっていることがあります。このような際には，日常の学習機会に加えて，学年などでのグループによる学習指導という，グループワークによる援助が効果をあげることがあります。

　またグループを構成しての学習支援では，子どもたちの生活場面での担当職員とは違う人間関係の展開も図ることができます。たとえば施設外の学習ボランティアが関わるなかで，学びの場と時間を設定し，子どもたちが新たな刺激と動機を持つことで，学習課題に取り組み，成果をあげることで，自信を獲得していくことにつながっていくことがあります。

### （3）野外活動・キャンプなどについて

　児童福祉施設の子どもたちが楽しみにしている大きな行事として，野外活動・キャンプなどがあります。いつもの生活空間から離れて，戸外，自然のなかで過ごす時間は，特別の体験を子どもたちに与えてくれます。自然のなかでの精神の浄化こそ，情緒的な安定を与えてくれます。また，ピアノや絵画，合奏などの芸術活動や，野球，サッカー，卓球，バレーボールなどのスポーツ，そしてボーイスカウト，ガールスカウトなどに参加していくことにより，情操の育成や，人間としての感受性を育むことにつながります。

　グループワークの歴史的な源流の一部には，YMCAのような青少年の健全育成活動がありました。そのため，このようなプログラムは，他者との協働といった関わりの体験から，子どもたちの精神的成長に大きな効果を与えてくれます。指導員や保育士には，さまざまなプログラムを工夫することで，子どもたちの立場，視線に立って企画，検討した環境を提供し，そうした環境のなかで子どもたちが自ら選択できるような細やかな配慮が求められます。そしてこれが，まさしくグループワークの基本的観点なのです。

## 3. コミュニティワーク（地域援助技術）

　ここでは，コミュニティワーク（地域援助技術）について紹介し，児童福祉施設などで実際にどのように実施されているかを述べます。

### 1）コミュニティワークの意義

#### （1）コミュニティワークとは

　コミュニティワークは，間接援助技術に分類され，地域援助技術と翻訳されています。本章で説明してきたソーシャル・ケース・ワークやグループワークが直接援助技術とよばれ，利用者に直接介入し援助するのに対し，コミュニティワークは利用者が生活している地域社会に働きかけていく方法です。つまり，間接的に問題解決に貢献したり，問題発生を予防することをめざす手法ということにな

ります。一般には，一定の地域社会で生じる地域住民の生活問題を地域社会自らが主体的・組織的・計画的に解決していけるよう，コミュニティワーカーが側面的援助を行う過程およびその方法・技術をさします。

## （2）コミュニティワークの理論

コミュニティワークについてのとらえ方には，主として以下の4つの理論があります。

### ① ニーズ・資源調整説

1939年の全米社会事業会議におけるレイン（Robert P.Lane）を委員長とする報告書（レイン報告書）において提唱された考え方です。地域社会に存在するニーズと，それを満たす社会資源を中心にとらえ，社会資源を効果的に調整，あるいは開発する活動としてコミュニティワークを位置づけています。

### ② インターグループ・ワーク説

ニューステッター（Wilber I.Newstetter）によって提唱されました。地域社会は各種のグループ（機関・組織・施設・団体など）の相互作用によって構成されているととらえ，グループ間の関係調整を行い，地域社会の問題解決のための協働をうながしていくことが，コミュニティワークの主たる機能であるという考え方に立ちます。

### ③ 地域組織化説

M. ロス（Murray G.Ross）が提唱した考え方で，地域社会が持っている自発性や連帯性に着目し，地域住民が団結・協力して，地域のニーズや課題の解決に向けての取り組みを実行していけるように住民を組織化していく過程であるとしました。そして，その問題解決よりもその過程に焦点をあて，民主的なプロセスが地域に根づくことを重視したことにその特徴があります。

### ④ ロスマンの方法モデル

ロスマン（B.Rothman）によって提唱されたモデルです。地域における多様なアプローチを小地域開発モデル，社会計画モデル，ソーシャルアクションモデルという3つに整理し，その時々の状況に対応して選択していくというモデルです。

## 2）コミュニティワークの構造

コミュニティワークの構成要素をまとめると，つぎの4つからなります。まず援助を考える上での中心となる地域社会です。そのなかでも，個々の地域を特色づける人口構造，地理的特性，文化的背景などに焦点をあてる必要があります。2つめの要素は援助の対象である地域の福祉ニーズ，つまりは解決すべき課題です。つぎに，こうした問題の解決にあたる主体が3つ目の要素となります。なお，ここでの主体とは，地域住民の集まりとしての組織や特定の集団のことです。そして4つ目が，コミュニティワークを活用して地域集団を援助していく援助者と，その所属している機関や施設などです。

## 3）コミュニティワークの原則

コミュニティワークにおける援助者が考えておかなければならない原則として，つぎの3つがあります。まず地域主体の原則です。地域の問題を解決していくのは地域住民自身であり，主体性をもって，地域の住民からなる組織，機関，

団体などが活動していけるように，援助者は支援する必要があります。つぎは協働活動の原則です。地域社会のさまざまな団体，組織などが問題解決のために目標をもって協力して活動していけるように援助することです。そして3つ目が資源開発の原則です。地域社会に発生するさまざまな課題に対して，柔軟に対応できる資源を開発していくことが重要です。

## 4）コミュニティワークの展開過程

　地域住民のなかに問題に直面している人がいる場合，その問題が個人レベルの問題ではなく，地域全体の問題であると考えられるときに，この問題に対する地域住民のニーズを調査して，その結果に基づいて解決すべき計画を立案し，実行し，問題解決を図る必要があります。このような流れがコミュニティワークの過程です。

　これを，その展開に沿って考えると，まず準備段階があります。アセスメントを行い，地域問題，ニーズの発見を主とする段階です。

　つぎに活動主体の組織化です。問題解決のために地域住民や組織などに働きかけて，活動の中心となる組織づくりを行う段階です。

　さらには活動計画を策定する段階に進みます。ここではプランニングにより活動目標を定めて具体的対応を検討します。

　そして活動の実施段階です。これはコミュニティワークを計画に沿って具体化していく段階です。

　最後には評価の段階となります。これまでに行ってきたコミュニティワークの実践を全体的に検討します。

## 5）コミュニティワークの実際

### （1）学習ボランティア活動

　施設で暮らす子どもたちにとって，日常生活のなかで「学習時間」の占める割合はかなり多いといえます。これに対する生活支援，自立支援として考えられるひとつの方法が「学習ボランティア」の活動です。児童養護施設などで学習ボランティアを受け入れていき，子どもたちの生活環境に適応させていくためには，いくつかのポイントがあります。まず，施設職員が「ボランティア」という活動を十分理解することから始まります。ただ単に勉強を教えにきてくれる，時間の都合がつきやすい人という感覚ではなく，ともに子どもに関わることを通して成長していける存在であるという認識が必要となります。そのような人材を確保するために地域の大学などに依頼することや，また社会福祉協議会のボランティアセンターへの働きかけや施設実習などを通じて，子どもとの関わりに適した人材を発見していくことも大切です。

　これら地域の資源を開発することや，ボランティアの組織化などにはコミュニティワークの手法が求められます。またボランティアの側には，それを継続できる動機の維持が必要です。そのために施設には，ボランティアコーディネーターの役割を担える職員の存在が不可欠となります。「細く長く，ボランティア活動を通して子どもたちとともに成長していける」ということを念頭に置き，ボランティア活動が継続されることが求められます。

## （2）地域子育て支援センター・児童家庭支援センターにおける実践

　これは，地域全体で子育て支援に対する基盤形成を図るために，子育て家庭などへの育児不安などについての相談指導，子育てサークルなどへの支援を行い，地域の子育て家庭に対する育児支援を実施していくことを目的とした事業です。ここでのコミュニティワークの具体的な実践としては，以下の事業のうち3事業以上（小規模型指定施設は2事業以上）を実施することになります。近年，これらの事業に取り組む児童福祉施設は増加傾向にあります。
　①育児不安などについての相談指導
　②子育てサークルおよび子育てボランティアの育成・支援
　③地域の需要に応じた保育サービスの積極的実施・普及促進
　④地域の保育支援の情報提供など
　⑤家庭的保育を行う者への支援

# 4. ケアマネジメント

　ここではケアマネジメントの解説と，施設におけるその実際を概説します。

## 1）ケアマネジメントの意義
### （1）ケアマネジメントとは
　ケアマネジメントは，アメリカでの精神障害者の地域生活支援から生まれたケースマネジメントやイギリスでの本格的な在宅福祉への転換によって取り組まれたケアマネジメントの発展を受けたもので，日本では1990年代後半から定着してきた比較的新しい援助技術です。地域社会には市民のためのさまざまな公的・私的な生活支援資源があります。人々が，複数のニーズを持つ個人や家族として生活を維持していくために，これらの多様な資源やサービスを個別のニーズに合わせて集め，調整していく必要があります。ケアマネジメントは，こうしたニーズを適切に，効率的・効果的にサービスや資源と結びつける機能を果たす援助技術として生まれたのです。

### （2）ケアマネジメントの定義
　以下に，現在のケアマネジメントについての代表的定義を紹介します。
　① マクスリー（David P.Moxley）の定義
　「ケアマネジメントとは，多様なニーズを持つ人々が，その機能を最大限に発揮し，健康に過ごすことを目的として，公的および個人的な支援と活動のネットワークを組織し，調整し，維持することを意図する人やチームの活動である。」（1994）
　② 全米ソーシャルワーカー協会の定義
　全米ソーシャルワーカー協会では，「ソーシャルワーク・ケースマネジメント」として，つぎのように定義しています。
　「専門ソーシャルワーカーが，クライエントとクライエントの家族のニーズを評価し，適切な場合にはサービスを提供し，また特定のクライエントの複雑なニーズを充足するために，複数のサービスを組み合わせ整え，連絡調整を行い，

監視し，評価し，代弁する方法である。」(1997)
　③　白澤正和の定義
「ケアマネジメントとは，対象者の社会生活上での複数のニーズを充足させるため，適切な社会資源と結びつける手続きの総体である。」(1996)

## 2）ケアマネジメントの構造

ケアマネジメントは，①利用者（クライエント），②社会資源，③ケアマネジャーによって構成されています。

ここでの「利用者（クライエント）」とは，複数もしくは複雑なニーズを抱えていて，自分ではそのニーズを解決するための社会資源を求められない人々をさします。また，クライエント自身もケアマネジメントのすべての過程に積極的に参加し，役割を担うことが求められます。

「社会資源」は，フォーマルサービスとインフォーマルサービスの2つからなります。フォーマルサービスとは，すでに制度化されている福祉サービスや専門職などをさし，またインフォーマルサービスとは家族，親族，近隣の住民，友人，ボランティアなどをさします。地域生活においては，インフォーマルサービスとしての人々の支援が，専門職の支援よりも効果を発揮することが多いという特徴があります。

「ケアマネジャー」は，ケアマネジメントを行う人のことであり，利用者のニーズを把握して，必要なサービスが提供できるように，利用者のニーズと社会資源を結びつけ，調整する役割を持つ存在のことです。介護保険制度では，ケアマネジメント業務に従事する者に一定の要件を課していますが，一般的にはケアマネジャーは，ソーシャルワーカーであったり，社会福祉士，介護福祉士，理学療法士，作業療法士，看護師や保健師であったりします。

## 3）ケアマネジメントの展開過程

ケアマネジメントの援助は，図6-3に示すように，①検討，②アセスメント，③目標設定とケアプラン作成，④ケアプラン実施，⑤モニタリング，⑥再アセスメント，⑦終結という展開過程があります。アセスメントの段階で情報収集漏れをなくすために，定式化されたアセスメントシートを使用することにも特徴があります。

## 4）ケアマネジメントの実際

わが国では，高齢者福祉分野において，介護保険制度の導入（2000（平成12）年）とともにケアマネジメントの考え方が取り入れられてきましたが，児童福祉分野においてもこの考え方は次第に広がりを見せつつあります。なかでも児童自立援助計画の策定には，ケアマネジメントの手法が求められていると考えられています。

現在のところ，ケアマネジメントの使用は，子どもや保護者の意見を反映する程度でしか想定されていませんが，将来的には，計画の策定プロセスに当事者が含まれるべきであるとの考え方が広まっており，ケアマネジメントの果たす役割は重要になっていくと思われます。

| 検討<br>(イグザミネーション) | アセスメント | 目標設定とケアプラン作成 | ケアプラン実施 |
|---|---|---|---|
| ニーズをもつ人を発見し，その人のニーズが援助対象となるか否かの判別（スクーリング）を行う。援助対象と判断されれば，インテークに移り，援助説明や契約が行われる段階 | クライエントの主訴，家庭環境，心身の状態，経済的状況，他の援助の有無やもっている資源の状況など，その人を取り巻く環境や問題について多角的に明確化していく段階 | アセスメントで得た情報から，目標を設定していく。その上で，目標を目指したケアプランを作成していく段階 | 作成されたケアプランに基づいて，関係諸機関と連携してケアプランの内容を展開していく段階 |

| 終結 | 再アセスメント | モニタリング |
|---|---|---|
| ケアプランにそって援助が行われ，目標が達成されたら終結する | ケアプランを実施した後，一定期間が過ぎた，あるいは，ニーズに変化のあった際に再びアセスメントを行う。それに基づいて再度，目標設定へ戻る | ケアプランにそった援助が展開されているか，また，ニーズとケアプランのずれに対処しているかの確認作業をする段階 |

図6-3 ケアマネジメントのプロセス
出典）山縣文治・林浩康編『よくわかる社会的養護』ミネルヴァ書房を一部改変

　施設におけるケアマネジメントでは，個々の子どものニーズに応じて外部のサービスを集めて利用していくことがあげられます。たとえば週末里親の利用や，外部の心理治療サービスの利用，また学力保障などのために塾などを利用すること，また各種のボランティアサービスを活用することなど，個々の子どものために各種のサービス支援をパッケージ（箱詰め）していくことが考えられます。

　また，もともと家族の養護問題の支援には，多様な社会機関の関与があり，福祉，医療，保健，教育などのさまざまなサービスの組み合わせによる協働や連携が行われています。ケアマネジメントは，利用者（クライエント）に対して，比較的長期にわたり，そのニーズに応じてさまざまな社会資源を調整していくことにその本質があります。子どもと家族が抱える複雑で多様なニーズを総合的にとらえて，フォーマルサービス，あるいはインフォーマルサービスといった社会資源による支援を，当事者と結びつけていくことができます。

【第6章引用・参考文献】
小田兼三・石井勲編『養護原理・第4版』（ミネルヴァ書房，2006）
山縣文治・柏女霊峰編『社会福祉用語辞典・第8版』（ミネルヴァ書房，2011）
山縣文治・林浩康編『よくわかる社会的養護』（ミネルヴァ書房，2012）
大塚達雄・澤田健次郎編『社会福祉の方法と実際・改訂版』（ミネルヴァ書房，2005）
山縣文治・岡田忠克編『よくわかる社会福祉・第8版』（ミネルヴァ書房，2010）
基礎からの社会福祉編集委員会編『社会福祉援助技術論』（ミネルヴァ書房，2005）

片山義弘・李木明憲編『社会福祉援助技術』（北大路書房，2004）
福祉士養成講座編集委員会編『社会福祉援助技術論Ⅰ・第3版』（中央法規出版，2006）
新保育士養成講座編纂委員会編『第5巻社会的養護』（社会福祉法人全国社会福祉協議会，2011）
新保育士養成講座編纂委員会編『第3巻児童家庭福祉』（社会福祉法人全国社会福祉協議会，2011）
『国民の福祉と介護の動向・厚生の指標増刊2012年第59巻第10号通巻第929号』財団法人厚生労働統計協会

# 7. こころの援助（発達心理学・臨床心理学的側面から）

子どもの育ちを支え，援助するためには，援助者が，子どものこころを多角的・総合的にとらえて理解することが必要となってきます。もし，子どもが問題行動を呈しているのであれば，そこには背景があり，何らかのメッセージや意味があるのかもしれません。子どもはおとなのように，気持ちをとらえて言葉にするということが，まだうまくできないため，メッセージの伝達方法が，言語的なものだけではなく，身体的なものや行動として現れることも少なくありません。行動をメッセージや意味としてとらえるとき，発達的な視点や，心理的な視点が必要となってきます。

人は，遺伝的な素因や環境的な要素が，相互的・複合的に影響し合いながら，発達していきます。発達（development）とは，出生から死亡まで，その時間経過に伴う，心身の形態や構造，あるいは機能の変化を意味します。

この章では，主にこころの発達や成長，人格形成を「乳児期」「幼児期」「学童期」「思春期」「青年期」の各段階に分けてみていきたいと思います。

## 1. 乳児期

乳児期とは，生後～1歳頃までのことをいいます。

人は生まれながらに，他者から養護的な感情や行動を引き出すような力を持っています。たとえば赤ちゃんは，人の顔を好んで見たり，人の顔をまねたり，関わりを引き出すような微笑み（生理的微笑）を生得的に持っているのです。人は，人と関わる力を持って生まれ，人との関わりのなかで育っていくといえます。

### 1）エリクソンの発達理論

乳児期は身体が著しく発達し，人格形成の基礎となる時期といえます。こころの発達については，エリクソン（E.H.Erikson）の漸成的発達説をもとに，考えてみたいと思います。

エリクソンは，フロイト（S.Freud）の発達論\*に，文化・社会的な視点を加えた発達論を展開しました。乳児期から老年期に至る人間の生涯を，人生周期（ライフサイクル）として，8つの発達段階に区分し，各段階に発達課題と危機があるとしました。図7－1に，そのうちの5段階における課題と危機を示します。

まず，乳児期の発達課題は，基本的信頼を得ることができるか，不信に陥るか，です。

乳児が泣くと，特定の養育者（母親など）が反応し，あやしたり，ミルクをあげたり，おしめを替えたりします。このように養育者が，乳児の泣いている意味

---

\*フロイトは，幼児から成人に至るまでの発達を，リビドー（性的な精神エネルギー）の概念をもとに，まとめた。彼は，人間には「性的」欲動が乳幼児からすでに存在し，それが段階ごとにそれぞれの身体の部分で充足されるとした（「口唇期」→「肛門期」→「男根期」→「潜伏期」→「性器期」）。そして，その欲求がどの程度満たされるかによって，後の人格形成に影響を及ぼすと考えた。

に気づき応えることで，乳児は欲求を満たす経験をします。欲求を満たす経験を継続して行うこと，つまり，空腹を満たしてくれたり，話しかけてくれたり，抱っこしてくれるなど，生理的・心理的な心地よさを特定の養育者が継続的に与えてくれる場合は，乳児はその養育者と信頼関係をつくることができます。

その信頼感は，エリクソンがいう基本的信頼として，やがて他者を含めた環境に向けられる信頼感情に関係します。ここでしっかりと養育者と信頼関係を持てた乳児は，その後の成長のなかで，人を信じることや自分を信じることができるようになるといわれています。

一方，この時期に，たとえば虐待などで，養育者と信頼関係を結ぶことに失敗した場合，その後の人生に大きな影響を与えると考えられています。初期の養育者との基本的な安全感や信頼感の形成不全は，人（他者）に対して信頼を向けることのできない人格を形成することになりえるのです。

## 2）ボウルビィの愛着理論

この時期，大きな影響力と重要性を持つのが，養育者（主に母親であることが多い）との関係です。乳児は，生後12週目頃までは，まだ人を認識する能力がなく，その後5, 6か月頃までは，誰に対しても友好的に振る舞います。5, 6か月以降になると，母親を見て笑いかけたり，母親が去ると泣いたりするようになります。これは，母親との間に「アタッチメント（attachment 愛着）」が形成されるからだと考えられています。アタッチメントとは，「特定の人と人との間に形成される，心理的な結びつき」をいいます。

ボウルビィ（J.Bowlby）は，情緒的な発達に関心を抱き，フロイトが「子どもの空腹など基本的な欲求を，母親が満足させることを通して愛着は生じる」と考えたことに対して，ボウルビィは「母親が提供する安心と安全の感覚」を強調した愛着理論を展開しています。

| | 1 | 2 | 3 | 4 | 5 |
|---|---|---|---|---|---|
| 青年期 | | | | | 同一性 対 同一性混乱 |
| 学童期 | | | | 勤勉性 対 劣等感 | |
| 幼児期後期 | | | 自主性 対 罪悪感 | | |
| 幼児期前期 | | 自律性 対 恥と疑惑 | | | |
| 乳児期 | 基本的信頼 対 不信 | | | | |

図7-1 発達段階と心理・社会的危機

出典）E.H. & J.M. エリクソン『ライフサイクル，その完結』増補版（みすず書房，村瀬孝雄・近藤邦夫訳）から8段階のうち5段階を引用

## 3）ストレンジ・シチュエーション・テスト

　養育者が安心と安全の感覚を提供すること，すなわち安全基地としての役割を果たすとはどういうことかといった問題についてエインスワースら（Ainsworth&Bell, 1970）が研究（ストレンジ・シチュエーション・テスト）を行いました。そこで養育者の養育態度が子どものアタッチメント・スタイルを左右すると報告しました。

　この研究では，養育者が子どもの状態を敏感に察知し，適切に応じることができている場合は，子どもは自己と養育者に対する肯定的なイメージを形成するた

---

ストレンジ・シチュエーション法の8場面

①実験者が母子を室内に案内し，母親は子どもを抱いて入室する。実験者は母親に子どもを降ろす位置を指示して退室する。（30秒）

②母親は椅子にすわり，子どもはオモチャで遊んでいる。（3分）

③ストレンジャーが入室し，母親とストレンジャーはそれぞれの椅子にすわる。

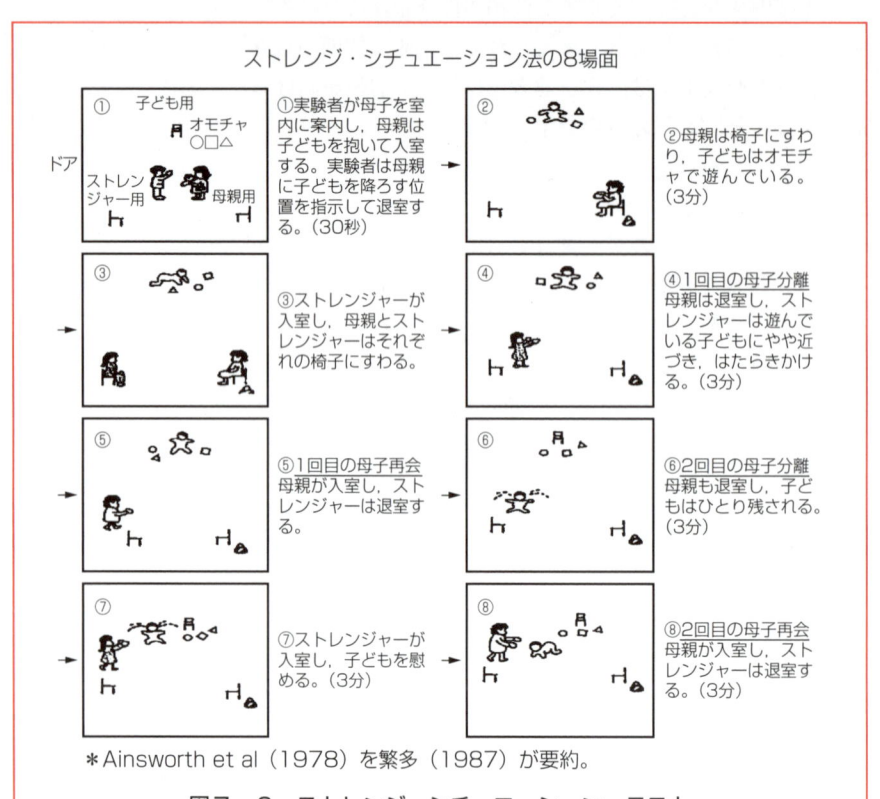

④1回目の母子分離　母親は退室し，ストレンジャーは遊んでいる子どもにやや近づき，はたらきかける。（3分）

⑤1回目の母子再会　母親が入室し，ストレンジャーは退室する。

⑥2回目の母子分離　母親も退室し，子どもはひとり残される。（3分）

⑦ストレンジャーが入室し，子どもを慰める。（3分）

⑧2回目の母子再会　母親が入室し，ストレンジャーは退室する。（3分）

＊Ainsworth et al（1978）を繁多（1987）が要約。

図7－2　ストレンジ・シチュエーション・テスト

乳児（1歳）と母親が一緒にいる時の，
1）見ず知らずの第三者（ストレンジャー）への反応
2）第三者との二人きりの反応
3）母親に再会した時の反応
の3つの段階を観察し，以下の特徴的な乳児の反応パターンを見出しました。

『安定型』…母親と一緒の時は満足して探索し，第三者に対しても積極的に反応する。しかし母親が部屋から去り，第三者と二人になると混乱する。母親と再会するとすぐに落ち着く。

『不安/回避型』…母親と二人でいるときも母親への接近を求めることを特にせず，第三者と二人にされても，特に悲しんだりしない。母親と再会しても，母親に近づくことはしない。

『不安/抵抗型』…母親のそばにじっといて，ストレンジ・シチュエーションの場面で，母親と一緒に居る時でさえ，不安であるように見える。母親が退出すると混乱し，第三者によって慰められない。再会時には，積極的に母親が慰めようとすることに抵抗しながらも，母親との接触を取り戻そうとする。

『無秩序・無方向型』
接近と回避という本来ならば両立しない行動を取ったり，うつろな表情で固まったりする。時折，養育者の存在におびえるような態度を取ったり，初対面の者に対し，より親しげに出会ったりする。

これらは，もちろん生まれながらの乳児の気質や，文化の違いなどによっても変化します。

め，危機状況に直面すると，養育者に対して不安・恐れといったネガティブな感情を素直に訴えました。そして，養育者の保護を受けると安心し，再び探索行動に戻るという，安定したアタッチメント行動がみられました（安定型）。

一方，養育者の養育態度に「敏感性（子どもの状態を敏感に察知し応じること）」が欠ける場合は，「自分は拒否される存在だ」「いつ見捨てられるかわからない」といった自己や養育者に対する否定的なイメージを形成するため，子どものアタッチメント・スタイルは，回避的なふるまいや，最大限に引きつけようとするふるまい（不安／回避型や不安／抵抗型）など，不安定なものとなりました（初塚，2010）。

この研究から養育者が子どもの状態を察知し，子どもが不安なときに適切な保護を与え，またネガティブな情動も含めたオープンなやり取りを心がけることで，養育者は安全基地として機能すると考察されました。

### 4）ハーロウの研究

ボウルビィはハーロウ（Harlow）の研究に大きな影響を受けています。ハーロウら（Harlow, McGaugh & Thompson）は，乳児が母親に愛着を持つのは，食べ物を与えてくれるだけではなくて，慰めと暖かさをも与えてくれるからだと述べています。

ハーロウは，アカゲザルの代理母実験で，アカゲザルの赤ちゃんに，以下の2つの代理の母親を選択させました。

① 食べ物は与えないが，布で覆われた心地よい代理母親
② ミルクを与えるが，針金でできた心地悪い代理母親

すると，アカゲザルの赤ちゃんは，針金でできた代理母親で食べ物を得ようとするのですが，すぐに布で覆われてできた代理母親を好んでしがみつきました（図7-3）。

このことは接触による慰めやあたたかさが，単に食べ物を与えられることよりも，より重要であることを示唆するものとなりました。

愛着を形成できなかったり，断ち切られてしまったりすると，心身の発達遅滞に陥ってしまうこともあります。こうした現象は，ホスピタリズム（施設病）と呼ばれています。

愛着関係の形成は，健康な発達過程を歩むうえで重要であると考えられています。不安定な愛着のパターンでは，子どもは不健康な発達過程を歩むことになり，神経症的な人格を形成するとボウルビィは述べています。

現在は，被虐待などで乳児院に入所してくる乳児も多く，彼らと容易に愛着関係が結べないこともあります。また，養育能力そのものが低い親も同じような状況になりやすいので，そういった乳児の場合も愛着関係を結びにくいことがあります。

乳児院のほとんどで，担当制養育体制が取り入れられており，愛着関係を形成する上では，この体制は有効です。この時期は，可能な限り特定の保育者が，愛着関係を形成できるような関わり（敏感に赤ちゃんの欲求に反応して，安心と安全の感覚を与えるやりとり）を持つことが必要となってきます。

図7-3 アカゲザルの代理母実験

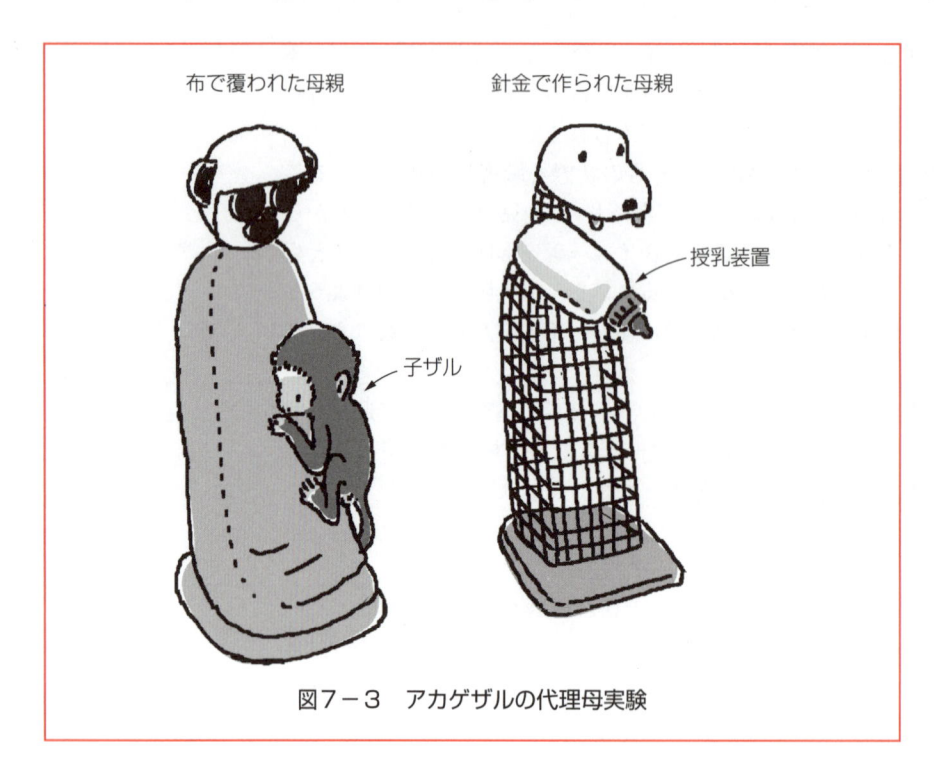

# 2. 幼児期

　幼児期とは，1歳～6歳頃までをいいます。エリクソンの発達段階（⇒ p.103, 図7-1）では，幼児期を，幼児期前期（1歳～4歳頃）と幼児期後期（4歳～6歳頃）に分けています。

## 1) 自律性の獲得

　幼児期前期の発達課題は，「自律性」を獲得できるかどうかということで，獲取できない場合は「恥と疑惑」を身につけていくことになります。この時期は，自分一人でできることが多くなり，自分でできることは自分でしようと試みます。また，排泄の訓練などを通じ，自分の意思でコントロールすることを覚えます。「自分でできる」ことで自信が芽生え，失敗すると自分自身に不信感を持ちます。

　さらにおとなの行動制限（甘やかし）や嘲笑によって，自己の能力に疑惑を感じたり，恥ずかしさを抱くようになるといわれています。

　また，養育者（母親）との一体感から抜け出て，「自我」が芽生える時期です。自分の身体を思うように動かせるようになり，したいことを言葉で伝えることができるようになり，意欲的にひとりでなんでもしようとします。しかし現実的にはできない部分や受け入れられないことも多いので，「イヤイヤ」と反抗的になることや，癇癪を起こすこともあります。

　幼児期後期の発達課題は，エリクソンによると，「自主性」をとれるような人間になれるかどうか，そして「自主性」を身につけないとき「罪悪感」を持つに

至るといわれています。

この時期は，自分で自分をコントロールできるようになって，外界に興味を示します。自分で考えて行動すること（自主性）が育成される時期なので，おとなはその動機を大事にしてやるべきです。そういったおとなの受容態度によってさらに幼児は積極性を養います。しかし行動の失敗をおとなに過度に指摘されると，自ら行動することに対して，罪悪感を抱くようになります。

また，母親以外の他者（父親も含めて）との関係性を身につけ，さらには社会性を備えていく時期でもあります。遊びなどを通じて，他者との関わりを学び，創造性や忍耐力を習得していきます。知能の発達に伴い，善悪の区別・良心の学習もしていきます。

乳児期が，自閉的な世界であったり，母親との二者関係であったとすれば，幼児期はそこに，父親や第三者が現れ，関わりが広がっていく時期といえるでしょう。

## 2）幼児期における発達障害

発達障害には，広汎性発達障害（自閉症・アスペルガー症候群など），学習障害（LD），注意欠陥・多動性障害（AD/HD），などがあります。

幼児期においては，自閉症などの発達障害が発見され始めます（自閉症は先天的なものです）。自閉症は，①社会性の障害，②コミュニケーションの障害，③想像性の障害，の3つの障害の特徴があります。よくみられる状態としては，目が合わない，抱っこを嫌がる，オウム返しがある，常同行為（手をひらひらさせるなど）がある，こだわりがある，音や光など五感のさまざまな感覚に過敏もしくは鈍感，変化に弱い，言葉の発達が遅い，などですが，個人差があります。援助者はその子の特徴に合った，しかるべき対応（療育や環境調整など）をとることが大切です（図7-4）。

発達障害は，先天的な脳の中枢神経システムの問題と考えられています。育て

図7-4 自閉症児の行動例
- 気に入ったものを執着して並べる
- 相手の言葉をそのままオーム返しする
- 体をゆらす 奇声をあげる
- 大きな音や声に過敏に反応する
- パニックやかんしゃくをおこす

方や環境が原因で起こるものではありません。また，程度や現れ方は一様ではなく，それぞれの個性や特性，障害に合った支援が必要です。

また，児童虐待などで，適切な養育がされていない場合も，まるで発達障害のような状態を呈することもあるので，援助者が勝手に判断せず，様子をしっかり記録し，もし医師がそう診断した場合は，しかるべきフォローを考えることが大切です。

# 3. 学童期

学童期とは，6歳～12歳頃までのことをいいます。小学生の時期と重なります。体力が充実し，知能が発達し，社会性が高まる時期です。他の時期に比べ，比較的安定した時期といえます。エリクソンの発達段階（⇒p.101，図7－1）によると，この時期の課題は，「勤勉性」を身につけることができるかということで，それがうまくいかない場合「劣等感」を持ってしまうといわれています。

## 1) 社会性の発達

この時期は，外界に興味があり，就学・遊びを通して，仕事の分化や知識を学び身につけていきます。また，学校で友だちや教師と出会い，そこからルールを学びます。勤勉に努力することを周囲から認められ，そして成功することにより自己効力感が生まれます。しかしそれらをスムーズにできない子どもたちは，努力を認められなかったり，失敗したりすることによって，挫折感・劣等感を身につけていきます。

学校では，親から離れていることが求められ，共同活動を求められます。学童期の始めの時期は，家庭とのきずなが弱い子は，不安のため，行動での不調（夜尿やチックなど）が出ることもあります。親子だけの関係から，外に出ることで外界のルールを学び，感情のコントロールや対人スキルを学んで，自己中心の世界から脱却し始めます。

家庭から離れて，学校生活を送るなかで，仲間をつくり，9歳過ぎから「ギャングエイジ」といって，少人数の結びつきの強い仲間集団をつくります。子どもはどんな行動をしたら仲間から賞賛されるか，あるいは罰せられるか，円滑な対人関係，トラブルの処理の仕方，他者への思いやり，共感，自分の役割意識，自尊心などを，仲間との遊びを通して学んでいきます。この集団に所属することは，社会性の発達に重要な意味を持っています。

## 2) 認知機能の発達

この時期の認知機能の発達をピアジェ（J.Piaget）の発達段階*をもとにみていきます（図7－5）。彼の発達段階によると，学童期は具体的操作期とよばれる時期に入り，具体的なものであれば，論理的な思考ができるようになります。また，人の立場や考え方を理解できるようになっていきます*。

これは，ピアジェのいう，前操作期の『自己中心性』（自己と他者の境界線が曖昧であり，主観と客観の区別がうまくできない状態）を乗り越えたからであ

*ピアジェは，2歳頃までを感覚と運動の機能によって外界と相互的に関わる『感覚運動期』，2歳以降になると直接目で見る対象だけでなく過去に見た内容をイメージとして保持する表象（イメージ）や象徴を用いる『前操作期』と名づけた。7歳以降になると，表象をある程度自由に操作できるようになるので『操作期』とよび，操作期は大きく2つに分けられ，7～12歳頃の具体的な物質の助けを借りて表象を操作する『具体的操作期』と，12歳以降からの抽象的な思考が発展して，論理的な考え方もできるようになる『形式的操作期』に分けた。

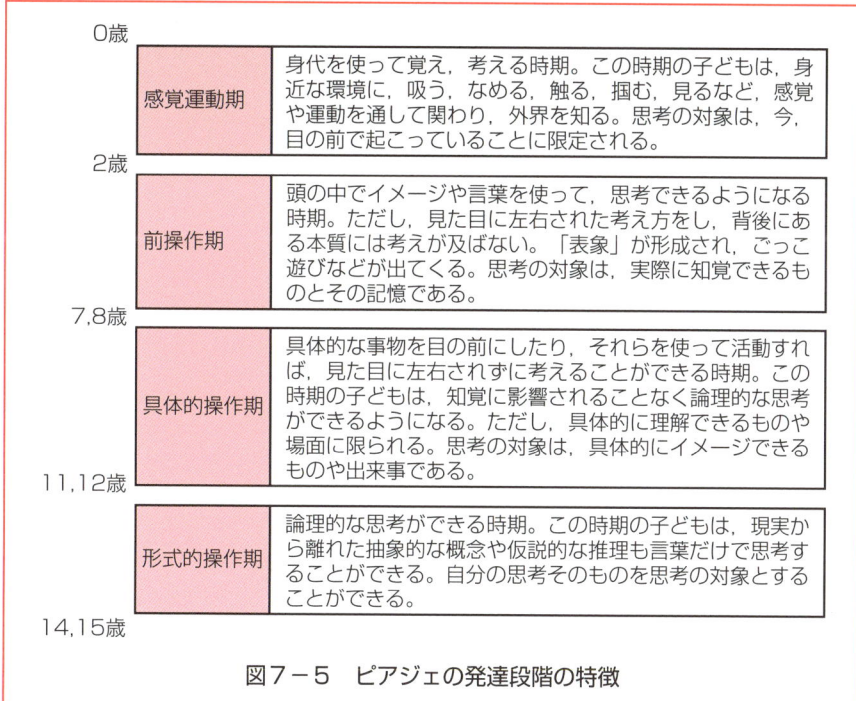

| 年齢 | 段階 | 特徴 |
|---|---|---|
| 0歳〜2歳 | 感覚運動期 | 身代を使って覚え，考える時期。この時期の子どもは，身近な環境に，吸う，なめる，触る，掴む，見るなど，感覚や運動を通して関わり，外界を知る。思考の対象は，今，目の前で起こっていることに限定される。 |
| 2歳〜7,8歳 | 前操作期 | 頭の中でイメージや言葉を使って，思考できるようになる時期。ただし，見た目に左右された考え方をし，背後にある本質には考えが及ばない。「表象」が形成され，ごっこ遊びなどが出てくる。思考の対象は，実際に知覚できるものとその記憶である。 |
| 7,8歳〜11,12歳 | 具体的操作期 | 具体的な事物を目の前にしたり，それらを使って活動すれば，見た目に左右されずに考えることができる時期。この時期の子どもは，知覚に影響されることなく論理的な思考ができるようになる。ただし，具体的に理解できるものや場面に限られる。思考の対象は，具体的にイメージできるものや出来事である。 |
| 11,12歳〜14,15歳 | 形式的操作期 | 論理的な思考ができる時期。この時期の子どもは，現実から離れた抽象的な概念や仮説的な推理も言葉だけで思考することができる。自分の思考そのものを思考の対象とすることができる。 |

図7-5　ピアジェの発達段階の特徴

り，思考能力が高まる時期といえます。

また学童期は，日常の遊びに必要な身体的技能の学習をしたり，人間が生活していくうえで規範となる道徳性を身につける重要な時期です。7歳くらいまでの子どもは，親の判断が絶対的で，ものごとの善悪基準としてそのまま受け入れてしまう傾向にありますが，9歳くらいになると，親のいう道徳だけでない，人によって，そしてときと場合によって変わる道徳もあるという理解が芽生えてきます。

### 3) 学童期における発達障害

この時期，就学に伴いよくみられる障害として，学習障害（LD），注意欠陥・多動性障害（AD/HD），アスペルガー症候群・高機能自閉症などがあります。これらはすべて先天的なものですが，就学に際して発見されることも少なくありません。学童期は幼児期と違い，子どもの生活する場が，家庭から学校へと移ります。学校とは，規律ある集団のなかで学習する場所であり，仲間との遊びを通じて生活する場所でもあります。その際の学習や集団適応がうまくいかないことで，本人やまわりが困惑し，発見されることが多いといえます。

具体的には，字がうまく書けなかったり，ガサガサして授業に集中できなかったり，集団のなかで場の空気が読めずに行動して仲間はずれとなってしまったり，といった困難が出てきます。その特徴のために学校生活に著しく困難を示している場合は，専門機関などにつないで子どもの認知特性を発達検査などで調べ，その子どもの得意・不得意を知り，個別のサポートを考えます（特別支援教育など）。大切なことは，子どもの自尊心を低下させないように，適切なサポートをすることで成功体験を増やすなどして，二次障害をできるだけ防ぐことといい

表7－1　学童期によくみられる発達障害の特徴

| 学習障害 | 全般的な知能発達に遅れはないが，聞く・話す・読む・書く・計算する・推論する能力のうち，特定のものの習得と使用に著しい困難を示す |
|---|---|
| 注意欠陥・多動性障害 | 不注意，多動性，衝動性などが著しいため，社会生活に支障をきたす。不注意が優位なタイプ，多動性・衝動性が優位なタイプ，不注意と多動性・衝動性のすべてが認められるタイプなどがある。 |
| アスペルガー症候群<br>高機能自閉症 | 自閉症のひとつであり，知的な障害がないものを高機能自閉症，また言語的な障害がないものをアスペルガー症候群とよぶ。①他人と社会的関係を持つこと，②コミュニケーション能力，③想像力・創造性，に困難がある。 |

えます（二次障害とは，発達障害に対して適切な支援がなされなかったために，困難を乗り越えられず，自尊心が低下し，ひきこもりや不登校になったり，あるいは暴力的になったりするなど，新たな障害を作ってしまうことです）。

# 4. 思春期

　思春期とは，12歳〜15歳頃までのことをいいます。少年から青年に移行する時期であり，レヴィン（Levin,1951）はこの時期の子どもを，おとなと子どもの周辺にいる人，marginal man（周辺人）と名づけました。生理的・性的な変化が認められ，男子では精液分泌，女子では初潮の訪れがあります。体は急激に成長し，おとなと変わらなくなる一方で，心理的にはまだ子供の部分もあるために，その両者の混在からくる不安定な時期です。

　神経症や精神病の大半が，この時期と青年期に発現し，非行や摂食障害，対人恐怖などがみられ始めます。この時期は性衝動とならんで，攻撃衝動をいかにコントロールし，統合していくかということも課題となります。これを短絡的に表現してしまうと，いじめや家庭内暴力，自傷などとなってしまいます。

　認知的発達においては，先述のピアジェ（⇒p.107，図7－5）の考え方では，形式的操作期の段階に入り，論理的・抽象的な思考ができるようになって，学童期では自己を身体的特徴や所有物など外的要因によってとらえがちであったものが，思春期では徐々に感情や態度でもとらえることができるようになります。外界のとらえ方が関係的・統合的となり，友人の選択も表面的なものから，人格的に理解できる人を選ぶようになります。

　施設での子どもたちにとっては，思春期という非常に不安定な時期であることに加え，家庭環境などさらに多くの葛藤が降りかかってくると考えられます。思考も深くなって，さらに考え込んだり，衝動をうまくコントロールできず行動に出ることがあるかもしれません。また環境の影響などで育っている部分が少ない場合，まわりと比べ感情の表し方が幼く，集団で浮いてしまうかもしれません。そんなときに，援助者は，子どもに寄り添い，話を聞き，対話し，真摯に応答することが望まれます。援助者の側の容易な解釈は危険ですが，問題行動は甘えを

素直に出せずにゆがんだ形で表現しているという場合があります。一人ひとりをしっかり見つめ，まずはそのままのその子を認めて話を聞くことが必要なこともあります。また正直でありのままのおとなとの出会いが，子どもにとって健康なパーソナリティの形成をうながすと考えられるため，援助者自身も自分のあり方や対人スタイルを自覚しておくべきです。

## 5. 青年期

　青年期とは，15歳～22歳頃までのことをいいます。この時期のもっとも大きな課題は，社会のなかでの自分の役割や位置づけを見出していくことであり，「自分とはいったい何者であるか，何のために生きていくのか」といった問いを考える時期です。エリクソンはこれをアイデンティティ（identity，自我同一性，自己同一性）の確立と名づけました。

　その人がかつてそうであり現在なりつつある自分と，自分が考えている自分と社会が認めかつ期待する自分，これらすべてを統合して一貫した自分自身をつくり上げようとすること（commitment）が，自我同一性の確立につながります。これに失敗すると，同一性の拡散状態となり，自分のやるべきことがわからないまま時を過ごすということになります（表7－2）。

　しかしながら，現代では，エリクソンの時代のような確固とした価値観が崩壊し，多様化されて，何が本質的なのかとらえるのが難しくなっているので，危機（crisis）に直面して同一性を達成するということが難しくなっています。なんとなくやり過ごすといった傾向（危機の回避）が認められたり，または，価値観や選択肢を選ぶ困難から時期を延ばすこと（青年期の延長）がみられたりして，同一性を獲得するのは難しい状況となっています。

　施設では，この時期に退所し自立していく子どもがほとんどです。

　環境上の養護が必要な子どもたちのなかには，虐待などで入所してきた子どもたちも少なくありません。彼らは，生活上の問題とともに，心理的な問題も抱えて入所してくることも多いといえます。必要な愛着関係を結ぶことができない環境で育ち，人間関係をうまく結べない子どもや，家庭で必要な学習やしつけがな

表7－2　自我同一性地位

| 自我同一性地位 | 内　　容 |
| --- | --- |
| 同一性達成 | 小さな頃からの自分のあり方について，これでいいのか確信がなくなり，その葛藤のなかで可能性を模索した結果，自分なりの解決に達している。ひとつの生き方に対して主体的な選択と傾倒を行い，それに基づき行動している。 |
| モラトリアム | いくつかの選択肢について迷っている最中であるが，自分が傾倒すべき対象を見つけ出そうと努力している。 |
| 早期完了 | 自分の生き方に戸惑いがなく，親の目標や期待をそのまま受け入れていて，小さな頃からの信念に新たな選択肢が加わらない。 |
| 同一性拡散 | 傾倒すべき対象をまったく持たず，自分の生き方がわからない。 |

されておらず，社会生活に適応できない子どもも，一定の学業を終えると，施設を出て自立をしなければなりません。そういった子どもたちにとって，おとなの支えなしに自立することは困難を伴うため，社会に出てうまくいかない場合があります。また，こころの傷を癒すには時間がかかることもあります。

　子どもたちの退所後の支援，いわゆる「アフターケア」は，2009（平成21）年の法改正で，施設を退去しても，必要に応じて継続的に相談や援助を行うことが明示されました。また，施設退所後の子どもたちをフォローする機関としては，自立援助ホームや，社会福祉法人・NPOなどの支援機関があり，退所後の子どもたちのケアを行っています。こころの傷を癒すには，まずは安全で安心できる場所が必要です。人は生涯成長していくといわれています。彼らの育っていない部分，乗り越えられなかった課題を，時間をかけて育てていくことが必要となります。

　私たちはそれぞれの発達段階での課題などの知識をしっかりと勉強した上で，生活のなかで柔軟に対応しながら，その子たちの日常を見守らねばなりません。虐待の再現などで援助者との人間関係を巻き込んで問題を表出させることもあるので，子どもに巻き込まれすぎず冷静に状況を判断しながらも，その子に寄り添い，背景を理解し，その上で応答し対話しながら，生きる力を育むことが，どの発達段階でも重要となってきます。

【第7章参考文献】
小田兼三・石井勲編『養護内容の理論と実際』（ミネルヴァ書房，2007）
村井潤一監訳『発達心理学の基本を学ぶ』（ミネルヴァ書房，1997）
倉戸ヨシヤ編『パーソナリティの形成と崩壊』（学術図書出版社，2004）
渋谷昌三・小野寺敦子著『手にとるように心理学がわかる本』（かんき出版，2006）
保育士養成講座編纂委員会編『発達心理学』（全国社会福祉協議会，2002）
新保育士養成講座編纂委員会編『保育の心理学』（全国社会福祉協議会，2011）
氏原寛ら共著『心理臨床大辞典』（培風館，1997）
初塚眞喜子　相愛大学人間発達学研究『アタッチメント（愛着）理論から考える保育所
　　保育のあり方』2010
あすなろとゆずりはホームページ（http://asunaro-yuzuriha.jp/）
川崎市自閉症協会ホームページ（http://homepage3.nifty.com/kusabue/）
無藤清子『「自我同一性地位の面接」の検討と大学生の自我同一性』（教育心理学研究
　　27，p. 179）

# 8. 児童虐待について

　児童虐待は，今日，大きな社会問題として，しばしばマスコミなどで報道されています。では，児童相談所は毎年，どのくらいの数の児童虐待相談に対応しているのでしょうか。また，どのような年齢の子どもたちが多くの被害を受けているのでしょうか。

　全国の児童相談所が対応した児童虐待相談の状況を厚生労働省の統計から概観してみましょう。

## 1. 年々増加する児童虐待

　全国の児童相談所での児童虐待に関する相談対応件数は，児童虐待の防止等に関する法律（児童虐待防止法）施行前の1999（平成11）年度の11,631件に比べ，2012（平成24）年度は5.7倍の66,807件に増加しています。また，市町村における児童虐待相談の対応件数も2005（平成17）年度の40,222件から2011（平成23）年度には70,102件と1.7倍強となっています。

　このように児童虐待の相談対応件数が年々増加している背景として，以下の理

**児童虐待相談の対応件数及び虐待による死亡事例件数の推移**

○ 全国の児童相談所での児童虐待に関する相談対応件数は，児童虐待防止法施行前の平成11年度に比べ，平成23年度は5.2倍に増加。

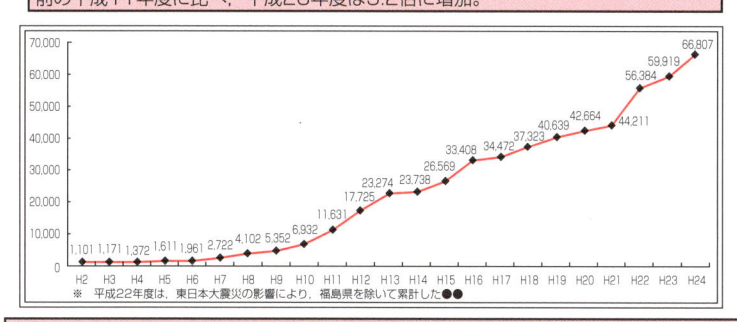

[グラフ：H2: 1,101, H3: 1,171, H4: 1,372, H5: 1,611, H6: 1,961, H7: 2,722, H8: 4,102, H9: 5,352, H10: 6,932, H11: 11,631, H12: 17,725, H13: 23,274, H14: 23,738, H15: 26,569, H16: 33,408, H17: 34,472, H18: 37,323, H19: 40,639, H20: 42,664, H21: 44,211, H22: 56,384, H23: 59,919, H24: 66,807]

※ 平成22年度は、東日本大震災の影響により、福島県を除いて累計した●●

○ 児童虐待によって子どもが死亡した件数は，高い水準で推移。

| | 第1次報告<br>(H15.7.1～<br>H15.12.31) ||| 第2次報告<br>(H16.1.1～<br>H16.12.31) ||| 第3次報告<br>(H17.1.1～<br>H17.12.31) ||| 第4次報告<br>(H18.1.1～<br>H18.12.31) ||| 第5次報告<br>(H19.1.1～<br>H19.12.31) ||| 第6次報告<br>(H20.4.1～<br>H21.3.31) ||| 第7次報告<br>(H21.4.1～<br>H22.3.31) ||| 第8次報告<br>(H22.4.1～<br>H23.3.31) ||| 第9次報告<br>(H23.4.1～<br>H24.3.31) |||
|---|---|---|---|---|---|---|---|---|---|---|---|---|---|---|---|---|---|---|---|---|---|---|---|---|---|---|---|
| | 虐待死 | 心中 | 計 | 虐待死 | 心中 | 計 | 虐待死 | 心中 | 計 | 虐待死 | 心中 | 計 | 虐待死 | 心中 | 計 | 虐待死 | 心中 | 計 | 虐待死 | 心中 | 計 | 虐待死 | 心中 | 計 | 虐待死 | 心中 | 計 |
| 例数 | 24 | - | 24 | 48 | 5 | 53 | 51 | 19 | 70 | 52 | 48 | 100 | 73 | 42 | 115 | 64 | 43 | 107 | 47 | 30 | 77 | 45 | 37 | 82 | 56 | 29 | 85 |
| 人数 | 25 | - | 25 | 50 | 8 | 58 | 56 | 30 | 86 | 61 | 65 | 126 | 78 | 64 | 142 | 67 | 61 | 128 | 49 | 39 | 88 | 51 | 47 | 98 | 58 | 41 | 99 |

※ 第1次報告から第9次報告までの「子ども虐待による死亡事例等の検証結果等について」より

**図8-1　児童虐待相談の対応件数および虐待による死亡事例件数の推移**

出典）厚生労働省

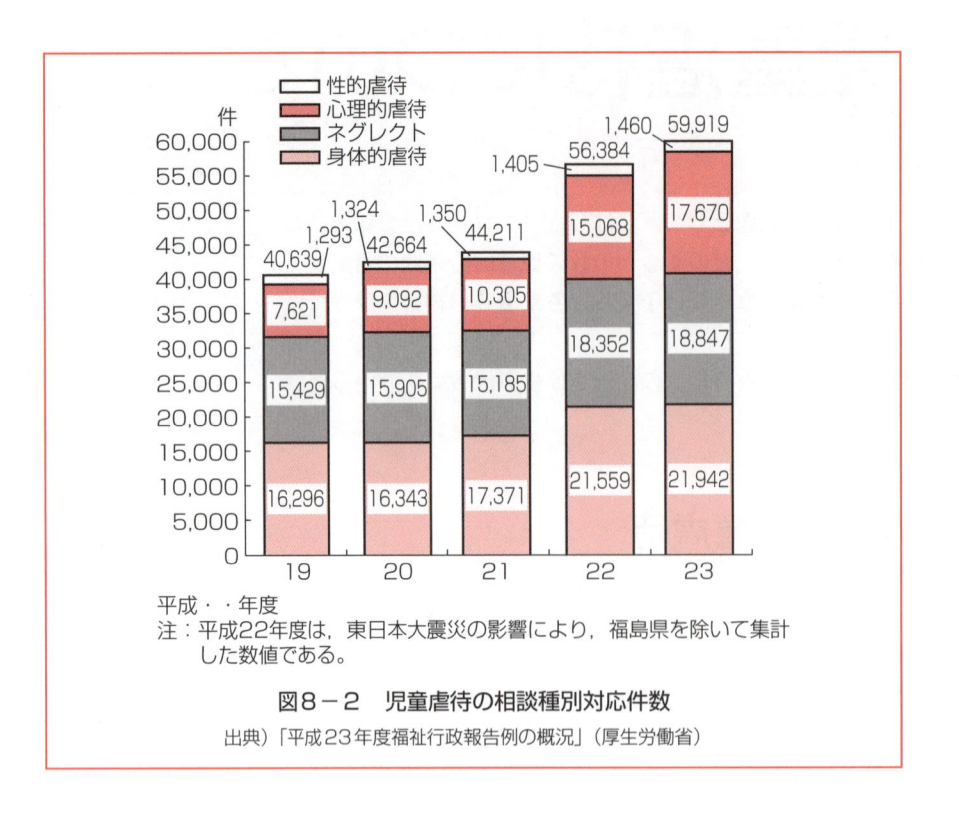

図8-2 児童虐待の相談種別対応件数

凡例：性的虐待／心理的虐待／ネグレクト／身体的虐待（単位：件）

| 平成年度 | 身体的虐待 | ネグレクト | 心理的虐待 | 性的虐待 | 合計 |
|---|---|---|---|---|---|
| 19 | 16,296 | 15,429 | 7,621 | 1,293 | 40,639 |
| 20 | 16,343 | 15,905 | 9,092 | 1,324 | 42,664 |
| 21 | 17,371 | 15,185 | 10,305 | 1,350 | 44,211 |
| 22 | 21,559 | 18,352 | 15,068 | 1,405 | 56,384 |
| 23 | 21,942 | 18,847 | 17,670 | 1,460 | 59,919 |

注：平成22年度は，東日本大震災の影響により，福島県を除いて集計した数値である。

出典）「平成23年度福祉行政報告例の概況」（厚生労働省）

図8-3 児童虐待相談の主な虐待者別構成割合

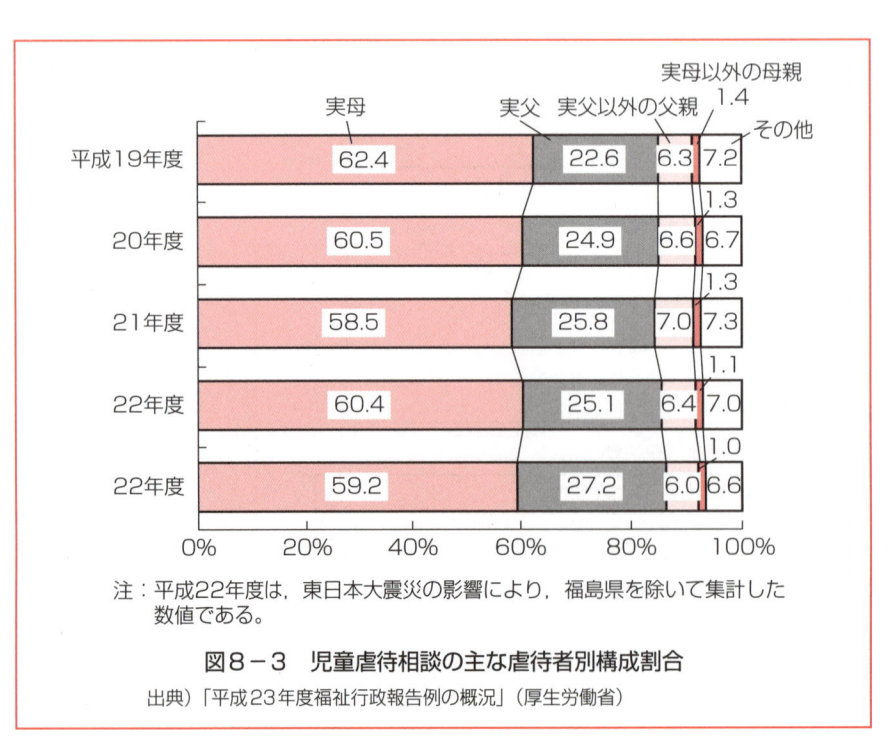

| | 実母 | 実父 | 実父以外の父親 | 実母以外の母親 | その他 |
|---|---|---|---|---|---|
| 平成19年度 | 62.4 | 22.6 | 6.3 | 1.4 | 7.2 |
| 20年度 | 60.5 | 24.9 | 6.6 | 1.3 | 6.7 |
| 21年度 | 58.5 | 25.8 | 7.0 | 1.3 | 7.3 |
| 22年度 | 60.4 | 25.1 | 6.4 | 1.1 | 7.0 |
| 22年度 | 59.2 | 27.2 | 6.0 | 1.0 | 6.6 |

注：平成22年度は，東日本大震災の影響により，福島県を除いて集計した数値である。

出典）「平成23年度福祉行政報告例の概況」（厚生労働省）

表8-1　被虐待者の年齢別対応件数の年次推移

| | 平成19年度 | | 20年度 | | 21年度 | | 22年度[1] | | 23年度 | |
|---|---|---|---|---|---|---|---|---|---|---|
| | | 構成割合(%) | | 構成割合(%) | | 構成割合(%) | | 構成割合(%) | | 構成割合(%) |
| 総数 | 40639 | 100.0 | 42664 | 100.0 | 44211 | 100.0 | 56384 | 100.0 | 59919 | 100.0 |
| 0～3歳未満 | 7422 | 18.3 | 7728 | 18.1 | 8078 | 18.3 | 11033 | 19.6 | 11523 | 19.2 |
| 3歳～学齢前 | 9727 | 23.9 | 10211 | 23.9 | 10477 | 23.7 | 13650 | 24.2 | 14377 | 24.0 |
| 小学生 | 15499 | 38.1 | 15814 | 37.1 | 16623 | 37.6 | 20584 | 36.5 | 21694 | 36.2 |
| 中学生 | 5889 | 14.5 | 6261 | 14.7 | 6501 | 14.7 | 7474 | 13.3 | 8158 | 13.6 |
| 高校生・その他 | 2102 | 5.2 | 2650 | 6.2 | 2532 | 5.7 | 3643 | 6.5 | 4167 | 7.0 |

注：1）平成22年度は，東日本大震災の影響により，福島県を除いて集計した数値である。
出典）「平成23年度福祉行政報告例の概況」（厚生労働省）

由が考えられます。
① 都市化・核家族化に伴う育児の孤立や非正規就労の増加，所得格差の増大などにより育児力の低下が起きている。
② マスコミなどを通して，虐待に対する社会の意識が変化し，今まで表面に現れてこなかった虐待が掘り起こされてきた。
③ 虐待防止法などの法律が整備され，虐待の疑いの段階で通報ができるようになり，児童相談所などさまざまな相談窓口が周知されたことにより，関係機関だけでなく近隣からの通報も急増した。

また図8-3に示すように，虐待者として実母が一番多いのは，一番深く子育てにかかわっており育児のストレスが一番かかりやすいことなどが考えられます。

0歳～就学前の子どもたちの被害が42～43％と高い水準のまま推移しています（表8-1）。

## 2. 児童虐待の要因

虐待が起きる背景には，さまざまなリスク要因が絡み合っています。

＜親の側の要因＞
・望まぬ出産や若年出産
・育児に対する不安やストレス
・マタニティブルーやうつ病などの精神的疾病
・さまざまな依存症（薬物・アルコール・パチンコなど）
・知的障害や発達障害がある
・被虐待体験，など

＜子どもの側の要因＞
・知的障害や発達障害がある
・長期の入院（低体重出生児など）や施設に入所するなど，乳幼児期に親と離れて生活していた時期がある
・よくぐずる，夜泣きが激しい，病弱であるなど，親にとって育てにくい子である，など

＜家族が置かれている環境の要因＞
・親族や近隣との交流がない，または対立していて孤立している
・夫婦の不和・DVがある

- 失業や転職の繰り返しなどによる経済的困窮
- 再婚（ステップファミリー）などにより，子育てにさまざまな緊張関係がある，など

　このように，虐待が起きる背景にはさまざまな要因がありますが，これらのリスク要因があれば必ず虐待が起きるというわけではありません。保護者が自らSOSサインを出したり，周囲の親族や関係機関がリスク要因を早期に発見することで支援体制をとることができれば，虐待を予防・防止することが可能となります。

## 3. 虐待が子どもに与える影響

　虐待を受けた子どもたちには，心身にさまざまな影響が現れます。虐待の程度が深刻な場合は，より重大で長期に渡る傷跡を残す場合もあります。

**（1）身体的な影響**

　打撲や裂傷，火傷，骨折，脳内出血，不潔にしていることからくる湿疹やかぶれなどがみられ，発育不良や発達の遅れがみられることもあります。とくに，顔面や頭部に対する暴力が振るわれた場合は，後遺症として重度の身体障害や知的発達の遅れが生じることもあります。

**（2）心理的な影響**

　人との信頼関係が持ちにくく，攻撃的な言動が多かったり，ものごとを被害的に受け取ったりすることがあります。また一方で，誰にでもべたべたとして，適切な距離を持つことができない場合もあります。

　さらに，保護者からしばしば否定的な言葉をかけられているような場合は，自信がなくオドオドしていたり，ものごとを自分で決められないというような症状が現れる場合もあります。

　ときには，些細なきっかけで虐待を受けたときの感覚が突然戻ってきて，パニックを起こしたり，自分は駄目な人間だとか汚らわしい人間だと思い込み，リストカットなどの自傷行為や自殺を試みたりする場合もあります。

**（3）行動に与える影響**

　虐待から逃れるために，家出を繰り返したり，覚せい剤などの薬物の乱用や，非行に走る場合もあります。性的虐待を受けた子どものなかには，性的な問題行動を繰り返し起こす子どももいます。また，怒りを力の弱い子どもや動物にぶつけ，暴力事件や動物の虐待に至る場合もあります。

## 4. 児童虐待の発見と通告

　虐待が疑われる児童を発見した場合は，福祉事務所または児童相談所に通告（相談）するよう，児童福祉法（第25条）や，児童虐待の防止等に関する法律（第6条）に規定されています。

　児童相談所が関わる虐待の事例をみると，保護者が虐待を行った理由の多くは

つぎのようなものです。
・言うことを聞かない，約束を守らない，嘘をつく，片づけをしない，素直でない，などの行為を改めさせるための「しつけ」である
・たくましく生きていくためには厳しく育てなければならない
・泣きやまないので止めようとして強く揺さぶってしまった
・親だからこそ，たたいてでも教えるのは当然。自分もそうして育てられた

このように，親の意図としては，子どものためのしつけであったり，子どもをきちんと育てなければならないと思っているからこそ起こしてしまう虐待が多くみられます。

しかし，子どもの側にとって，心身の成長や人格の形成に有害な行為であれば虐待です。私たちは，親の側の意図で虐待かどうかを判断するのではなく，子どもにとって有害な行為であるかどうかで判断する視点が必要です。

では，どのような点に注意をはらって発見すればよいのでしょうか。子どもや親の様子についてみてみましょう。

〈子どもの様子〉
・アザや傷が多い
・表情が暗かったり無表情であったりする
・親やまわりの人の顔色をうかがったりオドオドしている
・服装が汚れていたり，身体や髪が不潔である
・攻撃的であったり，乱暴な行動がみられる
・保育所や幼稚園・学校などからの帰宅渋りがみられる
・低身長や低体重である，など

〈親の様子〉
・子どもといるとイライラするなどの拒否的な発言が多い
・子育てへの不安が極端に高かったり，無関心であったりする
・ほかの兄弟姉妹と極端に差別的な扱いをする
・子どもの能力以上のことを教え込もうとするなど，発達についての知識が不足していたり，片寄っていたりする
・子どものアザや傷についての説明が不自然であったり，避けようとする
・子育てについて，暴力的であるなど，不適切な養育方法を肯定したり行ったりしている，など

もし幼稚園や保育所，学校などでこのような様子に気づいた場合は，まず管理職が入った会議で，職員間の情報を共有するようにします。そして，見守り体制をとりながら，情報を集めて対応を判断します。ただしアザや傷，あるいは帰宅渋りが認められるなど緊急性が高いと判断された場合には，早急に福祉事務所や児童相談所に通告します。また，たとえば近隣で見かける子どもや親に気になる様子がみられた場合には，匿名であっても，直接，個人で通告することができます。通告を受けた福祉事務所や児童相談所は，子どもについての調査を開始し，早急に安全確認をし支援体制を整えていきます。

## 5. 児童虐待相談対応の流れ

　通告後は，どのような対応がなされているのでしょう。図8-4に示す児童相談所の虐待相談の対応からみてみましょう。

　児童相談所は，保護者や児童の同意がなくても，家庭における子どもの安全が保障されない事態が起きたと判断されたときには，緊急に保護できる権限や，親権の一時停止・喪失の申し立てを家庭裁判所にできるなどの権限が与えられています。家庭で児童が養育されるのが不適切であると判断されたものの，保護者が

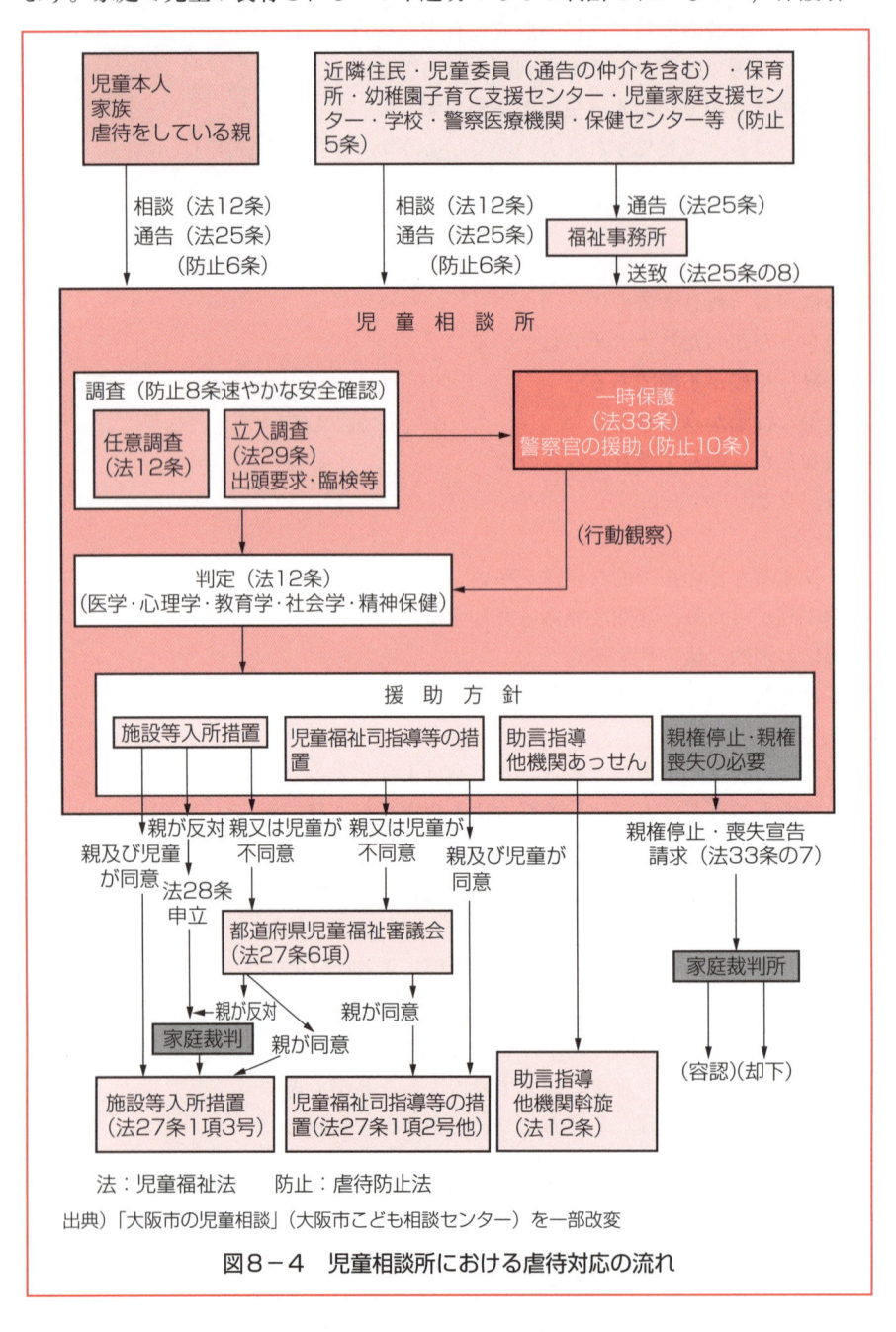

図8-4　児童相談所における虐待対応の流れ

出典「大阪市の児童相談」（大阪市こども相談センター）を一部改変

法：児童福祉法　　防止：虐待防止法

施設入所に反対するような場合は，一時保護の上，家庭裁判所に申し立てをし，許可を得て，施設や里親宅等で養育することができます。

また児童相談所は，児童を家庭から引き離して保護するだけでなく，保護者や児童と話し合いながら，家庭で養育できるようにさまざまな支援も行っています。家庭での養育の可能性を探るなかで，児童相談所と市町村は，要保護児童対策地域協議会のメンバーとともに，虐待を受けた児童の在宅支援にあたります。

なお，虐待により心身に傷を受けた子どもたちには，ケースワーカーや心理士（児童心理司），施設職員など，子どもに関わるおとなたちがそれぞれの立場で専門的に関わっていく必要があります。その際には，以下の点に配慮します。

①子どもが安心して安全に生活できる場所を提供すること
②子どもの自己肯定感を引き出す関わり方をすること
③子どもが自分の感情をうまく伝えることができ，人とのやりとりを楽しめる経験を積ませること

また，心理士（児童心理司）によるカウンセリングや，精神科医の受診が必要となる場合があります。そして何よりも，これらの対応には，時間と根気が求められます。ときには援助がうまくいかなくなり，援助者の側で無力感や焦燥感がつのり，疲弊するなど心身の負担が大きくなることもあります。そのため，援助者が相互に連携を取りあい，役割分担をしながら対応していくことが大切になります。

## 6. 早期発見・早期対応のための取り組み

市町村は，児童虐待の発生予防と早期発見・早期対応のため，これまでの要保護児童だけではなく，養育支援を必要とする児童や，支援の必要な妊婦も対象と

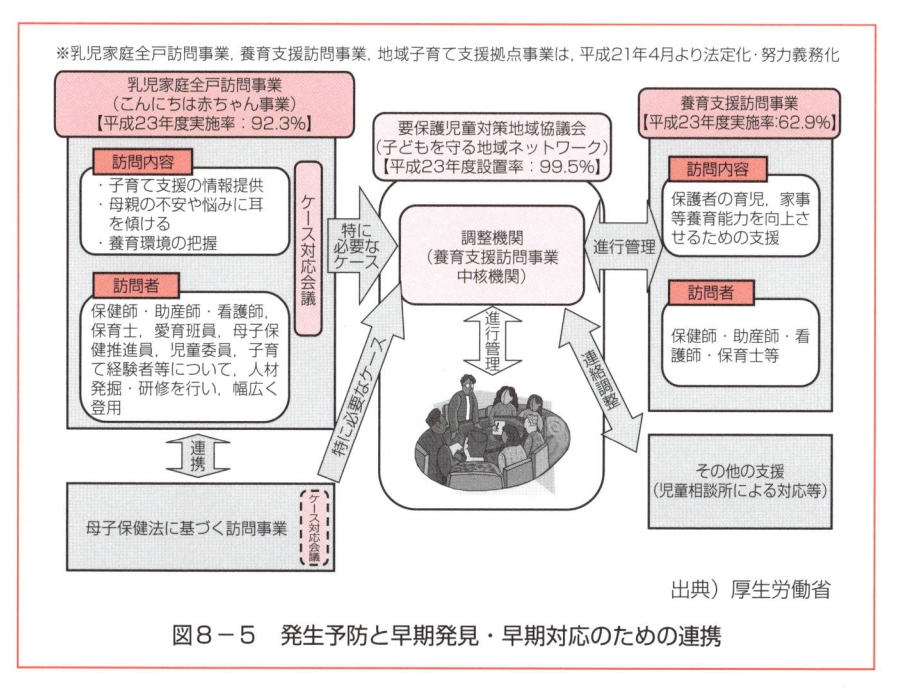

図8-5 発生予防と早期発見・早期対応のための連携

した，「要保護児童対策地域協議会（子どもを守る地域ネットワーク）」を全国に設置しています（平成23年4月1日現在，98％の市町村で設置）（図8－5）。

　子育てが思うようにならないと，親はイライラしたり腹立たしく思ったり，ときには親としての能力を否定されたような気持ちになり，怒りを子どもにぶつけてしまったり，落ち込んだりすることがあります。

　そんなとき，子どもの安全・安心を確保し，親の気持ちに寄り添いながら，子育てを支える保育士や教師がいれば，育児が虐待に発展するのを防止できます。虐待の可能性が疑われるときには，福祉事務所や児童相談所などに，どのように親子に関わっていけばよいのか相談するのもよいでしょう。早期発見・早期対応により，問題がこじれる前に解決に向けて動き出すことは，とても重要です。場合によっては，要保護児童対策協議会のケースとして取り上げ，保育所や幼稚園・学校など1か所だけで見守るのではなく，それぞれの機関が役割分担をして子どもの生活圏全体をカバーしながら見守り，リスク管理をしていくことができます。

**【第8章参考文献】**
厚生労働省児童家庭局監修『子ども虐待対応の手引き』（財団法人日本児童福祉協会，1999）
日本子ども家庭総合研究所編『子ども虐待対応の手引き』（有斐閣，2013）
才村純著『ぼくをたすけて』（中央法規出版，2004）
山縣文治・林浩康編『よくわかる社会的養護』（ミネルヴァ書房，2012）
保育・学校現場での虐待対応研究会編著『子ども虐待対応実践ガイド』（東洋館出版，2013）
大津泰子著『児童家庭福祉』（ミネルヴァ書房，2013）
ちょんせいこ著『元気になる会議ホワイトボードミーティングのすすめ方』（解放出版社，2010）
大阪市こども相談センター編集・発行『大阪市の児童相談』（2010）

# 9. 施設養護における家庭支援

　近年，子どもと子育てをめぐる社会環境は大きく変化しています。少子化，核家族化，貧困という社会状況から，虐待などの複雑な問題が発生しています。さらに，幼少期にネグレクトや虐待などの負の経験を受けた子どもたちが，十分な支援を受けられないまま親になったときに，今度は自分が子どもを虐待する危険性が高いという指摘もあります。

　このような「虐待の世代間連鎖」を断ち切るためにも，子どもたちが受けた傷を回復し，よりよいスタートを切ることができるよう，社会的養護には十分な機能を果たす役割があります。

　「人は人によってしか癒させない」という言葉があります。専門的なトレーニングを受けた社会的養護を担う支援者による，家族全体を視野に入れた支援は，家族機能の再生の支援となり，虐待の連鎖の防止にもつながります。まさに施設養護による家庭支援は，社会的にも最重要な課題のひとつとなっています。

## 1. 親子関係の援助

　これまでにも施設養護よる家族支援は行われてきました。しかし，今後はその支援をさらに強化・推進していくことが求められています。

　以下に母子生活支援施設を例にした親子関係の支援の事例を紹介します。

(事例1)
　Aさんは幼少期，実父から虐待を受けていた。Aさんが小学校のときに両親が離婚，実母に引き取られたが実母は男性依存が強く，家にはたまにしか帰らず，Aさんは家にごはんがなくても当たり前だと疑問に思うことなく暮らしていた。小学校，中学校では，いじめにあい，不登校で昼夜逆転の生活を送っていた。高校は定時制高校に進学し，そこで夫と知り合い，妊娠を機に中退する。出産後から夫の暴力が始まり，子どもを産んだ後に母子生活支援施設に入所となった。

　入所中の生活は，ほかの入所者に振り回されることなく，マイペースで過ごしている印象であったが，居室に引きこもりがちであった。人を信じていないところはありながらも，職員や保健師に対して依存的な関わりを求めてきた。仕事に就くが，「夜眠られないので，朝起きられない」と不眠を訴え，また1日3食食べるという概念がないために，子どもに食事や水分を十分に与えず，子どもが体調を崩し，保育所に連れていくこともたびたびあった。

　Aさんが仕事に就き，子どもを保育所に預けるようになってから，Aさんの子

どもに対するネグレクト傾向が明らかになってきました。そこで，施設職員がAさんの生活リズムを整えるためにモーニングコールや朝訪問する起床支援を行い，それと同時に子どもの養育支援を行っていきました。また，疎遠で確執のあったAさんと実母との家族関係の再構築を図りました。実母は，孫に対しては愛着を持ち，子どもが発熱したときなど，仕事にいくAさんの代わりに子どもを預かってくれるようになりました。孫を媒介にしながら，Aさんと実母の関係はまだまだ確執はあるものの，改善の方向に向かうようになりました。そしてAさんには，少しずつ子どもと向き合う余裕ができ，生活が安定してくるようになり，また親子関係再構築プログラム（CRC）を受講するようになりました。

> （事例2）
> 　Bさんは，23歳のとき両親に相談することなく，家を出てひとり暮らしを始めた。妊娠してしまい実家に戻り出産する。子どもを産んだ直後から，行動が不安定になり，夜中に実母を起こして謝罪を求めたり，実母をたたくなど関係が悪化した。Bさんは，区役所には，実親が子どもを虐待すると訴え，母子生活支援施設に入所した。
> 　しかし入所後も部屋の整理ができない，子どもに離乳食を食べさせない，子どもが病気のときに対応できないなど，子どもを養育するにはリスクが高かった。職員がみる限りにおいて，家族関係は良好で，実父，叔父，祖母が面会に来た。Bさんが，何らかの精神的な不安定さを持っている様子がうかがえたので，実父からよく話を聞いていくと，Bさんは学校時代は友だちと話すことが苦手で，母親からしっかりするように強くしつけられて育ったという背景がみえてきた。

施設職員は，まずBさんの日常生活に介入して，子どもの養育支援，家事支援を行っていくことにしました。それと同時に，実父にも協力をお願いして，何とかBさんの精神科受診につなげたい旨を相談しました。そして，区役所の精神科の主治医に相談をすることができ，主治医が施設に訪問という形をとって，Bさんとの面談が実現しました。主治医は，Bさんに対しての治療は難しいと判断し，むしろ両親が精神科を訪れ，Bさんに対しての理解や対応を改善し，環境を整えていく対応がよいと判断しました。そして両親もそれに同意しました。

## 2. 家族による支援の重要性

　Aさん（事例1）は，幼少期に両親から虐待，ネグレクトを受けて育ちましたが，Aさんの子どもはいずれ社会の一員として成長し，自分らしく生きていくべき価値と権利を持っています。Aさんひとりでは子育てと就労を両立させるのが難しくても，Aさんの実母の支援があれば，仕事をしながら子育てを行うことも無理ではありません。そのため支援者はAさんの生活支援と同時に，実母との関係改善を支援することにしたのです。
　Bさん（事例2）のケースでは，ひとりでの子育てに対してリスクが大変高い

## コラム

### 親子関係の支援ができる施設内保育

　母子生活支援施設によっては，「施設内保育」を実施しているところがあります。こうした施設では，乳幼児を養育する母子世帯の早期就労自立支援の観点から，乳幼児を抱えた母子世帯の入所が多くなっています。施設の利用者である母親自身が，愛着関係が必要十分でなく育ったことで，子どもとの関わりで愛着関係がもっとも大事であることが伝わりにくいことがあります。そのため保育室は，子どもたちにとって「泣いてもいいんだよ，イヤっていっていいんだよ」と自分がまるごと認められ安心できる環境となっています。

　入所して新しい環境で，子育てと生活を始めることに対する，母親の負担や不安は想像以上のものです。そこで，保育士と一緒に子どもの沐浴を行い，子どもの愛らしさに見入り，「可愛い！」と一緒に感じること，ともに子どもの話題で盛り上がるときが，母子の愛着関係の形成の第一歩ではないかと思っています。愛着関係は，人間が生きていく上で，もっとも重要であり，基礎となります。ともに子どもの誕生を喜び合うことが，「安心できる保育室」となる第一歩となるのです。

　施設職員は，施設内保育のなかで，家族支援をしていると実感することがたびたびあると言います。一例ですが，入所当初，汚れたままの顔で登室してきた子どもが，保育士に顔をきれいにしてもらって笑顔になることがあります。親代わりの保育士から，清潔，食事，睡眠など基本的な生活習慣を整えてもらえると，子どもは情緒が安定してきます。子どもが落ち着いてくると，家庭で母親と子どもとの関係がよくなってきて，今度は母親が子どもの顔をきれいにして登室するように変化します。忙しさは同じですが，母親の表情に余裕がみえてくるのです。

　施設内保育は，母親の背景に着目して，ニーズに寄り添った支援が進められるところが大きな強みです。地域の保育所に移っても，園に帰ってくると保育士に今日の出来事を話す子どもと保育士の光景から，保育士が第二の母親のようにみえてきます。その横で，穏やかな顔でその様子を眺める母親や，支援者にその日の出来事や，仕事のしんどさなどを吐露する母親などが子どもたちを待っています。そして，一呼吸したあとで，最後は親子で居室に帰っていく姿を見ていると，社会の日々の生活のなかで人と人が気軽に声を掛け合えたなら，子どもの虐待は間違いなく減っていくように思われます。

　母親は，「子ども期を子どもらしく過ごすことができなかった」時代を経て，今，子どもを育てながら少しずつ癒されつつあります。支援者たちは，母親たちが自分の両親から自立して，自分を生き直し，育ち直す過程に関わり，応援していきたいと強く思うのです。

と考えられました。そこで支援者は，Bさんが両親の近くに退所し，両親の支援を受けながら生活することが一番よいと判断しました。それと同時に支援者は，Bさん親子の生活支援もさることながら，Bさんとその両親との関係にもアプローチすることにしたのです。

　この2つのケースではなんとか母と子を分離しない方法で，子どもの養育を可能としました。とくに支援者が，家族関係の再構築を図ることで，親族による支援を実現したことに，この2つの事例の特徴があります。つまり社会的養護に携わる者にとって，このように必要に応じて親族などの関係を調整することも大事な役割なのです。

　社会的養護を必要とする存在（子ども，あるいはその保護者）を支えていくためには，やはり家族（代替的なものも含む）の存在が重要となります。そのため社会的養護関係施設では，こうした家族を支援するための人的・資金的・物的な資源や，さまざまな関係機関との連携・協力関係を持ち，多くの知見・技術・ネットワークが蓄積してきています。そして，これらを効果的に駆使することにより，より効率的で最善の援助を展開できるようにしているのです。

【第9章参考文献】
『母子生活支援施設入所児童実態調査』（大阪市児童福祉施設連盟母子生活支援施設部会，2012）

# 10. 自立への支援・援助

## 1. 自立のとらえ方

　これまでの社会的養護における「自立」認識は，施設を卒業し，ひとりで社会に出て生活を営んでいくことととらえられてきました。しかし，自立した生活についての具体的な考え方は，各施設にまかされてきたために，自立支援や社会自立について具体的に定められ，定義づけられ，示されることはありませんでした。

　1997（平成9）年の児童福祉法改正において「自立支援」が目的のひとつとして重視され，たとえば児童養護施設では児童を養護するとともに「自立を支援すること」が盛り込まれました（児童福祉法第41条）。

　母子生活支援施設においては，「母子生活支援施設運営指針」（平成24年3月厚生労働省雇用均等・児童家庭局長通知）により地域のひとり親家庭の子どもを受け入れ自立促進を図る「母子家庭等子育て支援室」，自立に向けた「小規模分園型自立支援施設」も創設されています。また，母子家庭等就業・自立支援センター事業や，母子自立支援プログラムの策定により，必要に応じハローワークとの連携による支援も実施しています。そのほかに，自立と生活の安定のために就職活動や技術獲得等を行う必要があるため，自立支援教育訓練給付，母子家庭高等技能訓練促進費等があり，母子の社会自立が考えられています。

　また障害者の自立支援法（平成25年度からは障害者相互支援法）に基づき，障害者自身の自立のための地域自立支援協議会などをはじめとする地域障害者福祉に関するシステム作りが設置されてきました。とくに障害児支援に関しては，教育においてインクルーシブ教育が盛り込まれ，新設された療育において，身近な場所における療育その他の支援が行われるべきであると規定されています。その結果，地域生活支援やケアマネジメント，個別支援計画の充実を図り，地域社会における共生の実現を目指しています。

　たとえば児童養護施設の場合，入所してくる子どもたちは保護者，親，家族との関係，家庭内における不適切な関わりや家庭崩壊・要保護家庭など，さまざまなつらい経験をしています。そのため，もっとも身近な存在である親との愛着関係，依存関係が不十分であり，保護者との緊密な関係を形成することなく成長してきているのが現状です。

　そしてそのことは，自尊感情・自己肯定感の低さ，あるいは他者への不信感・攻撃性へとつながり，さまざまな場面で適応障害を引き起こすことがあります。つまり「自己の確立」「自律」「自立し成長する」「他者の受容」「社会自立」の阻害要因となることが多いのです。そこで，親・家族との人間関係再構築・保育者との関係，もしくはひとりでの社会生活・独立を目的とする自立支援のプログラ

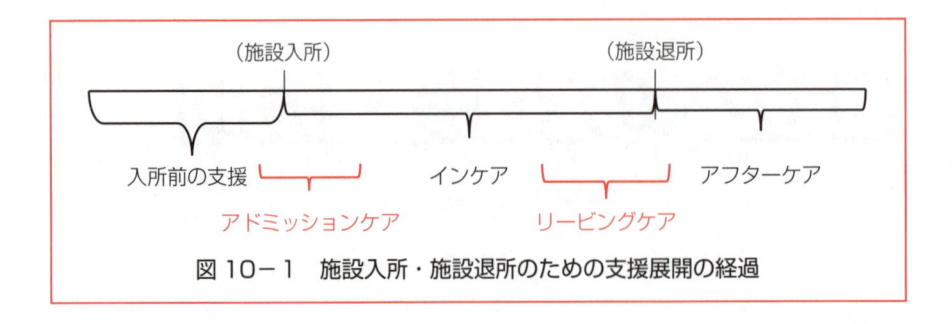

```
（施設入所）           （施設退所）
｜――――――｜――――――――｜――――――｜
  入所前の支援    インケア      アフターケア
     アドミッションケア  リービングケア
```

図10-1　施設入所・施設退所のための支援展開の経過

ムを考えることが大切になります（図10-1）。そのため施設での養育に際しては，ひとりで生きていくことの困難さを理解し，他者との総合依存関係，社会での豊かな人間関係を獲得できる養育が重要となります。そして子ども一人ひとりに合った自立支援が保育者（おとな）には求められるのです。

「児童自立支援ハンドブック」（平成10年厚生省）のなかで，「児童の自立を支援していくことは，一人ひとりの児童が個性豊かでたくましく，思いやりのある人間として成長し，健全な社会人として自立した社会生活を営んでいけるよう，『自主性』や『自発性』，自ら判断し決定する力『自己決定』を育てて，児童の特性と能力に応じて基本的生活習慣や社会生活技術（ソーシャルスキル），就労習慣と社会規範を身に着け，総合的な生活力が習得できるよう支援していくことである」と書かれています。

自立支援とは，子どもや母子，障害者が社会人として自立し生活していくための総合的な生活力を育てることであり，基本的生活習慣の習得や職業技術だけを意味するものではありません。自立とは孤立ではなく，必要な場合には他者や社会に援助を求めることも自立にとっては不可欠な要素です。発達期における十分な依存体験によって生まれた他者と自己への基本的な信頼感は，社会に向かって巣立っていくための基盤となります。そのため，基本的生活習慣・社会生活技術・就労習慣・社会規範・信頼関係などを含めた総合的な生活力を獲得することが自立であると考えられるのです。

## 2. 自立に向けた支援・援助

自立を実現していくために求められるのは「自主性」や「自発性」，つまり自分で判断し決定する力です。こうした力を育てるためには，保育者がさまざまな情報を提供し，そこから子どもが自分で選択し，そのことに責任を持つという経験が不可欠となります。つまり，「自己決定」と「自己責任」の機会を子どもが持てるように支援することが重要となります。

日本では，子どものことは親（親権者）が決めるという文化的な側面が強くあり，日々の生活からはじまって，施設入所の際の判断など子どもの生活に直接関わる重大なことであっても親権者の意向が大きく左右します。子どもの考えを聞き，意向を確認するという作業が少ないのが現状です。ですから，子どもの自立を支援するためには，保育者（おとな）の子どもへの関わり方を変えていく必要

があります。

　重要なことは子どもが主体であり、子どもの考えをよく聞く機会を持つこと、そして子どもにわかるような説明、情報提供がなされなければならない、ということです。それにより、子ども自身が選択、判断し、決定できるようにすることが大切です。そのなかで、家族との再統合においても親との関係、とくに不適切な関わりについては、保育者、児童相談所、担当ケースワーカーなど第三者のもと検討していかなければなりません。その際、基礎となる入所時の「自立支援計画表」の作成、またその見直しを行い、自立のための基礎データの作成が重要となります。

　なお家庭引き取りに際して、子どもの自立を妨げる要因として、親が虐待行為に走ったり、また入所の背景となった貧困や生活困難などの問題が依然として解決されていないということがあります。子どもにとって、保護者（親）は非常に大きな意味を持つ存在であり、可能な限り家庭の再構築支援を行うことも自立支援にとっては重要となります。

　保護者（親）についてもその家族の生活様式を大切にしつつ家庭の文化を継承できるよう、住まい（生活の場）、経済（仕事）、精神的な安定（病歴など）を公的扶助などで支援することが重要であり、本人の自己決定の援助が大切になります。また障害者においても同様で、個性（障害）を自覚し、受けとめ、社会への発信力を強めていく支援・援助をすることが自立への第一歩となります。これには子ども子育て支援法による基本方針（案）や、各種給付、身近な場所での相談業務など地域、共同体のあり方も大切となります。たとえば、子どもや保護者（親）の生活構造全体を援助していく考えで、その協働＝連携・協調が重要となります。

　支援の対象となる子ども一人ひとりの発達課題、年齢・家族環境や発達段階はさまざまであるため、柔軟な自立支援が求められます。また、具体的な支援計画、ケースの見立て・見通し、支援計画の見直し（「自立支援計画」）、さらには、社会自立での就労や結婚などに際しても、継続的な支援ができるよう、保育者（施設）との家族的なつながりは精神的な支援として必要となります。

　施設に入所してくる子どもたちは、家庭・家族との喪失体験があり、少なからず依存体験が未熟です。自尊感情も育っていないことから、自分を否定的にとらえてしまう傾向が多くみられます。そのためまず他者と関係を持つことで、自分以外の人間の存在に気づき、他者への配慮の必要性を学ぶことで、他者と信頼関係を築いていく力が身についていきます。また、中学校や高等学校を卒業し社会的に自立していくことは、経済的自立に結びつき、社会生活を営むうえで重要な要因となります。この経済的な自立はもっとも大切ですが、就労していく過程で人間関係などのトラブルで短期間のうちに退職・転職を繰り返すケースも少なくありません。そのため、人間関係の大切さを理解し、ひとりで困難に立ち向かうのではなく、いつでも施設に相談できるような、自立に向けた支援・援助が大切になります。

　なお、アフターケアについては、職員個人が個別に関わるのではなく、施設としてあたることが重要です。その際の報告も施設と児童相談所に必ず行うようにします。また、緊急保護が必要な場合には、一時的な生活の場所の提供が必要と

なります。

**【第 10 章引用・参考文献】**
『児童自立支援ハンドブック』(厚生労働省)
『子ども虐待対応の手引き』(厚生労働省　平成 25 年 8 月改正版)

# 11. 児童福祉施設専門職と人材育成

## 1. 児童福祉施設における専門職

### 1）職員としての資質

　現代の日本では家族のあり方が多様化しています。そしてそれに伴って、子どもや家庭の抱える生活問題も複雑化，多様化しているという現状があります。

　そのため児童（養護系）福祉施設では，そのような複雑化，多様化する問題をしっかりと受けとめ，専門的な援助関係を通して，サービスの利用者である子どもたちやその家族自身が自己実現を図れるよう支援していくことが求められています。そこで児童福祉施設での業務に従事する職員の資質として、「児童福祉施設の設備及び運営に関する基準」では「健全な心身を有し，児童福祉事業に熱意のある者であって，できる限り児童福祉事業の理論および実際について訓練を受けた者でなければならない」と規定しています。

　児童福祉施設では交替制勤務などの勤務体制や，介護的業務など業務上過重な肉体的負荷のかかる業種や業務もあり、「健全な心身」の状態を維持することは職務を遂行していくうえで重要となります。また，利用対象となる子どもや家族はさまざまな課題を抱えているため，職員もまた精神的負荷（ストレス）を受けやすく，それを乗り越えていけるだけの心身の健全さが求められています。

　一方，ここでの「熱意」は，児童福祉事業や対象となる子どもに向けた職員の積極的な思いを意味し，その思い（熱意）が利用者である子どもや家族，あるいは施設のほかの職員のこころに伝わり，健全な人間関係を作り出していくことになります。またこうした熱意は，福祉施設職員としての自己実現を図る上での原動力ともなります。この熱意とともに，子どもをこよなく愛し，優しさと慈愛に満ちた関わりを持とうとする「人間性」も，施設職員には強く求められています。

### 2）専門性

　こうした資質のほかに，児童福祉施設職員としての知識や技術の「専門性」が重要となります。ここでの「専門性」とは，援助の困難な利用者（子ども）やその家族の問題をともに解決していく上で，利用者・家族を正しく理解する利用者理解や，利用者や家族の抱えている問題点を整理し，適切な援助関係を築いていくための専門的な知識や技術をさします。今日の児童福祉施設に勤める職員にとって，こうした専門性を身につけ，高めていくことはことのほか重要となっています。

　では具体的にどのような専門性が求められているのでしょうか。

児童福祉施設における専門性として，しばしば以下の5つがあげられています（藤本，2008）。
- 知識
- 能力
- 技術
- 価値
- 倫理

　ここでの「知識」は，児童福祉専門職にとって必要な知識を意味します。それは，「子どもの発達に関する知識」「子どもや家庭の福祉に関する知識」「保育や社会福祉援助全般についての知識や技術」，さらに「人間の幸せに関する哲学，社会学，心理学や教育学といった学問的な知識」「保健衛生学，医学，法律などの具体的知識をはじめ社会資源や各種の保育・福祉制度や施策などの実務的な知識」といった幅広い知識となります。

　つぎに「能力」としては，「コミュニケーション能力を基盤とした対人援助能力，対人関係調整能力」があげられます。つまり利用者やその家族と，円滑なコミュニケーションを図ることのできる能力ということになります。

　「技術」は，「ケア・ワーク，ソーシャル・ケース・ワーク，ソーシャル・グループ・ワーク，コミュニティ・ワーク等の技術」ということになります。利用者とその家族が抱える問題をともに解決するために必要とされる援助のための技術のことです。

　「価値」は，「子どもは権利行使の主体者であるということを前提として，子どもの権利を擁護するといった視点が重要である。同時に子どもは発達する存在であり，発達保障の観点からの保護であり，指導であるという視点をもち，あわせて子どもだけでなく保護者や地域環境へのかかわりも援助の対象であるといった認識を持つことが重要である」と位置づけられています。

　最後の「倫理」は，社会福祉事業に従事する者にとっての「職業倫理」を意味します。利用者とその家族の基本的な人権を尊重し，個人情報の保護を徹底するという福祉施設職員としての業務に対する基本的認識（倫理観）は，近年もっとも重要視されているところです。

　児童福祉施設職員の専門的援助行動は，これら知識・能力・技術・価値・倫理の上に成り立つものだと考えられます。しかし，専門性を持っていても，施設での業務は通常，家庭において保護者が行う行為と同じであるため，その仕事に専門性を見出すことが困難で，プロとの差が見出しにくい要素を持っているといわれています。つまり，「専門職」として必ずしも社会的に認知されているわけではないということです。そこで，生活指導や家事などの持つ意味やその方法をさらに理論化し体系化するなど，学問的な裏づけを強化し深めることによって，社会的に「専門職」として確固たる地位を確保していくことが望まれています。

## 3）児童福祉施設における職員の資質と役割
### （1）施設長の資質と役割

　「児童福祉施設の設備及び運営に関する基準」では，児童福祉施設の施設長の資格要件は「①社会福祉主事任用資格を所有する者，②児童福祉事業に2年以上

従事した者」とされています。ただし施設長として必要な具体的要件を満たしていない場合には，施設長として必要な知識や技術を修得するための「社会福祉施設長資格認定講習課程」が設置されています。

施設長には，職員が利用者とその家族への支援を行う際に発生する課題を解決できるよう，具体的な方針を職員に明確に示していくという役割があります。そして，この役割を遂行していくための実践管理能力が強く求められます。また，絶えずサービスの質の向上を念頭に，職員の資質を高めるための施策や，地域の福祉の動向などを的確に把握し，それに応えていくための経営管理能力が問われてもいます。

このように児童福祉施設長の役割は，対人援助というヒューマン・サービスに関わる部分（指導者としての役割）と，施設を運営管理していくという経営管理の部分（管理者としての役割）とに大別されます。

また，乳児院や児童養護施設などの生活型の児童福祉施設長の役割のなかでは，親権の代行という大きな役割が課せられています。このことから，施設長は「施設に入所している子どもの生活と人権を守り，確固たる信念，人間観，福祉哲学を備えていなければならない」とされています（藤本，2008）。同時に直接子どもたちと関わる職員に対する指導や監督，教育を通して「援助をやりやすくする」「よりよい援助を支えていく」といったリーダーとしての能力が求められています。

**（2）職員の資質と役割**

では，児童福祉施設の職員に求められる資質とは，どのようなものでしょうか。

職員は，一人ひとりの子どもの乳児期から青年期にいたるまでの人間形成の大切な時期に深く関わり，影響をあたえるという重要な役割を負っています。そのため，子どもに対して深い愛情を持ち，受容と共感をベースによりよい関係を構築し，子どもをひとりの人間として尊重していく姿勢が身についていなければなりません。

そのため業務上では，職種間や職員間で信頼し合える人間関係を作り，保持していくための協調性が必要となります。こうして築き上げた施設長や上司，同僚や部下とのよりよい人間関係を基盤とすることで，職務の分担やその内容が明確になり，優れたチームワークによる援助が可能になります。また，職員には自らを成長させようとする意識が求められます。常によりよい援助を目指しながら業務に携わり，ときにはスーパービジョンを受けることで，職員としての専門性を向上させていくことが可能となるのです。

一方，子どもたちに対する児童（養護系）福祉施設の保育士や児童指導員の役割は，日常生活のケアと同時に，信頼関係を構築し，それまでの生育歴のなかで子どもたちが抱えてきた傷や自己否定感，他者への不信感などを癒していくことも求められます。とくに保育士は，母性的養護の担い手としてのしつけやケアだけでなく，子どもたちの発達や行動などの臨床的な知見やアセスメントなどソーシャル・ワークの視点からのアプローチも必要となります。また，ひとりの職員の力には限界があるため，他職種や関係機関との連携を進めていくことも不可欠です。

# 2. 専門職としての人材育成のあり方

## 1）職員としての自己意識

　児童福祉施設職員の持つべき自己意識とはどのようなものでしょうか。

　1994年に発効した子どもの権利について国際条約である「児童の権利に関する条約」のなかでは，「子どもの最善の利益の保障」や「子どもは権利行使の主体者」といった理念が述べられています。また1999（平成11）年に発表された「社会福祉基礎構造改革」による利用者と援助者の対等な関係の確立といった流れのなかでは，職員として遵守すべき行動規範が求められています。

　つまり職員と子どもとの関係が威圧的・権力的であったり，集団への秩序管理や規律的なしつけがなされていたりすると，不適切な言動や人権侵害に及ぶ危険性があります。そのため，児童福祉施設の職員は，子どもたちの人権を常に尊重するという人権意識や，自己の職業倫理に対する意識を育てていく必要があります。

## 2）組織のなかでの役割

　また，職員の資質と役割について考えていくうえで，職員は組織のなかのひとりであるという観点も重要となります。

　援助が困難な子どもや保護者などに対しては，職員ひとりでは限界があります。そうした場合には，チームとして情報を共有し，役割を定めて全体として関わっていくことが重要となります。とくに，経験の浅い新任職員などに対しては，上司や先輩の暖かい指導や励ましといった支えが求められます。また中堅職員には中堅職員としての役割が，主任などの指導的な立場の職員にはそれなりの役割が，それぞれ課せられています。こうした一人ひとりの職員の役割や職責を明確にし，それを職員全員が共有しておくことが重要だと考えられます。

## 3）職員の育成

　では，ここまで述べてきた資質と役割を持った職員をどのように育成したらよいのでしょうか。

　ある調査によると，仕事に必要な知識の修得方法の第1位は「職場で実務を通して」ということであり，調査回答者全体の83.1％を占めていました。第2位は「講習会や研修会など」（72.6％）となっていました（秋山ほか，1990）。

　こうした実態を踏まえて職員養成のあり方を整理したものが「職場研修」です。「職場研修」には，①OJT（On the Job Training）：職務を通じての研修，②Off-JT（Off-the Job Training）：職務を離れての研修，③SDS（Self Development System）：自己啓発援助制度，の3つの形態があり，これらを相互補完的に位置づけ総合的に推進していくということにあります。しかし，児童相談所や児童福祉施設の職員を対象としたトレーニングに関する調査では，OJTが意識化されて行われていないことや研修が不十分であることが指摘されています（萩原ほか，2008）。つまり，実際の福祉現場では，職員は専門性を身につけ

るための体制が不十分なまま，その困難な業務に従事せざるを得ないのが現状があり，結果としてバーンアウトを引き起こしています。この現状を打開していくためには，いかにバーンアウトを防止するのかが大きな課題であり，防止への人材育成が重要となります。

## 【第11章参考文献】

原真由美・金原俊輔「現代日本の家族における「かたち」と「こころ」についての考察」『長崎ウエスレヤン大学現代社会学部紀要 第5巻 第1号』(2007, p.37-42)

秋山智久『社会福祉従事者の実践と意識に関する調査』(日本ソーシャルワーカー協会, 1990)

萩原總一郎「子ども虐待に対応するソーシャルワーカー及びケアワーカーのトレーニングに関する研究」『児童虐待等の子どもの被害，及び子どもの問題行動の予防・介入・ケアに関する研究』(2008)

藤本勝彦『養護原理』(ミネルヴァ書房, 2008, p.146-157)

# 第2部

# 実践編

# 1. 乳児院のケース①

### 事例の背景・概要

　刑務所受刑中の女性の出産に伴い，出生5日目の新生児Mちゃんは乳児院措置となりました。母親の罪名は，覚醒剤取締法違反・大麻取締法違反。懲役2年半。婚姻関係のない男性に8か月間軟禁され，覚せい剤を打たれる生活でした。Mちゃんの養育を依頼できる適当な人がいないため，乳児院委託となりました。母親は里親については強い抵抗があり，Mちゃんの出産については自分の家族にも伝える気もなく，母親ひとりで育てる思いでした。2年後仮出所が決まり，乳児院に面会に来ました。面会のなかで，引取りに向けて，Mちゃんを育てるために，母自身の思いを整理しました。逮捕までの行動，その行動の引き金になったことへの思い。母方祖母への思い，再出発に向けての取り組みまでカウンセリングを行いました。母方祖母との面会・告白，母親と孫の受け入れを経て，母方祖母との同居となり，Mちゃんの家庭引き取りとなりました。

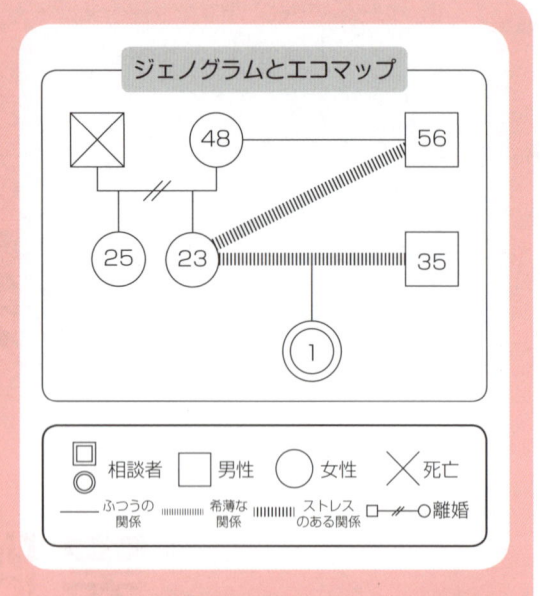

**ジェノグラムとエコマップ**

□ 相談者　□ 男性　○ 女性　✕ 死亡
── ふつうの関係　‖‖‖ 希薄な関係　||||| ストレスのある関係　─╱─○ 離婚

安定した同棲であったが，男性のリストラを機に変化。覚醒剤を強要される。2人とも逮捕され離別を決意。逮捕後妊娠が発覚，男性には伝えなかった。実父は14歳のとき死亡。起業の際の借金があり，実母に返済義務が生じた。実母の再婚相手は会社を複数経営し，実父の企業を支援。再婚と同時に実母の返済義務がなくなる。

### インケア　自立に向けての準備

　引き取りに向け，母親が勤勉な受刑態度をとることで，仮出所できるよう，母親の母性としての思いを育てることを重視しました。そのため，写真や手紙でMちゃんの発達状況を知らせたり，面会が可能になると保育士がMちゃんを連れて母親が収監されている刑務所に面会に行き，母子の愛着関係の構築に努めました。一方，施設内では，母親が出所までの間，母親としての愛着関係を重視し，核となる職員がMちゃんと関わるようにしました。また母親の出所後の具体的な支援を想定しておくことにしました。

### 援助の視点

　Mちゃんの健康維持と情緒の安定を第一に考え，具体的な生活年齢に沿った関わりを行うことを主眼としました。こうすることで，心身の健やかな発達をうながすとともに，受刑中の母親との母子面会を重ねることで，母子関係を芽生えさせ，出所後の引き取りに向けての支援を続けていくことにしました。

### ● 援助の実際

**①基本的信頼関係の基盤づくり**

　Mちゃんは出生後，十分な母親との接触もなく，乳児院に措置になっているために，担当保育士と基本的な信頼関係を築くための関わりをスタートさせました。時間を決めての授乳などではなく，スキンシップを大切にし，アイコンタクトを取りながらの声がけ，安心してミルクを飲んだり，入浴したり，望んだ思いをしっかり受けとめられるように十分配慮しながら関わりました。

　受刑中の母親には，乳児院から，写真や生活の様子と，新しく獲得している発達状況などを手紙で毎月連絡しました。また頸が座り安定すると，母親の収監されている刑務所内にて，月一回の母子特別面会が可能となりました。今まで車に乗って遠出をしたことのないMちゃんが車で1時間弱の所にある刑務所で，担当保育士や他児数名との合同の面会を行いました。Mちゃんは，乳児院でボランティアさんたちに泣いたりすることがあっても，初回からずっと母親に抱かれても泣くことはありませんでした。母親も保育士にミルクの飲まし方やあやし方，おむつの替え方など，熱心に聞き，母親なりにMちゃんの要求に応じるように関わりました。1才を過ぎると，「いないないばあ」や「くすぐりあそび」など，保育士が，最近のMちゃんの喜ぶ遊びを伝えると，それをMちゃんと共有し，まるで家で子どもと遊んでいる母子のように感じられ，緊迫感のある塀のなかの状況であることを忘れそうになるぐらいでした。

　面会後，母親から幾度も，連れてきてくれたお礼とMちゃんへの想いや，成長を感じたことをつづった手紙が届きました。そのような状況が1才10か月まで続き，母親の真面目な受刑態度が認められ，早めの仮釈放が決まりました。

**②出所後面会**

　どんなに子どもへの想いを手紙に書いて送ってきたり，面会で安定した関わりをしていた母親でも仮釈放後，乳児院に面会に来るとは限りません。

　Mちゃんの母親は，受刑中に親族にもMちゃんを出産したことを伝えてはおらず，手紙などの連絡も一切行っていませんでした。刑務所からは，仮釈放の日時と，乳児院から電車で30分程の所にある厚生保護施設に入所する，という情報のみしか伝わっておらず，面会に来るのか，来ないのか不明なままでした。

　母親が乳児院に来たのは出所から6日後のことで，小綺麗で若々しく薄化粧をし，さっぱりした表情でMちゃんに会いに来ました。そのとき母親はきちんと担当保育士に挨拶し，受刑中にわが子を育ててくれたことに深々と頭を下げてお礼を述べ，出所後すぐに来たかったが，厚生保護施設の生活がある程度めどが立ち，身なりを整えてから来たいという思いがあり遅くなったと説明しました。Mちゃんと面会すると，号泣のなか，多くを理解できる年齢ではない子どもに対して，母が愚かで犯してしまった罪に対しての反省と自責の念，そして産まれてから一緒にいれなかった悔しさとMちゃんへの愛情を一気に語りました。

　Mちゃんが寝てから，今後の引き取りに向けての話になりました。厚生保護施設にいる間は，出所後すぐに決めたアルバイトをしながら，週1回休日には面会に来て，面会可能時間の4時間程は一緒に過ごしたいと言いました。そして，1日も早くMちゃんと生活をしたい，自分ひとりで育てる，と告げました。これに対し心理士から，母親ひとりで引き取るスタイルよりも，母方祖母などの支援がある方が引き取りに向けてはスムーズではないか，と伝えると，一気に顔が

曇りうつむきました。しばらくして，母親がボソボソと話し出し，「私が高校１年の時に母は再婚し…それ以来，母とは距離があり，高校卒業してすぐに寮のある工場に就職して，疎遠になった。母は連絡してきたり，食べ物を送ってくれたりしたが，連絡を取らなかった。姉は母の再婚相手ともうまくいってたが…」

心理士が，母親に「あなたは母の再婚相手とはうまくいかなかったの？」と問うと，しばらく無言でＭちゃんの頭をなでながら涙があふれ「なんで，あんなことを…」話の流れから，保育士はＭちゃんがそばにいない方がよいと判断したので，別室に母親と移動しました。今まで誰にも言えずにいた義父への憎しみと腹立たしさ，母方祖母には言えなかったつらさ，嫌悪感のような思いを一気に吐き出しました。高校１年から家を出るまで，義父より性的虐待を夜中に毎日のように受けていたこと。義父からは「（母方祖母に）言うと高校の授業料や姉の短大の授業料など払わない！」と脅され，恐怖と不安に耐えながら我慢していたこと。母方祖母は再婚したことにより，経済的な安定を手に入れ母と娘の時間が持てるようになったことを喜んでいたこと。そのため，ひたすら我慢するしかなかったこと。高校卒業後は，義父から逃れられただけで幸せであり，毎日が充実していたこと。そして，母と連絡を取ることによって義父を思い出すので，一切連絡を絶っていたことを告げました。

その後，Ｍちゃんの父にあたるＴと出会い，結婚を前提につき合いだし，Ｔが経済的にも面倒をみてくれたので仕事も辞めて同棲することになったことを告げました。しかし，しばらくして覚せい剤をすすめられ，強く拒否したが，暴力を振るわれ強制的に打たれたこと。そのときに義父と同じだと思い「恐怖のなかの我慢が続く」母親は，結局，見る目がなく，こんな男性ばかりに出会う自分に問題があるのだから，受け入れるしかないと思うようになったと言いました。

そしてこのような，背景があり刑務所にいる間も，母親からは母方祖母に連絡を取らなかったと説明してくれました。

心理士は，一気にすべてを話してくれた母親が今までそれをひとりで長い間抱えてきたつらさ，切なさを共感し，母親に落ち度があるのではなく，性的虐待をする相手が悪いのだと伝え，たとえそのようなことがあっても，元の自分を取り戻すことは可能であることを告げました。そして，心理士は，母親が母方祖母に連絡を取りたくない思いは充分理解できるので，その思いに寄り添い，引き取りに向けてよい方法を探ることにしました。

しかし，母親は「一日も早く引き取りたい」と強く要望していました。今，母方祖母が義父と生活しているのは事実か？と聞くと，母も高校を出てからのことはわからないようで，「一度どのような状況なのか確かめては？」と提案しました。迷いながらも母親が母方祖母の携帯に連絡すると，母方祖母は「とても心配していた，今すぐ帰ってきなさい。迎えにいく！」と言ったようでした。母親は県外に住む母方祖母と一度会う決意をし，子どもがいることを伝えました。そして乳児院で会うことになりました。とても穏やかで品のある母方祖母が母親と来院し，Ｍちゃんと面会しました。泣き崩れながらも「おばあちゃんよ。知っていたら私が預かったのに，知らなくてごめんね」と繰りかえし，母方祖母は母親に「どうして逮捕されたときに連絡をくれなかったのか，面会を断ったのか」と迫りました。母は戸惑い，こちらに「話してもいい？」と聞くので「あなたが話したいと思ったら話してみたら？」と返答すると「Ｍのために，話すので，立ち会ってほしい」と言いました。覚悟を決め，高校の時からの話を，母方祖母に

しました。驚きと怒りと、何とも言えない嫌悪感で、母方祖母は呆然とし、「気づいてやれなくてごめん」「犯罪者にしてしまったのは私や！」と泣き崩れました。それを母親は、しばらく黙り冷たい視線で見ていました。母方祖母は「（義父を）訴え警察に突き出す」と声を荒げましたが、母親は冷静に「いまさらそんなことしてほしいのではない。Mを引き取るために、母方祖母の協力が欲しい」と告げました。母方祖母はすぐに「娘のつらさが少しでもそれで軽減されるなら全面的に協力する」と強く言い切りました。その日、Mちゃんのお昼寝の時間は、母方祖母、Mちゃん、母親とそれぞれ手をつなぎ川の字に寝て、寝つきました。母方祖母は、Mちゃんにもタオルケットをかけ直し、母親にもかけ直していました。3世代の母子関係が修復され再統合された瞬間のように感じられました。

**リービングケア**
退所の準備から退所後のケア

Mちゃんの引き取りに向け、Mちゃんの1日の流れを家庭支援室で母方祖母が母親の代わりに練習することから始めました。また、Mちゃんの思いや行動の意図を、母親が正確に読み取れているかを心理士が確認し、母親にフィードバックするとともに、母親と生活する新しい住居が安全な家であるかを確認し、改善点は改めました。また母親の仕事が安定し自立が可能となるよう、Mちゃんの保育所を探しました。一方、母親の再犯を防ぐため脱薬物治療プログラムに参加してもらうとともに、地域の保育士や関係機関と調整会議を行い、地域での支援を確立させました。さらに、Mちゃんの父親が出所してきた際に、母親やMちゃんに接近できないよう法的手段を準備しておくことにしました。

### ● 援助の視点

母親のMちゃんに対しての愛着形成を大切にしながら、母親と祖母の母子関係の再構築を土台にし、母が過去のトラウマと、法に触れた過ちから決別し、再スタートできるよう支援するようにしました。

### ● 援助の実際

母方祖母は、毎週3時間かけて面会する日が1か月程過ぎたときに、「私が全面的に協力して引き取ります。3人で暮らします」と告げました。義父をどうするのか、生活基盤をどうするのか、尋ねると、離婚する手続きを進めていると言いました。そして母方祖母は、3年前に、義父の出資でカフェをオープンさせており、軌道にのり繁盛していると言いました。母親がそこを手伝ってくれるなら、Mちゃんを一緒に育てることが可能だと告げました。義父との離婚が決まり、カフェの権利が母方祖母になり、母親の満期も迎え、Mちゃんは母方祖母と母親に迎えられ家庭引き取りとなりました。

---

**演習問題 ▶▶▶▶ 保育者としてあなたならどうする？**

1. 産直後、母と分離をした赤ちゃんへの対応は？
2. 施設内でいかに家庭生活のスタイルに近づくための対応は？
3. 刑務所の母子面会につき添う保育士としての対応は？
4. 母が出所後、母との関係を築きやすくするための工夫は？

# 1. 乳児院のケース②

### 事例の背景・概要

急患センターに嘔吐を訴え4か月の女子Eちゃんが受診。慢性硬膜化血腫，眼底出血と診断。両親は虐待を否定。難産による上記の症状もあり得るとの医師の所見を受け，在宅で関係機関による見守り。3か月後，再度受診。右大腿骨骨折が見つかり，職権による強制保護で乳児院一時保護。警察が事情聴取し，父親が自供したため逮捕。父親の拘留中，母親の面会を許可。Eちゃんは母親に対して無関心の一方，祖父母が一緒のときは興味を示めす。父親が起訴猶予になり帰宅。父親は「やっていないが，妊婦の妻を早く帰宅させるため自供した」と言いました。Eちゃん退院後，両親と面会。Eちゃんの母親への対応が懸念されたが，母方祖父母協力のもと外泊許可。半年後，父親が行方不明。2か月後，母方祖父母の要請でEちゃんは家庭引き取り。2週間後，嘔吐のために祖父母が連れて受診。右側頭部の骨折，右目瞼腫張がみつかり，母親はその後，行方不明。

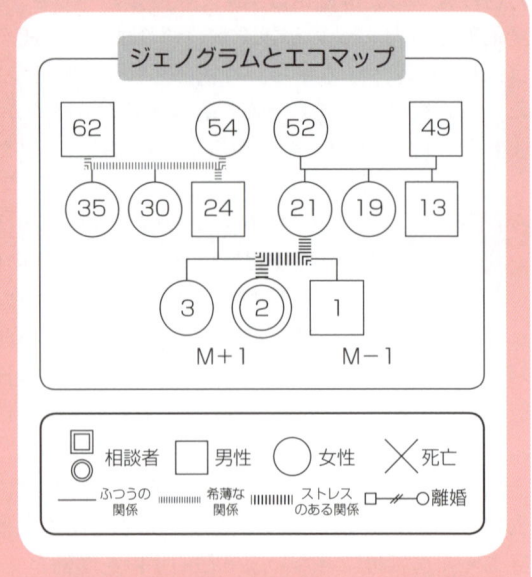

### ジェノグラムとエコマップ

父親は父方祖父の会社で働いているが，親子関係は希薄。以前は定職に就かずにいたが，子どもが産まれたことを機に，父方祖父が自分の会社に就職させた。母親とはアルバイト先で知り合い，第一子を妊娠し結婚。母方実家近くで生活。母方祖父母は育児に協力的。子どもらの乳幼児健診や予防接種は未受診。

### インケア（自立に向けての準備）

安全で安心できる場所（乳児院）で，他者との豊かな関係を構築するのに基盤となる保障を第一に考えました。そこでまず，母親の代わりとなる担当保育士との間での愛着関係を築くことで，親子との愛着関係の再構築を図ります。一方，両親に対しては子どもへの適切な関わり方を再教育することにしました。そして，家族としての再統合が可能かどうか，祖父母を含め，子どもに寄り添ったときの豊かな関係の築きにくさの根底にある問題に関わるようにしました。

### ● 援助の視点

父母の監護下で起きている重篤な外傷骨折等があり，家庭養育は困難と判断されました。安全で安心な環境での養育を考え，両親との愛着形成の修復，再構築の必要があり，そのため，まずは安全で安心な場所の確保を図ることが重要な課題となりました。そのなかで健康維持，具体的な生活場面での援助，Eちゃんの発達をうながし情緒の安定を保つこと，基本的な信頼関係を核となる母的な存在の乳児院職員との間に形成すること，安定した家族関係の再形成するための家族支援を行うことを視野に入れ，援助計画を策定しました。

### ● 援助の実際

**①乳児院入所**

　Eちゃんは生後8か月で，大腿骨骨折完治により総合病院から退院時に，職権による一時保護となり乳児院入所となりました。入所直後は人や物に興味を示さず，反応は鈍く，視線を合わさず，声も出さず，泣きもしませんでした。ミルクの飲みも悪く8か月児の平均の半分程度。寝返りもできない状況でした。また，抱き上げても，体に寄り添わず，ときには後方に反り返ることがたびたび見られました。まずは，安心した場であることを認識してもらうために，何かをする際には必ずやさしく声をかけてからすることにしました。反応は少ないが，「いないいないばあ」などの遊びを試みたり，ゆったりした雰囲気で，スキンシップをするなどを工夫し，2週間後には寝返りも可能になり，抱かれることを拒まず，やわらいだ表情もやや浮かべるようになりました。

　10か月で，高這いと，お座りが可能となり，離乳食も8割程度食べられるようになりました。1才で要求の指さしができるようになりました。しかし，発声は聞き取れず，機嫌が悪いときや思い通りに行かないときは，いきなり火がついたかのように泣き出しました。

　1才8か月でつかまり立ち，短い発声ですが「アァ」「マッ」がでました。2才前で歩行獲得し担当保育士に「マァ」と，物との一致言語がでました。「イッイ」嫌を表現する言葉もでて，担当保育士などには，言葉で気持ちを表現したり，お気に入りの絵本を持ってきて自らヒザの上に座ったり，遊びのなかでやや表情もやわらぐ場面も見られ始めました。しかし，その反面，お気に入りの絵本を他児に取られたり，担当職員が他児を抱いたりすると間髪入れずに，表情を変えず他児の顔をひねったり，強く突き飛ばしたりすることも目立ちました。新版K式検査で認知面DQ110でした。

**②両親の面会**

　一時保護され，父親の拘留中に，母親の面会許可がでて，母方祖父母と姉を連れて面会に来ました。

　母親と児童相談所職員，乳児院の家庭支援専門相談員と臨床心理士が同席しました。家庭支援専門相談員がEちゃんを面会室に抱いて連れてくると，母親を見た瞬間に，家庭支援専門相談員に強くしがみつき顔を伏せました。「ママ会いに来てくれたよ」と告げ母親に渡すと，Eちゃんは空を見て視点が定まりません。体は硬直し棒のようになり，母親の手からズリ落ちそうになりました。保育士は，「このお部屋に来るの初めてだから緊張してるのかなぁ？」と言いながら，音の出るおもちゃを鳴らしてみると，Eちゃんは「ハッ」とした表情をし，母親の手から抜けようとして下に降りたがります。ずり這いで音の出るおもちゃまで来て，たたいて遊びました。母親は「入院中は音に反応あまりしないので耳が聞こえないのか心配したけど，聞こえてるみたいでよかった…」と言いながらEちゃんのほっぺを人差し指で数回ツンツンとつつくと，Eちゃんは，また表情がかたくなり，動きを止めてしまいました。

　後日，父母で面会に訪れ，児童相談所職員，乳児院の家庭支援専門相談員と臨床心理士が同席。お部屋で保育士がミルクを飲ませている途中であったため，ミルクを持ち家庭支援専門相談員が面会室に連れてきました。入室後すぐに父親が近づき「大きくなってる」と言いながら，手慣れたスタイルで抱こうとするの

で，家庭支援専門相談員が様子を見ながら父親に渡すと，Ｅちゃんは，表情変えることなく，父親に抱かれ，右手で父親の鼻を触りました。父親が「フゥー」と優しく鼻から息を吐くと，Ｅちゃんは少し驚いた様子で，手を鼻から放すものの，数秒後また触ります。それを何度も繰り返し，父親は「おもろいかー？」「もう一回か？」と，とてもなごやかなやり取りを繰り返します。その間，母親は無言で見ていました。飲みかけのミルクを父親が見て，「飲ましていいですか？」と言い，サッとＥちゃんが哺乳するのに安定するスタイルに抱きかえ，スッと程よい状況で口に哺乳させました。Ｅちゃんも一気に飲み干し，ウトウトしだします。飲み終えると父親はゆっくりと抱いたまま立ち上がり，横抱きにして，柔らかい動きで左右に揺らし，視線を合わせて優しい声で「早く会いにこれなくてごめん」「さみしかったかー」…と，語りかけました。

③外泊許可

　母親だけの面会は，回数を重ねてもＥちゃんは母親には寄り添わず，表情はかたいままでしたが，父親との面接や母方祖父母を交えての面会は，お部屋での状況と大差なく，すごせていたので１才のお誕生日に，母方祖父母に協力してもらうことを条件に外泊許可がでました。しかし，外泊後，乳児院に戻り玄関を入るや否や「マッ」と何度も繰り返し言いながら奥を指さし，お部屋に早々に戻りたがりました。なぜか外泊から戻ると発熱を繰り返したり，外泊途中に発熱し帰院を早めることも数回ありました。また，外泊から戻ると，他児を噛んだり，強く突き飛ばしたりと，荒々しく，他児に危害を加えました。外泊から戻ると，常に機嫌の悪い日が数日続いたため，しばらく１対１でＥちゃんが望むように関わり，ゆったりと安心できる場であることを感じさせるように対応しました。

　２才になり外泊も定期的に繰り返し，母親からいつ引き取れるのか再三問い合わせがきました。児童相談所との話し合いで，１泊の外泊を２泊，３泊とのばしていき，間隔もあまり空けないようにしていくように提案しました。しかし，なぜか週末だけの外泊で，母親は間隔を詰めようとしません。現状の母親の思いを引きだし，本心はどの状態なのかを探りました。母親に「年子を３人育てるの本当に大変よねー？」と言うと「そう。２人でもいっぱいいっぱい」「お父さん育児協力的だったよね？」と聞くと「前はねー…帰ってくるのも遅いし，連絡つかないときもあるし」「最初から，この子は私よりパパの方があってるんよなー，パパも上とか下より真ん中を好きみたいやし」「私は嫌われてるし」「家に帰って来れたら，元のパパに戻る気がするから早く引き取りたい」母親は，夫の変化をＥちゃんの引き取りで戻したい，でも連泊させたり，間隔を詰めたりするには，ひとりでこなしていく自信がない様子でした。

④父親の行方不明と３度目の虐待

　数週間後，母親から父親が突然連絡つかなくなり行方不明だと，乳児院に半狂乱状態で電話がありました。「お前らが，Ｅを返してくれないから夫が出て行ったんや！　責任取れ！　早く元に戻せ！」声を荒げ怒りをぶちまけました。会社（父方祖父経営の会社）にも連絡がないようで，母親の状態が非常に不安定なため，母方祖父母が母親と姉弟を実家に預かることになりました。今までは，どちらかといえば，のんびりペースで，可愛らしい話し方でしたが，今回は，かなり豹変し攻撃的でした。Ｅちゃんは，祖父母に対しては表情もやわらぎ甘えることもできるし，祖父母同居となると母親の負担も軽減されるので，母親が落ち着き，長期外泊を経て，家庭訪問を受け入れるならば，引き取り可能とすると児童

相談所から話がありました。それを聞き、母親は落ち着き、その後、母方祖父母宅に引き取られることになりました。父親が行方不明になっても、子どもたちが母方実家に同居することになっても、父方祖父母はまったく無関心でした。

引き取りから2週間後、Eちゃんが午睡しており、母方祖父母が姉弟を近所の公園に遊びに連れて行き30分ほどで帰ってきて、母方祖母がまだ寝ているEちゃんをのぞくと、ひどい嘔吐を繰り返していました。母親は台所で夕飯の準備をしているだけでした。母方祖母は驚き、母方祖父が運転する車でEちゃんを急患センターに連れていき受診しました。総合病院に搬送され、右側頭部の骨折、右目瞼腫張と診断され、急遽入院となりました。4時間後に祖父だけ帰宅すると、姉弟のみ家におり、母親の姿がなく、母親はその後、連絡も取れず行方不明となりました。

**リービングケア**
退所の準備から退所後のケア

両親がともに行方不明となり、Eちゃんの引き取り先となる母方祖父母に引き受ける意志があるかを確認しました。引き受けの意志があることから、同居することになる叔母たちの生活状況の安定や相互作用を考慮し、生活環境を整備することにしました。その上で、Eちゃんの現在の発達状況や情緒面での不安定な状況を祖父母に説明するとともに、虐待を受けた子どもの特徴などを理解してもらいました。そしてもしEちゃんの父親あるいは母親が戻ってきた場合には、必ず児童相談所に連絡し、勝手にEちゃんを親に返すようなことはしないこと、また、引き取り後は、定期的に児童相談所に相談来所することを確認しました。そして、もし上記のことが不可能な場合には、児童養護施設での養育措置となることを理解してもらいました。

いずれにしても、Eちゃんの反応を見落とさず、情緒の安定を図ることを第一に考えていくことにしました。

## ● 援助の視点

虐待が起こる場の多くは家庭であり、世代間で連鎖していることが多いのが現状です。虐待は祖父母を含め家族全員の問題であることを認識する必要があります。直接虐待をしていた親から分離され、一見子どもの心理的問題は解決されたようにみえても、子どもが家庭に戻ると虐待が再現されてしまうことが多くあります。そのため虐待が繰り返されないように、本児の情緒面の安定を保てるか否かを第一に考え、祖父母の適切な関わりをうながすようにしました。

## ● 援助の実際

母方祖父母もEちゃんの養育に自信があるわけではありませんでしたが、引き取りに向けて動き出すことになりました。週1度の1時間からの面会を開始し、そのときのEちゃんの情緒的な反応を心理士および担当職員、家庭支援専門相談員が確認しました。

Eちゃんは祖父母に対しては、親和的に関わり、体を硬直させたり、無表情になることはありませんでした。そのため、短時間外出も可能となりました。しかし、祖父母宅に行くと、無表情になったり、逆に大泣きし手がつけられない状況になりました。Eちゃんの意思表示が、時々暴力的になるため、祖父母には、Eちゃんが何をしたいのか祖父母がEちゃんの気持ちをくんで代弁し、受容的態

度で関わるよう伝えました。そしてEちゃんが落ち着いてから，どうすれば相手に自分の気持ちを伝えられるのか，その方法を教えるように伝えました。

一方，Eちゃんの構造的心理的治療は，乳児院で引き続き，心理士を中心として実施しました。心理療法では，子どもの退行をうながし，乳児期からの発達過程の育てなおしを行うことで，安全基地（Secure Base）のイメージを持った愛着を発達させていきます。そして子どもの感情をできるだけ受容すると同時に，行動に対する明確な枠組みづくりが必要となります。

またトラウマを持つ子どもに対しては，保育士と心理士が生活内での有効な関わりを進めていきます。トラウマを持つ子どものなかには，生活の場で自我をうまくコントロールすることができずに，問題となるような反応を起こすこともあるため，生活を支える人たちと密接な連携をとっていく必要があります。

そのためEちゃんの場合には，祖父母に対する指導を児童相談所が中心に行い，叔母たちへの支援や，姉弟の保育所等の入所などの整備と，環境の整理を進めていきました。また，Eちゃんと外出する際には，自宅などの虐待を受けていた場所に近いところはさけるように指導しました。そして1か月に1度は，Eちゃんの情緒面の評価と，祖父母への支援の再評価を行いました。

被虐待児は，安全感と安心感が満たされないと，次の環境への適応は困難となります。なぜなら，精神療法のひとつである遊戯療法の際の虐待の再演もできなくなってしまうからです。これは虐待の場面を再演したり，虐待者と同一化することで，被虐待時の記憶や感情を開放し，自己に再統合しようというものですが，自分が支えられているという安心感がないと，そのときのこころの痛みに耐えることができないからです。

たとえ安全なところに保護されても，子どもが信頼感に基づく安全感と安心感を育てるまでにはかなりの時間がかかります。虐待を受けた子どもは，どこまで安全なのかをあらゆる策で試してきます。その結果，虐待を受けた子どもは，周囲の怒りをかうことも多いのです。虐待を受けた子どものそのような行動の特徴を認識した上で，試し行動に寄り添い，子どもを安全に守りきることではじめて安心感を育てることが可能となるのです。

---

**演習問題** ▶▶▶▶ 保育者としてあなたならどうする？

1. おとなに対して警戒心が強く，表情の強ばった被虐待児の対応は？
2. 警戒心がやわらぎ，甘えと依存と攻撃を表現している被虐待児の対応は？
3. 母との面会で，母に近寄らず保育者から離れず，反応が鈍いときの対応は？
4. 外泊から戻り，他児に攻撃的になっているときの対応は？
5. 連続して起きた虐待に対しどのように対応しますか？

**Memo**

## 2. 児童養護施設のケース①

### 事例の背景・概要

実父と高校1年生と中学2年生の姉妹の3人家族で、実父は通院している病院で知り合った看護士と再婚しました。継母には3歳と小学校1年生の子どもがおり、世話が大変でした。継母は自分の価値観を家族に強要し、反発されると姉妹を虐待するようになりました。実父も制止できず、実父は虐待の場面から逃げるようにマイカーで寝泊りすることもありました。姉妹は食事を与えられず、風呂に入ることすらできない日々が続き、長女が高校入学後も虐待は止みませんでした。長女が久しぶりに登校するも見るからに不健康で、また様子がおかしいため、スクールカウンセラーと面談し虐待が判明。長女は継母との関係がつくれないと主張し、施設入所を希望。また次女は継母との関係を保とうと努力しますが無視され、「お前がいることが邪魔だ」など言われ、髪の毛を坊主にされたりして、不登校気味になり、姉を追うように施設入所となりました。

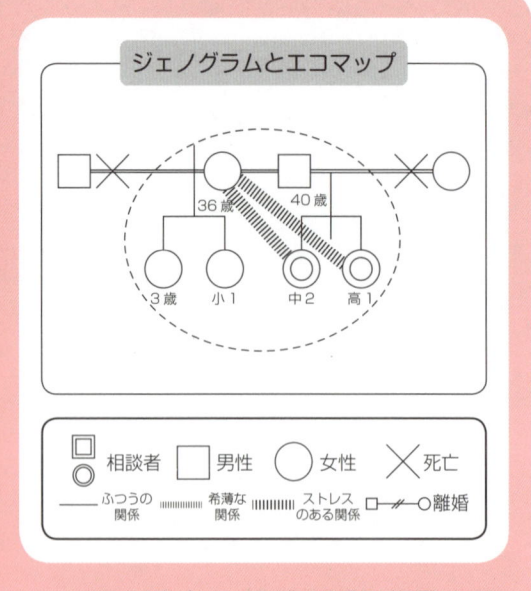

**ジェノグラムとエコマップ**

◎ 相談者　□ 男性　○ 女性　× 死亡
── ふつうの関係　||||||| 希薄な関係　||||||| ストレスのある関係　□─／─○ 離婚

実父は内疾患があり、通院先の看護師（継母）と再婚するが、継母の連れ子との比較や、継母の価値観を家族に強要し継母より姉妹に対しての虐待が繰り返された。実父は見て見ぬふりをし、姉は実父の車での生活を強いられ家に入れず、また妹は髪の毛を丸坊主にされるなど姉妹への身体的・精神的虐待が継続して行われた。

### インケア（自立に向けての準備）

まず姉妹に対しては、以下の支援を実施していくようにしました。
- 安定した日常生活を送るための連続性ある援助・支援。
- 親から見捨てられたという不安を軽減する。
・施設入所という親子の分離は、けっして「親から見捨てられたのではなく」また「（子どもたち）が悪いからではない」ことを伝え、教えていく。
・「自己肯定の作業」「愛される体験」「親しい人との別れの体験」の起承転結を一貫して体験させ、生活力を獲得させていくこと。

一方、継母に対しては、以下の支援を実施していくようにしました。
・継母自身が抱えている問題の解決。
・「自分の生い立ちを語る、話をさせる」「継母の過去と今を肯定する」ための作業。

### ● 援助の視点

虐待され入所してきた子どもたちにとっては、安全で安心できる生活が日々繰り返されるという環境（衣食住）が保障され、また友人や養育者に守られているという感情的な交流が大切になります。虐待を受けてきた子どもたちは、これま

で生きてきたこと，生き抜いてきたことで精一杯で，子どもらしい体験がほとんどないのが実情です。そのため，養育者は，子どもたちがこの間体験してきた保護者との関係，そして保護者から受けてきた虐待から身を守るために，仕方なく身につけてきたスキルや反応のありよう（防衛方法）をよく理解してあげなければなりません。そして，保護者（おとな）との関係では体得，体験することのできなかった「共感性のある関わり」「基本的な信頼・人間関係」「誤って築いてきた対人パターン・発達課題」「自尊心の獲得」の育て直し，こころの回復が重要となります。そのやり直し，修正する機会が施設利用，「施設生活療法」であると言っても過言ではありません。

そして子どもが「自己のルーツを知り，理解し受け入れていくこと」また「自らの生い立ちを見ること」を通して，親（保護者）は代替のない存在であるということ，ひとりの人間（親）として短所も含め客観的に理解できるように援助します。

最後には，力が支配するのではない人間関係，互いの感情や考え方を尊重し合う関係，価値や考えの違いを話し合うことで互いを理解し合う経験を，日々施設生活のなかで体感することのできる支援を実施してきます。

### ● 実際の援助

長女は，継母との関係を振り返り，以下のような考えを述べています。

「今から考えれば互いに，ひとりの人間として（家族として），継母からの一方通行の会話ではなく，そこに第三者が入ることで，継母，自分たちの立場で話をする場所の提供があれば，親子分離という最後の選択肢を選ぶことにはならなかったと思う。しかし，妹とともに虐待され，父親も守ってくれなかった生活では，自分たちの意見を言える環境ではなく，また言う勇気も持ち得なかった。また私たちも素直に継母の言うことを聞くことすらできなくなっていた。一時保護されるときも継母からは『お前が悪い，反省をうながすために一時保護してもらうんだ』との発言があった。継母に対して望んでいたことは，私をひとりの人間として，家族として，高校生として尊重して欲しかったし，ひとりの高校生として『当たり前』のことをさせてほしかっただけである。」

長女が児童養護施設に入所してからの思いとしては，そこにはごく「当たり前の生活」があったということです。集団生活の枠があり，息苦しさはあるものの，精神的にはかなり楽になったのは確かでした。そこには「心の自由」があり，職員との普通の関わりなどを通じた「心地よい生活」があったのです。入所したときにほかの子どもたちに比べ年齢が高かったため，なかなか溶け込めずに自室に引きこもっていたこともありました。それを，「出ておいで」と職員がやさしくよんでくれて，話を聞いてくれることが嬉しいと感じていたようでした。叱られたときも，叱られたことへの腹立ちに変わりはないものの，継母の一方的な価値観による叱責とは違い，その後に残る理不尽を感じることはなかった，と言います。何かあれば守ってくれる，親身に聞いてくれる人の存在はありがたいと感じていたようでした。「普通の家族」への憧れはあったが，普通では経験できないことをたくさんできたと感謝の気持ちを素直に持てるようになっていました。

**リービングケア**
退所の準備から
退所後のケア

　姉妹とも日常生活のなかでの人間関係のあり方や，学校生活を普通に送るうえでの人との距離感や価値観を共有し，自尊感情を育てるよう支援しました。また，社会自立に向けたソーシャルスキルの獲得を主に援助しました。家族との関係については，姉妹の社会生活が安定するまで，実父との定期的な連絡にのみとどめ，姉妹が自分たちの思いで家族と面会できるまで待つことにしました。ただ家族とのきずなを継続できるよう，ケースワーカーが家族に姉妹たちの現状を報告することで深い溝を埋めていくことにしました。

### ● 援助の視点

　長女が高校三年になり，社会自立に向けていくなかで，日常生活・社会体験のスキルについては獲得ができていました。ただ，女性としてのエチケットマナーに欠けるとこがありました。とくに生理用品の無頓着な取り扱い（無造作に机の上に置いてあったり，使用済みのものがそのまま置かれてあったりする）があり，社会自立までに日常の女性としての身だしなみの獲得を支援し，自覚していくことを課題としました。その結果，就職試験の9月には自覚するようになり，居室の整理整頓，女性としての身だしなみを獲得することができた。

　一方，父親・継母との関係においては，本人たちの思いを尊重し，自分たちから連絡を入れるまでは距離を置き，おとなとして保護者を受け入れることができるようになるまでは，連絡を取らないことにしました。ただし，児童養護施設としては，姉妹が父親・継母とのすべての関係を断ち切るのではなく，家族としてのありようを大切にするよう考え，再構築できるように方向づけていくことにしました。

### ● 援助の実際

　姉妹は，児童養護施設に入所してから卒業して就職するまでの間，継母の顔を見ることすら嫌っていました。そしてできることなら，その存在を忘れていたかったのが正直なところでしょう。しかし施設に里帰りするたびに別れた家族のことが話にでて，2人は考えさせられたようでした。そこで次女の就職を機に，2人連名で母の日に継母に花束を贈りました。継母からお礼の電話がかかってきたことをきっかけに，実家を訪れた際には実父と継母の子どもがクッションとなって普通に会話することができました。そこには，家族としての6年間のブランクはありましたが，本当の再構築のスタートが感じられました。

---

**演習問題** ▶▶▶▶ 保育者としてあなたならどうする？

☞ 1．児童虐待を発見したらどこに相談・通報しますか？
☞ 2．兄弟・姉妹のいる家庭でDVがある場合，何を心配しますか？
☞ 3．子どもたちの最善の利益とはどう考えますか？
☞ 4．施設養育に大切なことをあげてみましょう。

**Memo**

# 2. 児童養護施設のケース②

### 事例の背景・概要

　母親と父親はスナックで知り合い結婚。父親は長距離トラックの運転手，母親は事務の仕事をしており，長男が出生。父親の浮気により家庭内でもめごとがあり，そのつど長男は父親の暴力も受けたり母親に罵られたりします。しばらく問題は沈静化しますが，長男の学校での粗暴な行動や学力低下が問題となり，夫婦不和が表面化。次男（本児），長女が生まれ経済的に困窮し母親がアルバイトで生活を支えますが，父親の浮気，生活費を入れないことから離婚となります。相談時には父親は行方不明。また長男（中学1年）は非行問題（窃盗・万引き・家庭内暴力）で警察に捕まり少年院送致。次男（小学2年）の通っている学校から児童相談所に登校してこない，長女の通っていた保育所からは登園せず不衛生な状態にあるとの通告が寄せられます。地域住民から家から異臭がする，次男らの夜間徘徊や万引きなどの目撃情報が警察にあり，2人は保護となりました。

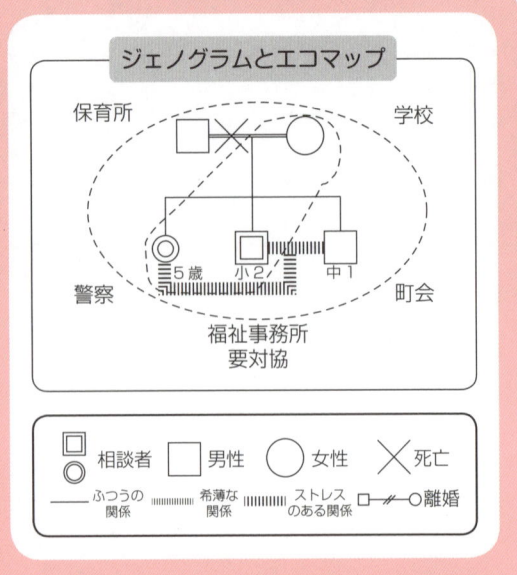

### ジェノグラムとエコマップ

□ 相談者　□ 男性　○ 女性　× 死亡
── ふつうの関係　┉┉ 希薄な関係　▦▦ ストレスのある関係　□─○ 離婚

　入所前に実父母が離婚、経済的困窮となり、母がアルバイトで生活を支える。長男は母より弟妹の世話や家事を全面的に任されたことから、そのことへの不満と両親への怒りを弟妹に対する身体的・精神的暴力としてぶつける。世話も放棄し不衛生な家庭環境となり、保育所・学校・地域住民からの通報が相次いだ。

### インケア　自立に向けての準備

　養育の基本として，生まれてきてよかったと意識的・無意識的に思うことができ，安心して自分を委ねられる保育者（おとな）の存在が重要となります。この保育者の存在が，子どもたち一人ひとりの成長を保障し，生きる力となり，社会自立のための知恵やスキルを獲得していくことにつながります。次男（小学校2年生）と長女（5歳）は，日常生活（朝起きて就寝までの一般的な生活リズム）の獲得からはじまり，保育者との関係を密に保つことからスタートとし，子どもとしての成長・発達を保障し，理想的な情緒面，学習面での成長，そして自立へと支援していきます。

### ● 援助の視点

　子どもとの関係を構築するための手段として施設内での日常生活（衣食住）を大切にすることからはじめます。たとえば食事については，いつ何を食べるかではなく，誰とどう食べるかが大切であり，施設ということでなく家（お家）という住み慣れた住居環境を提供することを重視します。またここ（施設）が，自分を大切してくれる場所であるとの認識を持てる場所としていくことが重要となります。そして服装にしても個性と自分の主張（メッセージ）となる養育文化とし

148

ての日常生活と考えていきます。そのなかから年齢相応に獲得すべき生活習慣を獲得していくことで，情緒安定につなげていきます。

また，ネグレクトされてきた環境の結果，遅れの目立つ発達，学習についても，日常生活の安定を通じて確立していくようにします。

学習面では，基礎学力の向上および義務教育の保障と，高等学校への進学および上級学校について検討し，自立に向けた個々の選択肢の広がりを援助・支援していきます。このほか，安全・安心できる良好な環境を提供することで，保育者への依存関係を確立し，人との愛着関係を築いていきます。そして重篤な虐待ケースを除いては，できる限り家族再統合の可能性を探り，とくに保護者の生活環境の改善を重視し，家族再統合を援助の第一としていきます。

### ● 援助の実際

児童相談所の地区担当と家庭訪問すると，四軒長屋のひとつの家で，まず驚いたことは，横開きの玄関ドアがなく，長いのれんがかかっているだけだったことです。のれんを開けると玄関には靴・スリッパが散乱し，左の台所には弁当の食べかす，カップめんなどのゴミが山積みにされていました。二間続きの手前の部屋にもゴミが散乱しており，足の踏み場もない状況でした。猫の糞尿などの臭いもきつく，家のなかに靴をはいたまま上がろうかと思うほどでした。奥の部屋には布団が敷きっぱなしになっており，そのあたりも当然ゴミだらけでした。布団の上には猫が5匹おり，上がっていくと裏へと飛んでいくありさまです。ジトッとする雰囲気で，布団も湿気を帯びているような状態で，どす黒くなっていました。その布団をめくると畳にきのこが数本生えている状態でした。こんな環境で子どもたちはどこで寝ているのかと疑問に思い，右側を見ると2段の押入れがあり，下に衣類などがぐちゃぐちゃに突っ込んであり，上の段には布団があってそこで子どもたちが寝ていたような形跡がありました。そこにも猫がおり，やはり異臭を放っており不衛生な家庭環境でした。

母親が家に帰宅している様子はなく，一駅先のスナックで寝泊まりをしている様子でした。子どもたちは毎日夜になると家から約7kmほど歩き1日1,000円のお金をもらうのが日常となっていたようでした。長男はその1,000円を弟妹から奪い取り，自分の遊ぶお金として使ったり，母親から2人の世話をするように命じられていながら，家のなかでは弟妹に家事の命令をするばかりで，聞かないときには暴力をふるっていました。さらにお腹が減ると次男に万引きをさせたり，妹に物乞いをさせたりすることもたびたびあり，それに従わないときは金属バットを振り回したり，直接殴るということもありました。近隣の住人が見かねて警察へ通報することもあり，母親のいない家ですべての怒りを弟妹にぶつけていた様子でした。しかし，どこからの収入かはわかりませんが，長男はたまに弟妹にお小遣いをあげていたようで，弟妹には兄を慕う思いはありました。長男が警察に捕まったときには，「お兄ちゃんはどうなるんだろう」と民生員に話していたようです。しかし長男は弟妹のことはふれず，「俺がこうなったのは家族のせいだ」と話していたようです。

保護されたときは，次男は頭が臭く服もドロドロで，学校へ行くこともできなかったことがわかります。長女は無表情で「この人は私にとって何なんだろう」という眼差しでじっとおとなを見つめているのが印象的でした。

施設での面会室で児童相談所の担当ワーカーと保育士たちが子どもたちの面接

をすることになりました。長女は，保育士のよびかけにも表情ひとつ変えず微動だにせず硬くなっており，保育士が抱きかかえようとすると緊張し，かなり重く感じられました。今まで抱っこされた経験があまりなく，おとなに身をまかせ委ねるができていないであろうことがわかりました。2人ともあまりにも臭いがきついため，まずは幼児の生活棟で入浴させました。次男は保育士の「お風呂に自分で入れる？」という質問に「入れる」ということでまずはひとりで入浴させましたが，ものの2,3分で出てきてしまいました。確かに湯船につかってはいるようでしたが，石鹸で体を洗い，シャンプーで頭を洗って体を清潔にするということは教えてもらっていなかったようでした。保育士が頭を洗ってあげるとシャワーの湯がどす黒く流れ，シャンプーもはじめは泡が立たないくらいでした。

　入所後，長女が表情豊かに笑うまでに2週間ほどの時間を要し，次男も施設の生活に慣れ学校に登校するまで10日ほどかかりました。まずは生活の安定（衣食住），また養育者からの見守り，安全でいられる日々が，平々凡々と繰り返される生活からのスタートとなりました。次男は不登校気味だったので掛け算もわからず音声言語での会話は理解できましたが，書き言葉などについてはあまり理解できていませんでした。そのため学習保障することによって，学習面での遅れを取り戻すことができるようになり，情緒的にも安定しました。

### リービングケア　退所の準備から退所後のケア

　次男と長女は日常生活および社会自立に必要なスキルを獲得しつつ，高等学校を卒業し，社会自立ができるよう援助していくことにしました。また，身近な人との関係や，自尊感情の獲得，さらには家族（長男・母親）への思い，長男との関係回復を目指し，家族での再構築をスタートさせることが目標となりました。
　一方，母は昼間の仕事への変更および少年院を退院してきた長男との生活を大切に送り，弟妹の受け入れが可能になるよう，ケースワーカーとの協議を重ねました。ただし次男，長女の考えを尊重し，焦ることなく家族再構築が可能となるよう援助しました。

#### ● 援助の視点

　次男については日々の生活スキルを獲得し，一つひとつの行為と意味を結びつけ，獲得していきました。また，学習保障については音声言語と書き言葉との違いからはじめ（ひらがな・カタカナからはじめ），基礎学力の向上を図りました。
　また，長女については保育者との関係を大切にし，依存体験を増やしていくことにしました。とくに喜怒哀楽の感情表現を表出させ，年齢に応じた発達スキルの獲得に努めました。幼稚園に通い，他児との関係・存在を確認し，日常の生活体験を多くすることにより，自立へと育んでいくことにしました。母親とは，互いに認め合っているような関係はあるものの，親子関係といえるものではなく，再構築を進める上で時間をかけていくことにしました。

#### ● 援助の実際

　次男と長女の学習面においては，大学生の学習ボランティアに週2回（2時間）程度個別に学習指導してもらい，基礎学力を向上させました。日常生活においても，保育者の手伝いや小さい他児への世話などを通じ，自分の生活習慣を獲得させていきました。また高等学校通学により，社会自立に向けた基礎的な経験をつ

むことができました（通学路のターミナル移動，定期券の利用，クラブ活動による遠征，コンビニでの買い物，また友人との外食チェーンでの食事など）。またアルバイトを経験することで，社会自立で重要な人間関係におけるコミュニケーションの重要性を体感し，社会自立への自信を獲得することができました。そして，次男は中学校・高等学校を卒業し，社会自立につながりました。長女も職業訓練学校に通い，社会自立につなげることができました。

　一方，子どもたちを保護したことにより母親はひとりの生活となることで，ストレスも軽減され自分の生活を見直すゆとりができ，児童相談所の担当ワーカーとも良好な関係で相談もできるようになりました。昼間の事務および弁当屋でアルバイトをしつつ，次男，長女との面会からのスタートし，その後母子3人での外出を重ね外泊へとつながっていきました。長男も少年院より戻り，新聞配達をしつつ母親との生活をともにし，安定した生活を送ることができるようになりました。また次男，長女との面会にも協力的でした。母親からは以前の高圧的な様子は見受けられないため，次男・長女の家庭引き取りの検討もされました。しかし経済的な理由，また長男との関係，家族4人のそれぞれの生活を考え，次男，長女についてはそれぞれの力を育てて上級学校へ進学させ，その成長を支援し社会自立の実現を視野に入れることで家族との調整を行いました。最終的には次男，長女はそれぞれマンションを借り一人ひとりが独立して，母親と長男の住むアパートから徒歩の距離で生活を送っています。

---

### 演習問題 ▶▶▶▶ 保育者としてあなたならどうする？

1. 児童養護施設に入所してくる幼児に対して依存・愛着関係や情緒安定を図るために重要なことは何でしょうか？
2. 社会的発達の8段階について考えてみましょう。
3. 児童養護施設における高齢児（中高生）との接し方で大切にすべきことを考えてみましょう。
4. 地域社会との連携のあり方について具体的な協力者・関係機関をあげてみましょう。

# 3. 母子生活支援施設のケース①

## 事例の背景・概要

　高校生時代から交際し，別々の大学を卒業後，お互いに社会人経験を経て結婚。交際中から続くDVで，徐々に夫の顔色をうかがうようになり，暴力をうけるのは夫の意見やペースに従えない自分が悪いのだ，と思い込んできましたが，妊娠後さらに暴力がエスカレートし，長男・長女に対しても暴力が及んだことで友人に相談しました。その結果，不仲と思っていた関係が実はDVであったことに気づき，男女共同参画機関へ相談したところ，母子生活支援施設緊急一時保護に至り，2週間の一時保護期間中に夫の顔色をうかがわなくてもよい穏やかな生活を経験し，安心できる毎日を取り戻したいと決意し，入所に至ります。

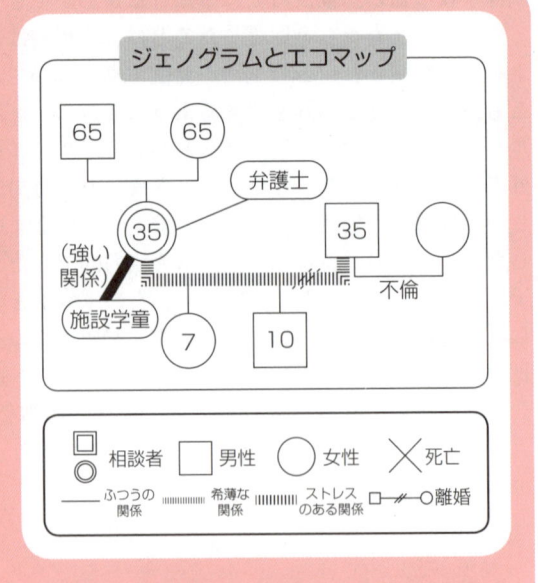

### ジェノグラムとエコマップ

母は夫と同年齢の35歳。母方の両親は結婚に反対。夫は，大手商社に勤務し高収入だが，職場の女性と不倫が疑われる。子どもは小学校高学年の長男と小学校低学年の長女。長男は他者へのおびえがみられ，チック症状が現れている。長女は天真爛漫で，兄を慕っているが，兄からいじわるを受けている。

## インケア　自立に向けての準備

　まずは本ケースの強みと課題の洗い出しを行い，世帯の自立へ向けた見立てを立てていきます。
　DVが主訴の場合，DVの証拠となるような暴力の痕跡が残されていないことはよくあることですが，暴力を立証できなければ保護命令の発令は見込めません。裁判所は保護命令発令によってDVの有無を判断するため，もし夫が面会交流を要求してきた場合，最終的には子どもたちがいかに裁判所の調査官に「父親とは会うべきではない」という印象を与えることができるかにかかっています。そのため，子どもたちにとって，調査官との面談が過度なプレッシャーになりかねません。多くの被害者がこの問題に立ち向かうこととなり，非常につらい思いをしているのが現状です。
　一方で強みもいくつかあります。母子生活支援施設へ避難したケースの最大の強みは，文字通り母子で安全な居場所へ避難できたことです。これは子どもを残して避難した場合よりも，親権を争う際に格段に有利になります。
　もうひとつは，着の身着のままで避難した場合においても，不自由なく生活できるある程度の必要物品が備えられていることです。区役所や警察署のDV相談窓口では，夫の留守を見計い，少しずつ準備を重ねて現金・銀行通帳・印鑑などの悪用されたくないもの，アルバムなどお金に換えられない品々，愛着ある家財

道具や衣類などを安全に運びだすよう指導されますが，準備できない場合も多くあります。そのため，新しい環境に慣れ，自立に向けて前向きに進んでいくためにも安心できる環境を整えられている母子生活支援施設に入所することは大きな力となります。

そのほか，仕事に役立つ資格の取得は安定した職を得ることにつながります。仕事を始めると社会とのつながりをより感じられるようになり，DVによって著しく損なわれた自尊心を回復させる一助となります。さらに家族や友人といった専門支援者以外の存在は，退所後の大きな支えとなります。

このように，強みと課題を洗い出し，課題解決の優先順位を決め，支援の計画を立てていきます。

### ● 援助の視点

DV被害が主訴の場合は，常に「100％被害者の味方でいる」という意識で寄り添う視点が，被害者のエンパワメントにはとくに必要です。どのような落ち度があったにせよ，暴力で傷つけるという選択をした加害者側の責任を軽んじてはなりません。

また，多くの被害者が，自分という存在を否定され，価値を低められ，自分を押し殺し続けてきたために，「何かを選択する」ことがとても苦手です。一つひとつの自己選択・自己決定に寄り添い，答えを急がず「失敗しても，やり直すことはできる」という体験を積み重ねていけるようサポートしていくことが大切です。

暴力と支配の関係から避難したばかりの母子は，些細なことにも傷つきやすく，被害感が高まりやすいため，支援の初期段階で丁寧に手厚く関わることが，信頼関係の構築にも大きく影響します。

父親がDV加害者である場合，子どもたちのおとなへの信頼感が損なわれ，父親像・男性像について歪んだ認知を抱いて混乱していることがあります。そのため，男性スタッフが中心となって「正しい男性モデル」を示していく必要があります。一方で，子どもたちが母親に対して抱いている感情も複雑である，という視点を忘れてはなりません。子どもたちにとって母親は，父親のDVから共に避難した運命共同体であると同時に，今までの慣れ親しんだ生活を奪った張本人，という相反する感情を抱かせる存在でもあるからです。そういうネガティブなイメージが膨らみやすい過酷な被害状況下にいた子どもほど母親を「力で簡単に押さえつけられる，弱い＝ダメな存在」と考えがちです。

だからこそ，母と子が共に入所できる唯一の児童福祉施設として，母子生活支援施設のスタッフは，こうした危うい母子関係を生活のなかで見守り，必要に応じて調整を図っていく重要な役割を担うこととなります。

また，家庭のなかで父親について話題にする機会がしばしば奪われてしまいやすいものです。そういった声なき声を拾えるように，意識して子どもたちに寄り添うこともとても重要であるといえます。

### ● 援助の実際

先に述べたことを踏まえ，洗い出したケースの課題を入所期限内に解決すべき課題と退所後にアフターケアとして行っていくべき課題とに分けます。さらに相談者のニーズを踏まえ，解決すべき課題の優先順位をつけ，取り組んでいきま

す。DVが主訴のケースにおいては自尊感情を取り戻していくためにも、自己否定や失敗感につながらないよう無理のない小さなステップに調整し、達成感を積み重ねていけるように配慮する必要があります。

とくに、子育ては計画どおりにいかないことの連続であるということを想定した柔軟な対応が求められます。安全な環境におかれたことで、過剰なまでに張りつめていた緊張の糸が切れ、家事など生活そのものが避難する前よりも円滑に運ばなくなることもあります。施設生活のメリットは、そうしたときに世帯を孤立させず、当たり前の毎日を安全に過ごす機会を提供できることにあります。それでも長引く裁判に母親が憔悴し、不安定になり、その影響を子どもたちが受けることも多いものです。

そういうときに心理士と密接に連携してケアに努めるとともに、母と子それぞれに応じた支援を提供します。

転校あるいは転園し、新たに友達の輪のなかに入っていくことは、子どもにとっては大きなストレスです。援助者は母子関係がこじれないよう間に入って注意深く見守り、子どもの集団のなかではどの子の意見も平等に、尊重して扱い、エンパワメントを心がけます。

一方でDV家庭のなかに育った学齢児の多くは、いつ暴力にさらされるかわからず、生きることに必死で、落ち着かない環境で生きてきたために、学習面での課題を積み残しがちです。そのため、学習支援員と共に宿題をフォローし、学校とも連携を図り、学習意欲が損なわれないよう配慮し、学習の機会を取り戻していくことが重要です。その結果、少しずつわかってくると授業が面白くなり、本人の努力次第で段々と学力も同級生に追いつくまでになっていきます。

本ケースでは、そうした母子の成長のなかで、もっとも苦しい面会交流を争う時期がきました。家庭裁判所の調査官は来所時に、父親に会いたい気持ちはどれくらいあるのか、1％でもあるのなら会う方がよい、軽い気持ちではなく、真剣に考えてほしい、と言いました。子どもたちは動揺しました。また母親は、決死の思いで夫のもとを離れた苦労が報われないかもしれないと不安になり、一時治まっていた偏頭痛が再発したり、わけもなく涙がでたり、不眠になったりと深刻な精神状態になっていきました。

そうしたなかで試験的に子どもたちは父親と手紙のやり取りを行いました。しかし、父親からの手紙には母子への謝罪らしいことはあまり書かれなくなっていきます。子どもたちは、父親が本当には母親や自分たちが受けた暴力に対する自分の非を理解していないと気づき、第2回目の調査官の来所時には、「今の生活を大事にしたいから、もうお父さんには手紙は書きたくないし、会いたくない。お父さんに会いたくなったら自分たちでちゃんとお母さんに相談して手紙を書くようにする。」と、きっぱり言い切ることができ、調停は母子の意向に沿う形で終結となりました。

**リービングケア**
退所の準備から
退所後のケア

離婚の成立にまつわる諸々の手続き後は、母親は、長男の小学校卒業を機に退所することと決め、家計をやりくりするため、取得していた教員免許の資格を生かした仕事探しに力を注ぎました。退所までは学童保育の補助職員として、施設で雇用し、安全な環境で教師として働く感覚を取り戻してもらうこととしました。

退所先の設定は、実家近くとしました。理由は祖父母の介護の心配とDVの追

跡の危険性を考慮し，いつでも母子が心身を休め，甘えられる場所の確保を重視したからです。そして地元にDV被害者支援の場をつくるという新しい夢を実現させるためでもあります。

### ● 援助の視点

入所理由である主訴の解決は被害者の回復の第一歩です。しかしDVの影響は簡単に消せるわけではありません。自助グループを地元に見つけておくことも大切です。また，万が一の危険に備える防犯グッズの購入や警察・役所へのDV被害者向け支援措置の相談も有効です。

### ● 援助の実際

教育現場への復帰を果たし，毎日忙しく過ごしながら，田舎でのびのびと子どもたちと過ごしていると笑顔で語ってくれました。時々施設へも遊びに来てくれ，ちょっとした相談に応じたり，退所者も職員もお互いが近況報告をしあっていく，そういう関係性を細く長く続けていくことがアフターケアとなっています。

新たな目標をみつけ，前を向いて生きていけるまでには3年という年月はあっという間です。それでも施設での生活を経て，生きなおす居場所を見つけた母子は，今後の人生で困難な状況に陥ったとしても，乗り越えた経験を自信に変えてやっていけるだろうと確信しています。

---

**演習問題 ▶▶▶▶ 保育者としてあなたならどうする？**

1. 子どもたちにDVから避難し，施設に入所することを，母親がうまく説明できなかった場合，具体的にどのように母子関係をフォローすればよいと思いますか？
2. 男性職員として，あるいは女性職員としてDV被害者への対応で注意すべき点を，グループで話し合いましょう。
3. 子どもたちのアフターケアとして具体的にどういうことが実行できますか？

# 3. 母子生活支援施設のケース②

### 事例の背景・概要

母親は一人っ子の家庭で，過プレッシャーのなかで育てられ反発心から早くに結婚しました。2人の子どもに恵まれるも，借金癖が改まらない夫とは離婚。夫の借金の保証人として多額の負債を抱えて子ども2人を引き取り，昼はサービス業の仕事，夜はスナックのホステスとして必死に働き，借金を完済していきました。しかし，そういう必死の生活のなかでの子育ては難しいもので，時に『力』づくで「しつけ」をするため，とくに長男への力づくの姿勢は顕著でした。そうしたなか自宅で強姦被害に。容疑者は逃走中。今後，容疑者逮捕および刑罰の確定により身の安全が図られるまでを期限とし，当施設へ母子で避難に至ります。

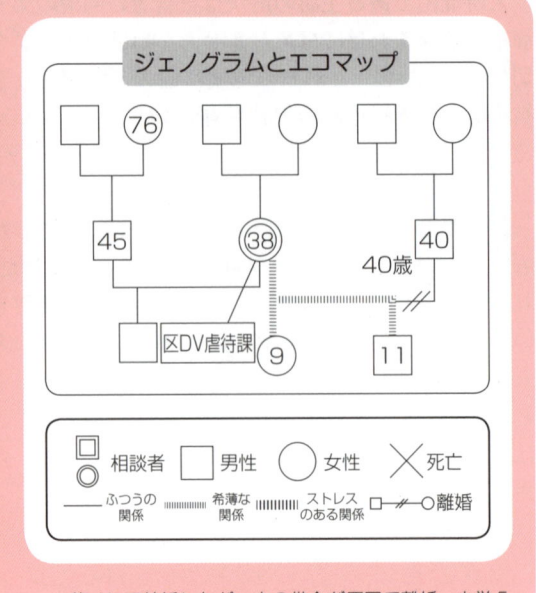

### ジェノグラムとエコマップ

□ 相談者　□ 男性　○ 女性　× 死亡
── ふつうの関係　┄┄ 希薄な関係　╫╫ ストレスのある関係　┤├ 離婚

若くして結婚したが，夫の借金が原因で離婚。小学5年生の男児，小学3年生の女児がいる。今でも2人は前夫の両親（祖父母）にはなついており，母親が仕事で遅くなるときは祖父母の家に泊まることがある。母親は交際中の男性があり，その男性の子どもを入所後に妊娠。この出産について長男は反対，長女は賛成している。

### インケア　自立に向けての準備

まずは本ケースの強みと課題の洗い出しを行い，世帯の自立へ向けた見通しを立てていきます。

課題となる点は経済的困窮と強姦被害からの回復，母子関係調整などいくつか考えられます。

母子生活支援施設は児童福祉の施設であることから，母親には入所中は水商売の仕事を辞めてもらいました。このため，収入が格段に下がりました。ただでさえ収入の少ない母子家庭にとっては，大きな打撃ではありますが，その分今まで留守番をして寂しさを我慢してきた子どもたちにとって，夜に母親が家にいてくれる，そういう当たり前の幸せには，お金には代えられない価値があるものです。母親には仕事で得たお金以外で子どもたちに示せる愛情があることに気づくきっかけにできるかもしれません。

ただ，難しいのは母親自身の子どもたちのそうした思いを受け止める力が，強姦被害により弱まってしまっていることです。それに加えて今まで『力』によって母親に「しつけ」をされてきた子どもたちの思いがあふれてしまうことで，母子関係の再構築をより難しくしてしまう可能性が高くなることも予想されます。

世帯の強みとしては，母子生活支援施設に入所できたことで，母子関係を調整してくれる支援者の存在が近くにあり，また心理的なケアを行う心理面での支援

者が生活以外の部分をサポートしてくれる環境が保障されることです。
　このほかに母子生活支援施設に入所できた利点として，経済的に苦しくても何とかやりくりし，たくましく暮らしているほかの母子家庭との交流の機会を持ち，ひとり親として生きづらい社会の荒波を共に乗り越える仲間と励まし合うということ，また公的機関の支援サービスの情報をお互いに交換しながら，新たな支援にアクセスしやすくなるという点などが挙げられます。

### ● 援助の視点

　これまでの母親の行動から，子どもたち，とくに『力』でねじ伏せられてきた長男が思春期に表出させるであろう行動に気をつける必要があります。支援者として，それらが母親の影響を受けた子どもらしい当たり前の行動であることを認識しておく必要があります。
　また，長男と母親の関係が良好な変化を見せ始めれば，今度は今まで兄と母の間で調整役としておとなしく甘んじていた長女が問題行動を表出させるであろうことが想定されます。そこで，長男と母親の関係形成中に，長女へのケアも同時並行で進めていく必要があります。そこでこれらの関係調整には，世帯の担当以外に各子ども専用の担当者を配置し，また母親の強姦被害への回復と経済的に過酷な生活を強いられてきた過去の状況と子育ての難しさを見つめなおしてもらうために心理士を交えた，チームで連携して支援にあたる必要があることを念頭に置いておかねばなりません。
　そして支援者としては，すべての課題が解決するには入所期限の３年間では十分ではないことも大いにありうることを理解し，支援の優先順位と限界点を施設内で共有しておく必要があります。
　支援の壁に行き当たったときには，この母子関係が引き起こすであろう問題点を解決するための上記の視点に立ち戻ることが重要になります。そして，母子生活支援施設の特徴である家庭的な安心できる環境で，エネルギーを充電する機会を十分に提供することが必要になるだろうということを，何度でも職員間で共有しなおしていく必要があります。
　また，退所後のアフターケアの方向性を定める上での世帯のニーズも再度確認が必要となります。

### ● 援助の実際

　転校後，しばらく順調に見えた母子関係でしたが，長男は，あるクラス内のもめごとをきっかけに，登校をしぶるようになり始めました。登校できたりできなかったりを繰り返すうちに，真面目な性格の長男はそんな自分への自己否定感がどんどん高まっていき，小学６年生になる頃には完全に不登校になっていました。
　後から母親に聞きとった話によると，入所前にも登校しぶりをしたことがあり，そのときには『力』でねじ伏せ登校させていましたが，今回は『力』で負けてしまい，行かせることができなかった，ということでした。このエピソードをきっかけにして，母親と担当母子支援員は，『力』に頼らず子どもたちを「しつけ」をしていく工夫を一緒に考え，困難な長男との関係の再構築ができるよう試行錯誤していきました。一方で，長男はついに『力』で母親に勝ったことから，『力』による支配の簡単さを覚え，その思いを増長させ，『力』で負けた母親に対してまちがった形でさまざまな要求を強いました。

たとえば，不登校は自分自身の問題であると理解する一方で，その原因には転校させた母親の存在が大いにあり，母親のせいで不登校になってしまった自分は被害者だ，と主張しました。そして，幼い頃から母親が自分にしてきたさまざまなつらい仕打ちについて謝罪を要求し，このように狂ってしまった自分の人生の責任をすべて償えと脅しました。

　母親は，それらに対し，話を聞くときもあれば，仕事の忙しさを理由に向き合うことができないこともしばしばありました。もちろん，長男の話に向き合えない背景には，母親が強姦被害からの回復が十分にできていない状況や生活の苦しさもありました。強姦被害について，犯人が複数の犯行の容疑で逮捕され，懲役が確定しました。母親は自ら警察とやりとりを行い，情報を入手するなど，気丈な面もありました。気丈で，だからこそ弱音を他人に吐くことや，弱い部分を見せることが苦手な母親なのだ，と理解する支援者の前で時折見せる涙には，深い傷つきが感じられました。

　そんななか，入所前から交際のあった相手との子どもを妊娠してしまったことが発覚し，入所を続けることについて施設職員同士でも支援の方向性で意見がぶつかり，さまざまな議論が飛び交いました。

**リービングケア**
退所の準備から退所後のケア

　本来，入所中に妊娠し，出産することは施設の利用主旨にそぐわず，即退所を勧告するのですが，母体保護と世帯の親子関係の再構築支援，また不登校の長男の進路支援，取り残されがちな長女への支援を考慮し，安心・安全な出産環境の提供と，生まれてくる子どもがある程度成長するまでをめどとした入所の継続を許可していくことが，行政との協議の結果，特例で決まりました。

　妊娠・出産がきっかけで退所までの期限が定まり，ズルズルと親子関係の修復を先延ばしにはできなくなったことで，当初の自立支援計画とは違った形ではあるものの，行うべき退所の準備やアフターケアの方向性も，かえってシンプルに見定めることができるようになるかもしれません。

### ● 援助の視点

　この件に関し，交際相手を交え，施設責任者，母子支援員，母親で世帯の困難な状況を共有しつつ，親としてそれぞれの責任についても確認しておく必要があります。

　また，子どもたちに対しては，母親が今後，養育していかなければならない幼い命を，長男と長女が受け入れることができるようしっかりと事実を話し合う機会を設定する必要があります。そして，父親の異なる兄弟同士が，互いに一定程度，理解をしながら力を合わせて同じ家庭内で生活していけるよう，それぞれの思いを受け止め，調整を図っていく必要があります。

### ● 援助の実際

　最初のうちは当然，長男は激しく反発しました。一方，長女は新しい家族に対して肯定的な姿勢を示していました。

　そのうち，母が産休・育休を取り，家庭にいるなかで長男と本音で向き合う機会が持てたことで，お互いに少しずつ歩み寄りを始めました。そうなると，長女が今までの我慢をやめ，自己主張しはじめ，登校をしぶるようになりました。こ

れが母には大変ショックでしたが，スタッフから聞いてきたことが現実となったことから，自分の子育ての新たな見つめ直しのきっかけとなりました。

一方，交際相手は介護が必要な母親が存在し，すぐに籍を入れ，同居することはできないという状況でした。しかし父親としての責任は果たすということで，育児の協力を約束しました。

長男・長女は，この交際相手に対して一定の距離を保ちながらも，長い間母を支えてきた人であろうという認識ができ，存在を認めつつ，交流をしていける様子でした。

長男・長女ともに携帯電話のSNSで知り合った友人らとの交流のなかで励まし合い，交流を経て自分らしい人生を選択していくようになりました。そういう近況報告をするために，退所後も友人を連れて来所したり，母が病後児保育などで来所することなども，時々ではありますが継続しており，ゆるやかなアフターケアが継続しています。

---

**演習問題 ▶▶▶▶ 保育者としてあなたならどうする？**

1. 今後，母子関係で問題が発生した場合，どのようにフォローすればよいと思いますか？
2. 思春期の子どもたちに対するSNSや携帯電話使用に関する注意喚起を具体的にどうしていけばよいと思いますか？
3. 母子へのアフターケアとして，具体的にどういうことが実行できますか？

# 4. 障害児施設のケース①（盲児施設）

### 事例の背景・概要

S君は未熟児網膜症により全盲となり，軽度の知的障害（療育手帳B2）を重複しています。母親も軽度の知的障害者でした。S君が5歳のときに，父親が突然行方不明。生活保護により生計を立てるようになり，その後，母親の知人の男性が家に入り浸るようになります。視覚支援学校の担任がS君の頬にアザがあることが気になり，児童相談所に相談しました。ケースワーカーが家庭訪問すると，家のなかがまったく整理されておらず，足の踏み場もない状態になっており，S君に対しても十分な栄養のある食事を与えることができていない様子でした。また，知人男性と母がS君への暴力を認めたため，児童相談所に一時保護となり，X盲児施設へ措置入所となりました。入所当初は食事や着脱衣などの身辺処理はほとんどできず，生活面での全面的な介助が必要でした。また，人との関わりや，意欲的に行動するといった面もあまりみられませんでした。

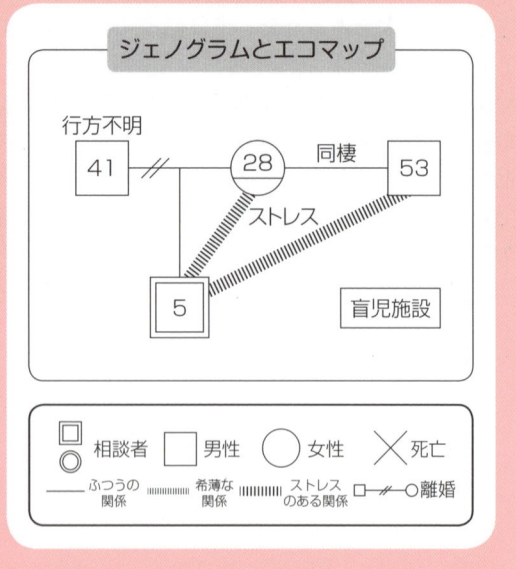

**ジェノグラムとエコマップ**

父親の失踪後，母親の生活能力の乏しさが徐々に現れるようになり，S君の生活環境は悪化。さらに知人男性の出現により，母親はS君の存在が疎ましくなってきた。知人男性がS君に暴力をふるうようになると，母親も同様に暴力をふるうようになった。S君は知人男性や母親に対し強い恐怖心を感じていた。

### インケア　自立に向けての準備

将来できるだけ自立した生活が送れるようになることを目標として，基本的な生活動作の獲得に向けて，継続的かつ具体的な指導を行います。また，触覚や聴覚などの視覚以外の知覚活動を通じたさまざまな経験や，人や地域社会との交流を通して，外部環境への関心を広げ，社会性や望ましい人間関係の形成とコミュニケーションの方法を学び，自立生活に向けて，主体性と社会適応力を身につけることができるよう支援を図ります。

### ● 援助の視点

①情緒の安定を図り，安心して生活できる環境を提供します。
②自立生活に必要な，適切な日常生活習慣や生活動作，社会適応能力を養います。
③主体的な自立行動を支えるために，情報の収集・把握能力の向上を図ります。
④将来の生活の目標設定のための選択肢を情報提供し，目標を共有します。

　父の失踪，施設入所にともなう親子分離，そして虐待と，生活環境の大きな変化と精神的なショックなど，子どもの心情を踏まえて，安心，安全な生活を提供し，愛情や基本的信頼感を基本とした関わりで情緒の安定を図っていくことが求められます。また，いつでも相談できる関係づくりをしておくことが子どもに

とって重要です。

　将来，できるだけ自立した生活を送ることができるようになることを目指し，基本的な日常生活習慣や日常生活動作を身につけるよう具体的・継続的に支援していきます。また，視覚からの情報が得られないことから，自発的な移動や運動，他者との関わりが少なく意欲がみられないことが多く，子どもが楽しみながら環境認知能力を高めていけるように支援するとともに，日常生活における諸動作やコミュニケーションスキル・社会性を学んでいき，その能力を伸ばしていけるように支援します。忍耐強く子どもを支え，励ましながら共に目標に向き合い，わずかな変化であってもしっかりと評価し，子どもが自己効力感を高めていけるよう関わっていきます。

　また，退所後の進路については自己決定ができるように支援していきます。将来の可能性や希望を子どもがイメージしやすいように具体的な情報の提供を心がけ，学習支援や進路選択といった支援体制を整えていきます。進路の決定については本人の意見を尊重しつつ，学校や施設などの関係者・関係機関が連携・協働して支援していき，なるべく早期から個別的に具体的な支援を行い，可能性を広げるとともに，計画的に推進していきます。

### ● 援助の実際

　S君のこころの混乱や葛藤をやわらげるよう，気持ちに寄り添いながら，関係を築いていきました。S君が自分の気持ちなどを話しやすい雰囲気をつくり，話の時間を設けたり，声がけを積極的に行いました。

　食事や着脱衣などの生活習慣に関しては，動作やマナーの動きを正確にイメージできるように，手を取りながら具体的な言葉がけによって動きを伝えます。S君は学校から帰ってきた後など，居室で寝転がっていることが多く，ほかの児童と積極的な関わりを自分から持とうとはしませんでした。自分から自発的に行動していくという積極性や生活意欲に欠けるため，追いかけっこや音の鳴るボールを使用した遊び，ゲームを通したやり取りで，ほかの児童とのコミュニケーションや活動の機会を増やし，対人関係の持ち方や集団活動の楽しさやルールを学び，外部環境への関心を高めるとともに，環境把握能力の向上を図ることにしました。とくに，地域交流の機会の提供や地域の人との関わりを通して，社会性を学び，さまざまな人との関わりや自立生活を円滑に進めていくための対人関係スキルを備えることができるように指導しました。

　将来，白杖を使用して単独歩行ができるようになることを目標として歩行訓練に取り組みました。まずほかの児童とぶつからないように安全な空間を設定し，不安を取り除いての歩行をうながすとともに，壁や手すりに沿って伝い歩きをしていくことから始め，継続的に取り組みました。中学校への進学後，学校への単独通学を目標とし，白杖を使用した歩行訓練を行いました。白杖の使用方法（振り幅など）について指導し，実際に外出して歩行訓練を行いました。まずは施設周辺での同行訓練から始め，徐々に距離を伸ばしていきました。また，社会環境の把握と同時に，電車の乗り方などの基本的なルールを学ぶ機会を設けました。単独での歩行訓練では，職員が見守り，施設と学校の往復ができるようになるまで支援を行いました。

　さらに中学校入学後，進学や就労，生活形態などの進路について話をしました。S君としては施設には入りたくないと考えていましたが，母親や家庭の状況

から，家庭復帰は難しいことを話し，S君もそれは理解し，家庭に戻ることは敬遠しています。マッサージの仕事に関心を持ち，当面は高校への進学と，理療科への進学を目指すことになりました。理療科に関しては，能力的に困難が予想されましたが，学習支援を行い，様子をみていくことにしました。

高校進学後，学校の担任とも話し合いますが，理療科への進学は現状の成績では難しいといった説明を受けました。担当職員も難しいであろうと思っていましたが，S君の「一度は挑戦したい」という希望を尊重し，理療科への受験を引き続き挑戦する方向で支援を進めました。

**リービングケア**
退所の準備から退所後のケア

退所後に自立した生活ができるように，日常の生活指導において社会性や協調性を育成するとともに，自活訓練や地域生活移行に向けての支援など，生活能力の向上を図る支援を行います。また，進路について定期的に話し合い，本人が主体的に進路を切り拓くために，動機づけていきます。

高校卒業後の進路を見据え，高校を卒業するための支援と，その後の進学を視野に入れた支援を行います。また，就労の可能性を考え，どういった職業が向いているのかについて学校や関係機関とも連携し，本人の就業能力を高めるための訓練を行うといった就労支援や日中活動の場の開拓もあわせて行います。

退所後の支援（アフターケア）として，関係機関と連携し，本人を中心とした支援体制を整えていきます。

### ● 援助の視点

進路の選択について本人が主体的に選択できるように支援していきます。退所後，本人がどのような生活をしたいのかについて，本人の思いや希望を受容するとともに，しっかりと話し合い，本人と支援者が情報を共有することが大切です。その際，どういった生活形態があるのか（居住の場），（日中活動），（余暇）など，本人がイメージしやすいように情報提供し，何があれば本人が望む生活ができるのかについて，本人と一緒に考え，目標を明確にし，現状と課題について把握します。退所後までの支援を施設の取り組みとして位置づけ，計画的・統一的な支援を展開していきます。

また，本人が円滑に地域での自立生活に移行できるように，生活経験の幅を広げるとともに，具体的な体験学習を通じて，実践的な社会生活力を獲得できるような機会を提供します。

進路については，いくつかの可能性を考慮し，複層的な対策を練っておきます。学校や地域の関係機関，あるいはボランティアなどと連携・協力して，進学を奨励する支援や就労支援などの取り組みを行います。施設や職員が本人の可能性や能力を奪ってしまわないよう，個別性を尊重し，既成概念にとらわれない幅広い支援の展開を図ることが大切です。

退所後，本人が生活していくうえで直面する諸問題について，本人が気軽に相談でき，支援してくれる関係機関と，本人を中心とした支援ネットワークの形成を図ります。とくに生活の基盤となる日々の活動の場（学校，通所施設など）では，支援者が本人の主体性や自発性，意欲を大切にした関わりがなされるように調整していきます。また，各々の支援が個々にバラバラに提供されるのではなく，本人にとって必要かつ有効で，生活を総合的にみて，調和のとれた支援とな

るよう配慮していきます。

### ● 援助の実際

　進路について主体的に考えていけるよう動機づけていきました。まずは，退所後の生活について，定期的にS君と話す機会を持ち，気持ちに寄り添いながら，本人がどういった生活がしたいのかについて話をしていきました。居住形態や日中活動についての情報を提供するとともに，地域生活について本人がイメージしやすいように，自立に向けての講座やSST（Social Skills Training：社会生活技能訓練）を行いました。また，自活訓練ホームを実施し，掃除や洗濯，買い物などの家事や服薬および金銭管理など，IADL（Instrumental Activity of Daily Living：手段的日常生活動作）の向上をめざした生活体験を行いました。

　S君の生活能力などを考え，職員としてはグループホームで生活訓練をして様子をみつつ，単独生活をめざしてはどうかという助言をしていました。しかし，S君は，生活環境の変化に大きな不安を抱いている一方，自活訓練での生活を通して少し自信を持てたことや，施設での集団生活とは違う視点で自分の生活について考える機会が持てたことで，単独生活に挑戦したいという希望を強く持つようになりました。

　相談支援事業と連携し，何があれば本人の希望通りに地域での単独生活が可能となるのかについて考え，居住の場やS君に適した日中活動の場，日常生活や余暇を支えるためのヘルパーなどのサービス，経済基盤を含めた金銭管理，権利擁護に関することなど，さまざまな生活課題を挙げ，本人の生活を支えるための支援機関とのサービス調整会議を実施し，単独生活に向けての支援を進めていきました。

　学習支援と同時に，学校や地域の関係機関と連携し，実習先や職場の開拓といった就労支援も行ってきました。結果的に理療科へ進学することはできませんでしたが，就労移行支援事業へ通所し，一般就労に向けた就労訓練を行うことになりました。

　退所後，施設の近くのアパートで生活することとなり，施設としては相談支援事業と連携しながらS君の相談に応じ，単独生活を見守っていくこととしました。

---

**演習問題 ▶▶▶▶ 保育者としてあなたならどうする？**

1. 信頼関係を育むためにどのような関わりを心がけますか？
2. 視覚障害に起因する心理的な不安やさまざまな困難をどのように理解しますか？
3. 子どもの目標が，その子の障害特性や能力から困難が予想される場合，どうしますか？
4. あなたと子どもの思いにズレが生じたとき，どのように対応しますか？

# 4. 障害児施設のケース②（知的障害児入所施設）

## 事例の背景・概要

C君は自閉症をともなう重度の知的障害（療育手帳A判定）があります。情緒不安定になりやすく，破衣行為や顔をひっかく，頭を床にうちつけるといった自傷行為を頻繁に行います。発話はなく，不眠などの課題もあります。食事・排泄・入浴など，生活全般にわたる介助，見守りが必要です。母親の抱え込みが強く，長らく在宅生活を続けましたが，16歳のときC君の障害がエスカレートしてます。母親が精神的に不安定になり，精神科を受診。父親が児童相談所へ相談を持ちかけ，母親の状態悪化と，しつけのためといってC君に手をあげるなど，父親のC君への不適切な関わりがみられたため，知的障害児施設へ入所となりました。自傷がひどく，家庭ではひもで手を縛りつけた状態で過ごしており，入所後もC君自ら上着で手を縛りつけていました。また生活リズムが乱れ，ズボンなどを破いて口に入れるなどの異食行為が現れました。

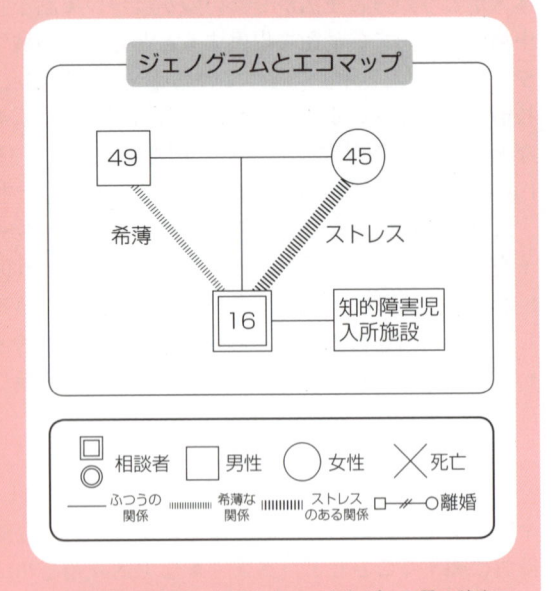

### ジェノグラムとエコマップ

49 — 45
希薄　ストレス
16 — 知的障害児入所施設

□相談者　□男性　○女性　×死亡
——ふつうの関係　|||希薄な関係　||||ストレスのある関係　—/—離婚

母親は愛情深くC君を育ててきたが，C君の障害の重度化によりストレスを抱えるようになり，うつ病を発症。父親は育児には無関心で，母親に任せきりだった。C君との関わり方もよくわからず，頭をはたく，押さえつけるといった対応をしていた。母親の状態悪化とともにC君の介助や家庭生活が負担になってきた。

## インケア（自立に向けての準備）

規則正しい睡眠などの，基本的な生活習慣の確立に向けた支援を重点的に行います。また，排泄や食事についての訓練，基本的な生活習慣やルール，他者とのコミュニケーションの取り方や意思表示の仕方を学び，社会性を身につけるなど，できるだけ社会生活に適応するためのスキルを獲得できるように支援していきます。

行動上の問題の改善に向けて取り組み，本人の障害特性による，生活のしづらさを軽減するように働きかけます。

### 援助の視点

①本人が安心し，落ち着ける生活環境を提供するため，環境調整を行います。
②基本的生活習慣や身辺処理技能の獲得を図り，社会適応力を高めていきます。
③コミュニケーション能力の向上を図り，自己決定・自己選択をうながします。
④変化の可能性を信じた継続的かつ統一された支援を提供します。

本人の問題となっている諸行動の改善に向けて，何が原因となっているのかについて生活全体を分析し，職員間で情報の共有を図ります。

環境の変化に敏感である本人の障害特性を考慮し，集団生活のなかにあっても

できるだけ刺激を軽減するように環境調整を行い，情緒の安定を図ります。

生活指導においては，できるだけ行動の細分化を図り，一つひとつ指示し，覚えさせたり，やらせてみることを継続的に実施します。無理にさせるのではなく，記憶と楽しい体験を結びつけるよう動機づけの工夫を行うことも大切です。

適切なコミュニケーションができれば，本人の生きづらさは随分と楽になります。本人への伝え方を工夫していくことはもちろんですが，本人から外部へ自身の要求などを発信していけるように，コミュニケーションスキルを育てていきます。これをもとに，自己決定や自己選択につなげていきます。

全般的にいえることですが，本人の障害特性だけでなく，本人と環境との関わりに何らかの課題があることが多く，そこに介入・調整することで，少しずつであっても改善・変容していきます。行動の修正，適応行動の獲得のためには，ねばり強い継続した関わりと，人によって対応がバラバラということがないように支援の統一を図ることが大切です。施設内だけではなく学校とも連携しながら，一貫した生活指導や関わりが重要となります。

また，本人への支援だけではなく，退所後の生活や家族関係のあり方への見通しを持ちつつ，家族に対してもC君の状況や障害特性，生活支援の方法などについて知ってもらうような支援を検討していきます。

## ● 援助の実際

C君がどういった状況において，どのような問題となる行動を起こすのかについて記録し，生活全体のアセスメントを行いました。そこからC君にとっての問題とその原因を探っていきました。

まずはできるだけC君が安心し，落ち着いて生活できる環境となるように居室を一人部屋にする，不必要なものは置かないなど，居室の環境を本人にとって刺激が少ないように工夫しました。また，1日の流れをスケジュール表を使って視覚化し，C君が見通しを持って行動しやすいようにするなど，生活環境を構造化し，行動障害を起こすことのないような環境の提供に取り組みました。

生活リズムを整えていくことを目標とし，施設の基本的な生活リズムをもとに，学校から帰ってきた後の施設内での積極的な活動を導入しつつ，就寝や起床などの生活場面の時間が一定となるように取り組みます。不眠が続く，精神状態が落ち着かないといった場合は，医師と相談しながら服薬治療を行いました。

食事や排泄，着脱衣などの身辺処理技能の指導においては，「今から何をするのか」を伝え，一つひとつの動作について一緒に取り組んだり，指示しながら，繰り返し練習していきました。C君にとってできつつあることや意欲的な面を考慮し，段階的に目標を達成し，経験と達成感を積み重ねられるように関わりました。

顔のひっかきや頭を床にうちつけるといった行動障害を改善するためのアプローチとしては，環境刺激やストレスなど，C君の内的，精神的状況を理解し，行動障害に陥らないような取り組みを行いました。活動にスヌーズレンや粘土遊びなどの感覚遊びといったリラクゼーションを図るものを実施しました。また，コミュニケーション障害がストレスの一因となっていることから，本人が自分の要求を相手に伝えることができるよう，指さしや首振りなどのジェスチャーで伝えることができるように繰り返し練習しました。主にイライラしているときに起こる服や布団やぶり，異食行為には行動介入し，してはいけないことをしっかり

と伝えていくとともに，自分の要求や葛藤を適時職員に伝えることでストレスをためないようにコントロールしていきました。

手を縛る行為については，その行為自体に本人が安心感を抱いていることもあり，プラスチック製のおもちゃの輪に変えるなど，刺激を緩やかにし，徐々に感覚刺激を減らすことにしました。また，本人が関心を持った映像を見せたり，ペグ刺しなどの単純な軽作業を与え，別の刺激に注意を移行させるように支援していきました。

父親はC君に対しては無関心でしたが，家族とのつながりが途絶えないように関係調整をしました。C君の施設での生活の様子や関わり方の工夫などについて定期的に情報を提供しました。

**リービングケア**
退所の準備から
退所後のケア

C君ができるだけ自立した生活を送られるよう，身辺処理能力の向上を図りました。退所後の生活については，家庭復帰も視野に入れつつ，父親の希望や児童相談所の意見を聞き，C君の能力や特性を踏まえて，支援計画を立てました。

C君にとってどのような生活がよいのかを中心として考え，居住の場や日中活動など，C君の特性を考慮しながら，C君と共に選択しました。生活全体を通して，C君の生活のしづらさを軽減できるように配慮された環境となるように移行支援を展開しました。これまでの生活習慣やC君に対する支援方法などが，退所後に大きく変わってしまうことがないように，移行先との十分連携できる関係を築き，児・者一貫した支援体制が取れるように調整しました。

● **援助の視点**

C君の障害特性や施設において身につけてきた生活習慣などを考慮し，退所後どのような生活が本人にとってよいのか，C君を中心としたうえで，家族の意向を聞きながら，C君の生活全体を視野に入れて検討しました。

重度の知的障害の場合，移行先として成人の入所施設への入所が安易に考えられがちですが，どんなに重い障害があっても本人にとって暮らしやすい環境であれば，地域生活が可能となることもあります。入所施設という集団生活においては個別的な支援を展開するにあたっては限界があり，その人にとって不適切な環境が，本人の生活能力を奪ってしまっているかもしれないという視点を持つことも必要です。そこから，どのような環境が本人にとって生活しやすく，能力を取り戻し，引き出していけるのか，どのように本人に合った適切な環境を提供していくのかを考えることが重要です。

しかし，現実にはヘルパーなどの在宅支援サービスやグループホームなどの居住支援サービスが不足している場合が多く，社会資源の開発を視野に入れた，退所および退所後の支援が求められます。

退所後の生活を視野に入れた，継続性，発展性を持った支援である必要があります。行動問題の軽減や改善を図るとともに，本人の生活の広がりをめざして，社会適応行動や身辺処理技能の獲得，安定した人間関係やコミュニケーションの構築にも支援の視点を向けることが重要です。また，退所後も，できるだけ一貫した支援が行われるような進路選択や支援機関との連携に配慮することも，本人の負担を軽減します。

本人への支援のみでなく，家族との関わり，地域生活支援と本人を取り巻く環

境への調整や介入も欠かせません。家庭復帰も視野に入れ、家庭復帰後の継続した見守りと、必要に応じた介入や関係機関との連携体制の構築を図る必要があります。

### ● 援助の実際

　退所後の生活について父親と話し合いました。母親の状態は変わらず、家庭においてC君を養育することは難しく、できるだけ自宅近郊での施設入所を希望していました。児童相談所も交え、C君の進路について協議しましたが、成人の入所施設の空き状況や、C君の障害特性から、両親の希望に沿ったかたちで、退所後の受け入れ先を見つけるのは非常に困難な状況でした。施設入所を第一目標として、児童相談所と協力しながら早期対応を図っていき、あわせて入所施設以外の居住の場として、ケアホームについても検討していきました。

　さまざまな施設・ケアホームに問い合わせ、数か所は体験入居も行いましたが結果としては断られ、移行先が見つからないまま措置延長となってしまいました。

　Y施設でもケアホームを2か所設置しており、今後も増設する予定がありました。施設長から、C君を新規ケアホームに入居させてはどうかと提案がありました。しかし、職員のなかには、小集団とはいえケアホームで本当にC君が生活していくことができるのかと疑問視している声もありました。そこで、設計段階から一人ひとりの利用者の特性に応じた構造にしていくこととし、職員も環境を整えるというところから始めるということで、C君のケアホームでの生活に少し可能性を感じることができました。同時に、ケアホームでの生活が困難だった場合のフォロー体制についても協議していきました。

　日中活動は、同法人の生活介護事業所が職員同士でより連携しやすいという意見も上がりましたが、本人の障害特性や関心、また事業所の活動内容、空間や利用人数などを考慮し、地域の小規模の生活介護事業所へ通所することで調整しました。

　ケアホームへの移行後、C君には一時的な情緒の乱れがみられましたが、徐々に環境や日課にも慣れ、生活リズムも整ってきました。現在では、家族とも綿密に連絡を取り、関係調整を行うことで、一時帰宅や外出など、C君との関わりが定期的に持たれています。

---

**演習問題 ▶▶▶▶ 保育者としてあなたならどうする？**

1. 家族との関係を途切れさせないためにはどのような支援が必要ですか？
2. 支援の成果がなかなか現れないとき、どのようにモチベーションを保持しますか？
3. 重度の知的障害を持つ人の意思決定をどのように支えますか？
4. 通過施設の職員として、どのようなことに焦点を当てて支援しますか？

# 5. 児童自立支援施設のケース①

## 事例の背景・概要

窃盗を繰り返してきた小学校6年生の男子児童A児。金銭持ち出しや、バイクの窃盗などを重ね、最後の事件は近隣の高齢者の住宅に空き巣をしてしまい、触法の身柄つき通告を受けました。父子家庭で父は仕事などでほとんど家庭を空けており、ネグレクト状態となっていました。また同居する姉はほとんど不登校の状態であり、問題を抱えていました。

もともと父の経営していた会社が負債を抱え、倒産。借金を抱えてしまい、父が家を出ていきました。A児の幼少時は裕福な家庭であったのが、暗転してしまいます。A児は、弟を連れ、父に会いに行ったりもしました。母からは、どっちと暮らしたいか選択するように迫られます。やがて父母が離婚。兄弟も父母それぞれに別れ別れとなってしまいます。A児は、そのとき父を選択し、父の家に移り住みました。この後、A児の問題行動は急速にエスカレートしていきます。

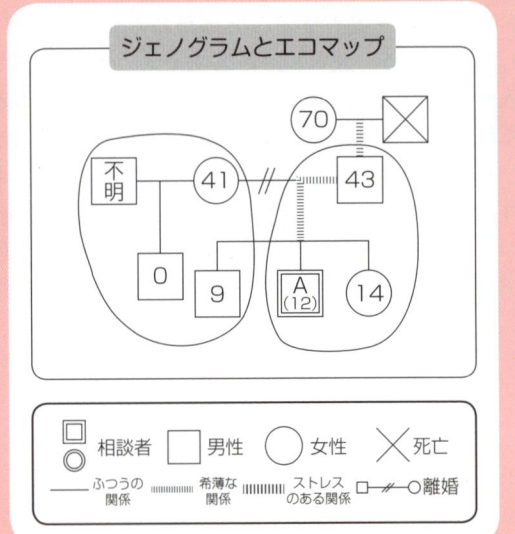

### ジェノグラムとエコマップ

入所直前は、A児は姉と父親とともに生活する。母親は弟を引き取り、知人の男性と内縁関係となる。やがて母親が妊娠し、異父弟を出産する。A児はこころのどこかで父親と母親が復縁してくれるのを願っていたようだが、母親の異父弟の出産により、それが完全に不可能なことを悟った。

## インケア 自立に向けた準備

父母の別離、家族の離散により、A児のこころは傷つき、打ちひしがれてきました。ケアされない環境のなかで、小学生でありながら、すでにおとなへの不信感が強く、犯罪行為は常習化してしまっている状態でした。自立支援計画では生活リズムを普通に戻し、一方で人間信頼を取り戻す支援が必要と判断されました。そして、長期的な視野でみると、どの時点での退所にしていくかの検討がやがて必要となるケースです。小学校から入所している児童については、復学を図り、地元の中学校を経験できるよう配慮をすることが多いです。A児にそれが可能かどうかは今後の課題とされました。

### ● 援助の視点

本ケースでは各支援について以下の内容で実施していくことになりました。
①生活支援（寮担当として）：生活リズムを是正する。職員との信頼関係の構築を図る。さまざまな活動のなかで、達成感を得て、自信をつけることを支援する。家族関係を修復しながら、人間信頼を回復することに主眼を置く。
②学習支援（併設学校教諭として）：進学（もしくは復学）などの目標に向けて、学力向上を支援する。

③その他（クラブ担当職員など）：学園生活の糧となる，クラブ活動にやがて入部をうながし，自信を深めていくことを支援することになるだろう。ただし，生活が落ち着いてからのことになる。

　児童自立支援施設は，児童にとっては自分自身を成長させ変化させて，自立していく施設だといえます。つまりインケアが，すなわちリービングケアにつながっていたり，あるいはインケア＝リービングケアであるという場合も少なくありません。

　また，後述するアフターケアでは，スタッフ不足から，施設だけでは満足に行えないのが現状です。

　A児の入所日，園長室でインテークが行われます。園や園併設の学校，前籍小学校を含め，A児や保護者などの関係者が集まり，A児が施設での生活の意味を認識できているかが確認されます。

　その後，寮舎と呼ばれる生活単位での暮らしが始まります。ここで大切なのは，他の児童福祉施設とは異なり，ただ児童の生活の安心・安全を保証するだけではなくて，「頑張って自信をつける」ことが，児童自立支援施設のテーマになっているということです。ですから，寮担当職員は新入生を迎えるまでに寮の集団を整えて，各自が「頑張らないといけない」と思っている，安定した状態をつくり上げようと常に心がけます。

　児童が入所して，自立援助計画の策定を行うことになりますが，短期的な目標と中・長期的な目標とを決めることになります。A児の場合，小学生であるので，気長な成長を図ることを担当者は考えるでしょう。

　短期的支援としては，まず園での生活リズムに慣れていき，ゆっくりと職員との関係を構築していくことに主眼を置くべきです。集団のなかで，信頼できる年長の児童にA児をまかせながら，細かいことには目をつぶって，受容を深めながら信頼関係を結ぶことが，低年齢児童（小学生など）には重要となります。ただ，このA児のケースの場合は，強い人間不信を抱いていると予想でき，信頼関係構築は簡単ではないことが予想されました。

　信頼関係さえ結べれば，児童は職員の言葉を取りこむようになり，園の生活も肯定的に受け入れて，徐々に成長していけるはずです。そのなかで少々のトラブル，逸脱が起きたとしても，解決・修復していかないと「頑張る」という生活にはならないとの価値観に気づいていくでしょう。

　ここまでくれば，①や②の場面においても意欲がみられ，少しずつですが，向上心が萌芽してきます。

　長期的目標としては，A児の成長度合いや，家族関係調整にも関わりますが，中学時の復学を目指すのかどうかの判断も必要となり，そのために父の定期的な面会のなかでの援助や応援も適宜，要請することになるでしょう。

### ● 援助の実際

　実際の生活のなかでは，援助計画通り進まないことも多いのです。スムーズにいかない原因は，児童が大きな問題や，大きな傷を抱えていたり，あるいは家族関係などに重篤なハンディキャップを背負っているような場合です。

　A児についていえば，父が家を出ていったとき，家族全員で別れを引きとめたこと，A児が弟を連れ，父にこっそり会いにいった事実が発覚したとき，母の逆鱗に触れたこと，父を選んで住み始めたが，ほとんど一人っきりでとても淋し

かったこと，転校で友人を失ったこと，転校先で友人を得るために逸脱行動を示したり，金銭を渡して歓心を買うしかなかったことなど，A児が園に来るまでの心中のダメージや人間関係の葛藤など，その深さは察して余りあるものです。

生活では力関係に敏感で，小学校6年ですが，中学生に対しても自分より力が劣っていると思うと，小馬鹿にすることがありました。このときの中学3年生が，A児をうまく取り込んでくれて，A児は寮生活に馴染むことができました。職員から受容され，集団から受け入れられ生活を始めることができています。

中学1年になると，中学3年生に媚びて生活する面がみられ，一方で中学2年生のことを軽くみたり，言葉づかいが悪く他者に偉そうにする面が出て，トラブルメーカーの様相を呈し始めました。人間関係を力関係でしかとらえられない面は，簡単に払拭できず，以後ずっとこのことで指導することになります。

しかし，生活全般ではA児なりの頑張りをみせていました。入所時は，表情が暗く，伏し目がちなときもありましたが，少しずつ，意欲をみせることができてきました。

中学2年生になったときには，野球部にも入部。しかし，施設での生活が長くなってきたA児は，園全体で力関係の目立つ児童に接触し始めました。結局は，そのような関係のなかで誘われて無断外出（逃走行為）にも至りました。

A児が，対人関係を信頼関係で考えるのでなくて，力関係に依存してしまうのは，父が負債により倒産に見舞われ，それを契機に比較的裕福な家庭からすべてを失ってしまったことなどが背景にあるのだと思われました。

父の面会も，ことあるごとに依頼してきたのですが，これまで電話も留守電のことが多く，面会はあまりない状態でした。

入所して以降，トラブルの多い児童でしたが，野球部の活動をA児なりに頑張り，それとともに父の面会も以前より増やしてもらえました。A児には，目標を持たせる意味で，中学2年終了時の復学を目標にすることになりました。

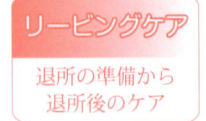

**リービングケア**
退所の準備から退所後のケア

復学を目標にしていくと同時に，父が面会の頻度を上げてくれて，本児への関わりの時間を増やしてくれたことも，園での生活を一層安定させた要因となりました。ただ，実際は家庭を取り巻く状況は，変わっておらず，復学して地元の中学校に戻ることには困難が予想されました。

● 援助の視点

劣悪な家庭の状況から，少し父の意識に変化がみられ関わりを深めようとしてくれ，それがA児のひとつの希望となっていきました。児童相談所のケースワーカーの応援ももらいながら，復学に向かうことになりましたが，その提案に対して地元の中学校の拒否感は強いものがありました。しかもA児の場合は，地元の中学校に登校したことがなかったので（小学校からの入所であったため），地元の中学校にとっては不安感が強い状態でした。

児童自立支援施設の生活の長くなった入所児童が復学を目標にしても，実際には地域が喜んで迎えてくれることはほとんどありません。しかもケースによっては，良好な過程を経てきれいにまとまることが少なく，少々綱渡りのような復学も場合によってあります。そのため児童のこれまでの園での頑張りを，どのようにすくい取ってあげようとするのかも，職員に課せられた命題となるのです。

関係者が集まり，A児の復学の検討をしていくことになりました。
　父が面会を増やしてくれ，関係修復に努力してくれているとはいっても，実際には家庭の監護力が弱いことが，協議の最大のポイントでした。

### ● 援助の実際

　園の寮担当，管理職（SV），児童相談所，地元の中学校，園の学校などの関係者が集まり，協議を数回にわたり行い，最終的にはA児の園での頑張りをくみ取って復学の方向で，話がまとまっていきます。そして，父と園と児童相談所とで，A児が園を退所してからの生活について具体的な取り決めも協議されました。
　また，過去をきちんと整理することが将来につながると考え，寮担当はA児が学園に来る前の生活の振り返りも行いました。そのなかでは，A児にはまだ母への思いがあったり，整理できない部分もあることが分かり，父や児童相談所のケースワーカーへの引き継ぎとして伝えることとしました。振り返りでは自分の犯罪にも言及でき，近隣の空き巣などの事件については謝罪の気持ちが出てきていました。
　家庭におけるA児の監護については，近隣に住む祖母の力を借りることとし，日中はA児や姉の世話をしてもらう案が出てきて，祖母が力を貸してくれる約束を取りつけることができました。
　A児と祖母は，A児の問題行動がエスカレートするにつれ，疎遠になっていた部分があったのですが，2年生の冬の許可外出を祖母宅で過ごすことも試みて，関係修復を図ることとしました。
　A児は中学2年生の3月で復学を達成。中学3年からは地元の中学に戻りましたが，5月に生活が乱れ，不良交遊が広がるなど，問題が再発。怠学気味になっていきます。寮担当はアフターケアとしてA児の家に行き，A児や祖母と話をしたり，その後，父とも連絡を取り合っています。
　夏ごろには地元中学校で，園，ケースワーカー，父，祖母，本児，中学校との協議。A児への指導と今後の見通しとが議題となりました。その後も，A児への働きかけは，園や児童相談所が協力して行い，また，中学校の生活指導教諭がねばり強く関わってくれて，A児は何とか中学校卒業までたどり着き，定時制高校への進学も達成することができたのです。

### 演習問題 ▶▶▶▶ 保育者としてあなたならどうする？

1. あなたがA児の担当者だとすれば，入所時にどのような言葉をかけてあげるでしょうか？
2. A児の入所時に，寮長はA児の面倒をみる役割として信頼の厚い中学3年生をひとりつけました。あなたなら，この中学生にどのような言葉をかけて，役割を依頼しますか？
3. 人間関係を力関係でしかとらえないA児。あなたなら，A児には集団のなかで，どのような指導，支援を心がけますか？
4. A児は，中学2年生終了時点での復学を達成したのですが，3年卒業まで退所を伸ばしていたら，どのようなことが想定されるでしょうか？

# 5. 児童自立支援施設のケース②

## 事例の背景・概要

母子家庭（母は外国籍）で，母の監護力が弱く，ケアされていない中学2年の女子児童B児。B児は家出を繰り返し，風俗店での就労もしていました。かつては，継父からの性的虐待も経験していました。母親は母国で結婚後，離婚し，B児らを母国に残したまま，日本へ。継父と知り合い結婚。B児らも日本に呼ばれ，同居生活が始まっています（B児，小学校2年生ごろ）。継父からB児への性的虐待があり，母親と継父は離婚。B児が小学校教諭に訴えたことから発覚しました。B児は中学生になってから家出がはじまり，非行がエスカレートしました。

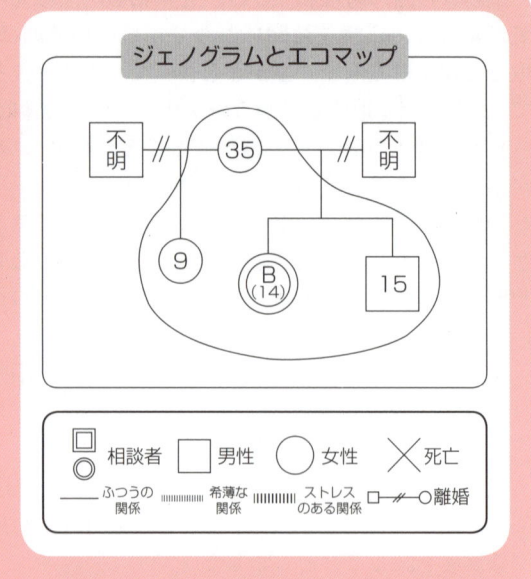

### ジェノグラムとエコマップ

□相談者　□男性　○女性　×死亡
○相談者
―ふつうの関係　||||希薄な関係　||||||ストレスのある関係　□―○離婚

母親，兄，B児，異父妹の4人家族。母親は本国で中学卒業後，量販店の店員として就労していたとき，実父と出会い，若くして結婚。しかし子ども2人を出産後，離婚。その後，子どもを姉に預け，就労のため来日。水商売をしていたときに，客として店に来ていた継父と知り合い，結婚する。

## インケア
### 自立に向けての準備

B児と母親との基本的な関係が構築されておらず，B児は幼少時から淋しい運命に流されてきたといえます。来日してからも，母親は家事や子どもの世話は上手ではなく，さらにB児は継父の性的な虐待におびえてきたのだろうと想像できます。B児の自立支援計画のポイントは基本的な信頼関係の成立と母子関係の修復が必要と考えられました。しかし，比較的単純なようにみえるB児の援助方針ですが，母子関係は本来，人間のもっとも基本的な関係であり，これが成立しないなかでは，さまざまなひずみが生じるとされ，成立していない関係の構築は簡単ではないと考えられました。そして，中学2年の終盤の入所だったのですが，中学3年の卒業で退所を考えていくことが確認されました。

### ● 援助の視点

本ケースでは以下の支援の内容に従い，B児の自立支援を図ることにしました。
①生活支援（寮担当として）：活動のなかで達成感を得て自信をつけさせることはもちろん，寮担当職員としては，信頼関係構築を図りたい。B児はエネルギーがあって，能力の高さも感じられた。寮集団が中学3年中心であり，先々はリーダー的な存在になってくれたらとの，少しの期待も持てた。

②学習支援（併設学校の教諭として）：進学希望があり，基本的な学力を伸長させることを支援。幼小期を海外で過したために，日本語も一部，たどたどしいところがまだ少しあった。
③その他（クラブ担当職員等）：身体を動かすことは好きで，不平不満なく，何でも取り組むことはできた。女子についてはバレーボールを全体で取り組んでいて，チームワークを体験して，達成感を得ることを支援。

　女子の非行においては，淋しい成育歴が，異性関係に走らせやすい傾向がある上に，性的虐待が重なった場合は，不安定な精神状態を呈することがあります。児童自立支援施設によっては臨床心理士が配置されているため（2011年現在で約6割の施設で配置），B児のように性的虐待がある場合，心理士によるカウンセリングの実施も検討されるでしょう。また女子児童の処遇は，寮担当女子職員（寮母）の存在が大きいのです。特定の女子職員が児童に寄り添うことで，児童からの「愛着」を引き出し，それがこころの安定につながっていきます。寮担当女子職員が，児童の聞き役に徹しながら，それでいて，タイミングをみて，認知の修正も試みることをします。女子職員との良好な関係が築けた児童は，園のことを肯定的に受け止め，目を見張るように成長していくことが多いのです。

### ● 援助の実際

　B児の入所時インテークは，緊張気味でしたが良好な受け答えができ，入所の動機づけがなされました。前籍中学校の関わりは熱心で，生活指導教諭が継続的な支援を約束してくれて，心強く思われました。しかし，一方で，母親はあっけらかんとした人で，明るく多弁な印象でした。日本語は，それほど上手ではなく，片言の部分もあり，真意が伝わりにくい感じがしました。

　寮舎での生活が始まり，緊張感がありながらも，B児なりに頑張ろうとする姿勢が感じられました。間もなく，中学3年生が卒業し，B児ら中学2年生が中学3年生となり，メンバー内に少しいびつな人間関係が出始めました。そして，コソコソとした雰囲気が出始めたかと思うと，無断外出が発生したのです。ある児童が遊びたさからB児を誘って，無断外出に至ったものでした。B児は誘われて，断れなかったのです。数日で保護でき，このことは，園での真剣な生活を動機づけることができ，B児の生活を変えていくきっかけになりました。

　無断外出から戻り，少しふてくされた感じがありましたが，寮担当職員が話しこみを始めます。無断外出に至った経過や，どのような順路で行動したかを含め話を聞きながら，さらに，B児がなんで児童自立支援施設に来ることになったのか（問題行動を起こすことになったのはなぜか），さらにはもっと以前の幼少の記憶，生まれた国のこと，母親のことなどに話が進みました。

　寮母が，B児のいろいろな思いに寄り添ううちに，「本当はママのことも好きかどうか…」「男の人を好きになったことがない」などの本音をB児は話し始めたのです。このような話しこみを，数日，続けながら，B児は今回の無断外出について「迷惑かけてごめんなさい」と謝罪することができました。

　寮長からは，今回，他児から誘われて無断外出に至ってしまい，それをつぎはどうすれば防ぐことができるのかなど自分の行動，寮内の人間関係の修正などの示唆を受け，考えるようになっていきます。

　この無断外出の事件以後，とくに寮母との関係は強くなり，それと同時に，他児との距離を保つようになってきました。力の強いほかの児童に対しても流され

ないようにしようという姿勢が少しずつみられるようになったのです。
　一方，前籍中学校の生活指導教諭も，Ｂ児の無断外出捜索に関わってくれて，保護された後は，Ｂ児への面会も重ねてくれました。
　寮母との信頼関係の芽生えが感じられ，同時に寮長の指導を受け入れることもできて，この後，Ｂ児は園の生活に意欲的な面が出てきて，何ごとにも，積極的な取り組みをみせるようになっていきました。
　寮母と何度となく，話を深めていくなかで，気になったことはＢ児の母親に対する希薄な感情でした。「ママのことは，そんなに好きじゃない」という発言があったり，もっと深く掘り下げて話をすると，継父からの性的な虐待が発覚したとき，母親はＢ児の非を責めてしまったことが，Ｂ児を傷つけていることがわかったのです。そのときに，母親への不信感も増大していったようです。
　Ｂ児の性被害に対する心的外傷体験のケアとしては，臨床心理士に依頼して，各週１回のカウンセリングをお願いすることになりました。

**リービングケア**
退所の準備から退所後のケア

　Ｂ児の生活は，比較的早期に安定していき，小さなアップ・ダウンはあったものの，全体では大きな問題は起こらず，職員はＢ児の退所に向けての目標を早期に考える余裕ができました。実際は，児童の問題が大きい場合，日々の生活での問題行動に対する取り組みで精一杯となることもあり，退所に向けた支援が必ずしも万全ではないケースも起こり得ます。児童の多くは家庭に戻るのですが，どの家庭も基盤が弱く，なかでも保護者がまったく機能しない児童について，施設退所後は受け入れてくれる社会的養護が乏しいのが現状です。
　Ｂ児については，退所後の行き先は母親のもとしかないので，母親とＢ児の関係修復がＢ児の中学３年後半のテーマとなりました。

### ● 援助の視点

　児童自立支援施設では，家庭の養育機能が貧弱な児童が多く，保護者や家族に対するバックアップが必要なことも少なくないのです。そのようななか，関係機関や関わりのある社会資源と，児童や家庭とをコーディネートする力も，児童相談所とともに施設側に求められているようになってきています。
　Ｂ児の場合は，母子間の関係修復は，ひとつ大きなテーマとしてあげられましたが，もう一方，現実的な家庭生活のなかで生活力がなく，行き当たりばったりの母への支援強化も必要であることが，園の関係者協議において確認されました。
　ところが保護者対応において，施設側としては保護者と敵対関係になることは避けねばなりません（親の信頼をなくすと，子どもを親が無理に引き取ろうとすることがあるため）。そのため施設側から保護者に対して助言やお願いはできるのですが，「指導」というスタンスは困難といえます。その役割は，児童相談所に依頼することがあります。

### ● 援助の実際

　もともとインケアにおいても，Ｂ児と母親との関係修復は必要不可欠でした。園の行事やクラブ活動の試合のときには，必ず母親をよんで，Ｂ児を支援しているという意思を前面に出してもらいながら，許可外出（帰宅訓練）での家族内のやり取りやＢ児に対する態度にも，母親に細かく注文やお願いをしました。

児童相談所のケースワーカーには，家族間調整機能を補助してもらう意味で，さまざまな面でルーズな母親に対して，家庭でのルールづくりや，決めたことを家族みんなが守れるように（そのためには母親が率先してルールを守るように心がける），指導・調整をお願いしました。

　このようななかでも，母親には約束を守れなかったり，ルーズな面が出てきてしまうことがあったのですが，前籍中学校の生活指導教諭が，B児のことでは，積極的な関わりを絶やさずに連携してくれていて，さらに母親の生活面でも指導や補佐してくれたのは心強いことでした。

　園の許可外出（帰宅訓練）の際には，B児は大過なく生活ができ，母親も家にいる時間を増やし，家事をしてくれたりなど関係改善に努力してくれている様子でした。退所前の正月の許可外出（帰宅訓練）では母親は家庭で子どもの面倒をみるように頑張ってくれ，B児は安定した表情で許可外出から帰園しました。これまで母親を見下した言葉もあったB児でしたが，「ママを信用できるかも」と発言も変わってきたのです。

　園では退所前に，寮担当と臨床心理士とB児と母親とで面接をしました。B児と母親とのこころのわだかまりを少しでも埋めて，退所につなげていきたいと考えたからです。B児は性的虐待を受けたときから抱き続けた母親への不信感を母親に述べることができました。母親は涙を流し，B児に謝罪し，少し和解につながったのです。

　B児は中学3年の3月卒業をもって退所。弁当屋でアルバイトしながら，定時制に通学する日々を続けました。同じ定時制に通学する彼氏もできたようでした。寮担当は，彼氏のことが本当は心配でしたが（異性との盲目的な恋愛により生活が崩れることも少なくはない），もはや退所した児童に「指導」のようなことは通用せず，見守ることしかできなことが多いのです。それでも2, 3か月後に，B児とアフターケアーで会ったときは，B児はとてもいい表情をしていました。彼氏とも続いていると言い，このとき，寮担当はB児が本当に彼氏のことを愛しているのだと感じることができました。園にいるときは「男の人を好きになったことはない」と言っていたB児でしたが，こころのなかで少し成長を感じて寮担当は嬉しくなったのです。

---

**演習問題 ▶▶▶▶ 保育者としてあなたならどうする？**

☞ 1. 女子児童の処遇は女子職員の存在が大きいのですが，さらに児童に寄り添う上で話を聞いてあげる姿勢がポイントになります。児童の話を聞く上で大切なことは何だと考えますか？

☞ 2. B児の母親への不信感があらわになったとき，あなたはどのような言葉がけをしますか？

☞ 3. 母親との関係修復のために，園と児童相談所は許可外出時に家族間の調整やルールづくりを行っていますが，あなたなら具体的にはどのようなことを考えますか？

☞ 4. 退所後，B児は同じ定時制に通う彼氏ができるのですが，それを知ったあなたは，どのようなアドバイスをB児にしますか？

# 6. 児童養護関係諸機関におけるケース
## (1) 児童相談所のケース①

### 関わりの始まり

 1月に保育所入所前の面接をしていた福祉事務所の職員は、N君の顔に赤いアザが3か所あるのを見つけました。母親に理由を尋ねても、子ども同士がけんかしてできたと言うだけで、そのときの状況について具体的に話すことができませんでした。

 N君は落ち着きがなく、母親は大声で叱責し、手首を握って引っ張って帰っていきました。その様子を見た職員は、虐待があるのではないかと懸念し、児童相談所と連携を取りながら調査を始めました。

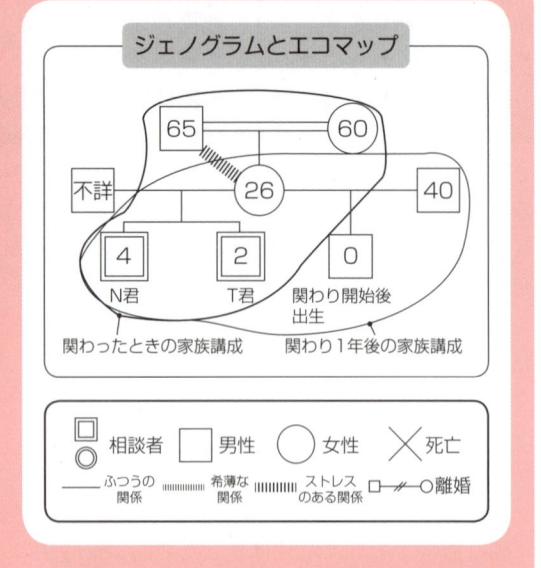

#### ジェノグラムとエコマップ

|  |  |
|---|---|
| ◎ | 相談者 |
| □ | 男性 |
| ○ | 女性 |
| × | 死亡 |
| ── | ふつうの関係 |
| ⋯⋯ | 希薄な関係 |
| ////// | ストレスのある関係 |
| ─∥─ | 離婚 |

関わったときの家族構成／関わり1年後の家族構成

母親は、N君の父親と別れ、N君と弟を連れて実家に戻った。子どもたちの世話はほとんど実家の両親に任せて、喫茶店やスナックで働いた。母親と祖父は、よく言い争いをし、関係はよくなかった。福祉事務所には、いろいろな手続きや乳幼児健診にきていたが、相談をするような関係にはなかった。

### ● 調査のポイント

 福祉事務所では、子どもや保護者の日常生活の様子や、アザやケガがないか、また虐待があるとすればどの程度進行しているのかを調査することになりました。そして調査の結果、緊急性がある場合には、児童相談所に通告して緊急保護を依頼し、また緊急性がない場合には、福祉事務所で見守り体制をとっていくことにしました。

 調査の結果では、母親や祖母は、言葉が乱暴で、大声で怒鳴ることが多く、夜も子どもの泣き声が聞こえることも多いが、夏に近隣から声をかけるとずいぶんましにはなったとのことでした。また昼間は、祖母が家のなかで子どもを見ている様子で、子どもたちが遊んでいる声がよく聞こえ、祖父が休みの日には、近所の公園に遊びに連れて行き、子どもたちが楽しそうに遊んでいる様子が見られるとのことでした。近隣との普段のつき合いはあまりありませんが、祖母は「母親が子どもの世話をしない」とこぼすときもあったようです。

 アザ、ケガについては、調査した時期が冬であったため、肌がほとんど露出しておらず、確認できませんでした。

 以上の結果を踏まえ、緊急性は見受けられないと判断し、当面、保健師や民生

児童委員による見守り体制をとることになりました。またN君が4月には保育所に入所するため、保育所や家庭児童相談員がさらにきめ細かくフォローすることとし、児童相談所とも情報を共有し必要に応じて連携できるようにしました。

## ● 援助の開始

### ① N君と母親の問題

4月にN君が保育所に入所したのを契機に、関係機関（福祉事務所、保健師、保育所、児童相談所）が集まり、情報の共有と支援の役割分担を行いました（要保護児童対策地域協議会における個別ケース検討会議。以後の会議も同じ）。情報共有の結果、N君親子について以下の課題がわかってきました。

N君の問題
・多動で落ち着きがない。
・言葉が不明瞭で会話が成り立ちにくい。
・友だちと遊べず、たたいたり蹴ったりする。
・おもちゃで遊べず、棚からみんな投げ出したりする。

母親の問題
・子どもへの言葉がけがほとんどなく、保育所に連れてきたときも、突然黙って乱暴に服を脱がし始め、子どもがこけたりすることもあった。
・「家では子どもたち（N君、弟のT君）は自由にさせている。」と言うが放置状態ではないか。
・子どもたちを叱るときも、名前を大声で呼び捨てにするだけで、何の説明もないなど、叱り方が下手。ときに手が出たりしている。

一方、母方の祖父母については、言葉づかいは悪いが、子どもたちの世話をしており、N君らも祖父母にはなついている様子であることがうかがわれました。

以上の結果を踏まえて、N君については、問題行動が発達上の問題なのか、それとも養育環境の問題なのかを確認する必要があるため、母親に児童相談所での心理検査を勧めることにしました。また保育所では、N君の担当の保育士をつけることで、個別の関わりを通して発達を支援することにしました。

母親については、家庭児童相談員の面接を継続し、子育ての方法などを母に指導していくことにしました。

そしてその後、N君の心理検査の結果、軽度の発達遅滞がみられました。また注意欠陥・多動性障害（AD/HD）が疑われましたが、不適切な養育環境の影響も考えられることから、環境を整えた上で経過観察することになりました。

母親には検査結果を説明し、叱れば叱るほど多動になるため、叱り方を変えること、やるべきことを具体的に子どもに伝えることなど養育方法について助言しました。ところが、母親に交際相手ができて妊娠し、面接が途絶えがちとなり、育児方法についても、ほとんど改善がみられませんでした。

一方、N君は、保育士との個別の関わりを十分取るように配慮したところ、担当の保育士によくなつき、言葉で自分のして欲しいことを伝えることができるようになり、保育所ではかなり落ち着いて過ごせるようになりました。

その年の年末、母親は第三子を出産し、実家の近所に部屋を借り、生活保護を受給してN君、N君の弟のT君、新生児の4人で生活を始めました。第三子の出産後間もない頃であり、祖母は、母宅にほとんど同居するような状態で子どもたちの世話をしました。第三子の父親は、ときどき家に来ていました。

②N君の一時保護
　N君は，保育所では，次第に成長し，落ち着いているときにはパズルができるほどの変化がみられるようになりました。しかし，家庭では多動傾向がおさまらず，イライラした母親や祖母からたたかれることが多くなりました。つぎの年の6月には，掃除機の部品や布団たたきでたたかれるなどして，ケガをするようになってきました。そのため保育所では児童相談所に虐待の通告をしました。
　母親は児童福祉司との面接で，「Nは家のなかで思う通りにならないと暴れたり物を投げたり，ときには弟をいじめて物を取り上げてけんかになる。乳児にもちょっかいを出す。たたかないと止められない。怒られると鍵を勝手に開けて出て行き，迷子になってしまったこともある。」と話しました。母親自身も困っていたため，児童福祉司は，N君を一時保護して，母親のクールダウンを図りながら行動観察し，しつけの方法について話し合っていくことを提案し，母親もその方針に同意しました。
　一時保護所からN君を引き取るにあたり，母親，祖母がN君の特性を理解して対応できるよう話し合いの場を持ち，N君には怖がらせたり大声で叱るのは逆効果で，できる限り落ち着いて短い言葉でわかりやすく言い聞かせる，予定を変えるときには前もって説明する，言葉だけでなく目で見てわかるように説明する，頼んだことができたときはほめる，母親・祖母がイライラを抑えられないときにはショートステイの利用も考える，などのことを話し合いました。
　一時保護所から家庭引き取りになる前には，関係機関も集まり，情報の共有と対応方法について話し合いました。N君の家庭引き取り後，保育所・家庭児童相談員が中心になって見守りを続けました。母親や祖母の育児方法の変化は思わしくありませんでしたが，保育所では，N君の言葉のやりとりがスムーズになり，友だちができ遊びも長続きするようになり，問題行動が激減しました。

③N君とT君の職権による一時保護
　N君を一時保護所から引き取ったのち，関係機関の見守りのなか，N君・T君兄弟は成長していきました。
　ところが，2年ほどして，母親の交際相手の男性（第三子の父，以下，「内夫」）が家に入りこむかたちでほぼ同居するようになりました。この頃から，頻繁に手伝いにきていた祖母が来なくなり，子どもたちが祖父母宅に遊びにいくというかたちの交流に変わりました。それから1年あまり経った頃，内夫からしつけとしてたたかれているということを子どもたちは教師に話すようになります。間もなく，T君が内夫により，殴る蹴るの虐待を受け，顔にケガをして登校してきたとの通告が，小学校から児童相談所に入りました。児童福祉司が小学校に行き，ケガを確認するとともに，兄弟から話を聞き，2人を職権により一時保護しました。
　兄弟の話では，2人とも，内夫から食事の後片づけができていないなどの理由でたたかれたり，茶碗を投げつけられたりしていました。また，食事を食べさせてもらえないこともありました。さらに弟のT君は，罰として，内夫から玄関に立たされたり廊下で寝かされたりしていました。母親は，子どもたちの方が悪いと内夫の暴力を止めず，母親からもたたかれることがあるとのことでした。
　こうした2人の言い分に対して，母親と内夫は，「Tは，食事の後片づけができていないのに，したと嘘をつく。さらに，洗濯物を隠したり，食べ物を捨てたりしているのに，何度注意してもしてないと嘘をつくので，たたいた。しつけとしてやっているのに，何が悪いのか。こんなことを見て見ぬふりをしろというの

か。また以前はNの方がやりにくかったが，今はTの方がやりにくい。しかし，NもTをいじめて泣かすなどする。たたかないと止められない。いつも前もって3回は注意している。それでも同じことをするから罰（たたく・食事を与えない・立たせるなど）を与えている。注意を守らない子どもたちの方が悪い。」

児童福祉司との面接でN君は「内夫が来てから，祖母が来なくなった。祖母はご飯をつくってくれるが，母はコンビニや外食がほとんど。掃除もしない。内夫は怖い。母の好きなところはない。今は家に帰りたくない。祖父母が好き。」と話しました。一時保護所でもやんちゃをして注意されますが，友だちとのトラブルはなく過ごしていました。弟のT君も「一時保護所に来てよかった。いっぱいほめられるし，勉強もできる。祖父母が一番好き。」と話しました。児童福祉司が母親や内夫のことを聞き始めると，落ち着きをなくし面接室を出ていこうとしました。一時保護所に戻っても，内夫が来るのではと保育士に聞き，パニック状態となり，内夫や母親への恐れがN君より強いことがうかがわれました。

**④児童養護施設への入所**

児童相談所内の援助方針会議の結果，現状では，短期間でのN・T兄弟と母親・内夫との関係改善は困難と判断し，児童養護施設への入所の方針となりました。

児童福祉司は，母親・内夫と話し合いを重ね，渋々ではありましたが，施設入所の同意を得ました。また祖父母は，かわいそうと強く反対しましたが，一方で現状がすぐに変わらないことも理解しました。

施設入所後，3か月が経過し兄弟が新しい生活に慣れた頃，2人の気持ちを確認した上で，母子面会を行いました。面会後，母親は「Nは以前は言うことを選ぶ感じだったが，今は言いたいことをストレートに言えるようになりよく話すようになった。また悪いことをしても注意したら止めるようになったし，表情が明るくなった。」と述べ，T君については「新しい学校にすっとなじんで驚いている。社交的になって友だちともうまくつき合えているし，パニックも起こしていない。以前はケンカしたときに理由を聞いても黙ってしまったが，今はちゃんと経過も自分の意見を言えるようになって変わったと思う。」と話しました。

### ● 家族再統合に向けて

今後は，家庭に帰ってもN君・T君が安全で健康的な生活ができるよう，母親や内夫，祖父母もまじえて話し合いを持つことになります。子どもたちは，母親と祖父母との生活を希望しており，短期間での問題解決には困難なことが多いですが，解決に向けてさまざまな取り組みを始めていくことになります。

---

**演習問題 ▶▶▶▶保育者としてあなたならどうする？**

1. この家族の虐待が起きたリスク要因として何があげられますか？
2. 母親や内夫は，子どもたちが職権により一時保護されたとき，しつけであると主張しましたが，しつけと虐待の違いはどこにあるのでしょうか？
3. 第三子が保育所に通ってきています。どんな点に配慮して，見守りをしていけばよいでしょうか？
4. 家族再統合を考えるとき，何が変わる必要がありますか？

# 6. 児童養護関係諸機関におけるケース
## (1) 児童相談所のケース②

### 事例の背景・概要

　8月に保育所より「K君の頬や首筋に，つねったような跡や引っかき傷ができていて，K君に聞くと母親がしたと言っている。母親に確認したところ，言うことを聞かないのでやったと認めている。今までにもときどき傷があったが，今回は数も多く気になる」との通告が児童相談所に入りました。通告を受けた児童福祉司は，さっそく保育所に行き，K君のケガの状態を確認するとともに，ケガをしたときの父母の説明に不自然な点がないか，保育所でのK君の普段の様子や父母の関わり方はどうか，また，父母が育児に困っていることはないか，を中心に聞き取りました。それによるとK君のケガは弟が生まれて1年ほどたったころから時々見られたとのことでした。

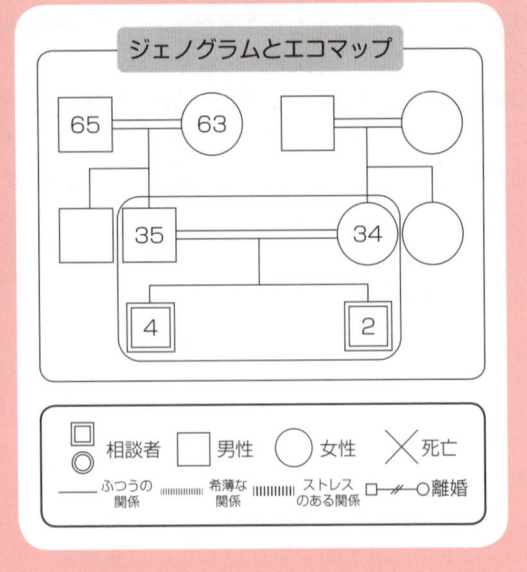

**ジェノグラムとエコマップ**

□ 相談者　□ 男性　○ 女性　× 死亡
ふつうの関係　希薄な関係　ストレスのある関係　離婚

母親は身体が丈夫ではなく，子育てに専念していた。父親は仕事が忙しく，家族にかかわる時間はあまり持てていなかった。母方祖母は，母親ができていないことをいろいろ指摘し責めることが多く，母親と実家の関係はうまくいっていない。保育所では，母親はあまり話をせず，ほかの母親ともあいさつをする程度の関係だった。

### 調査と関係機関の連携

　K君自身には，発達上の問題はとくに認められませんが，母親は，K君がグズグズしているとイライラする，と話していて，保育所でときどきヒステリックに叱っている様子がみられました。また母親は体調が悪く，不眠や腰痛などで通院している経緯がありました。一方，父親は子育てに協力的で穏やかな人ですが，仕事は忙しいようでした。

　保育所で聞き取りを行ったあと，児童福祉司は両親と連絡を取り，面接をしました。母親は「Kが言うことを聞かないとイライラして，つい手が出てしまう。弟にも手がかかるのでいつも疲れている。今回のアザは，朝，保育所に行く時間が迫っているのにテレビばかり見ていて，ご飯を食べなかったので注意をしたのに聞かなかった。それで，カッとして何度もつねってしまった。」と話しました。父親は「Kが言うことを聞かなくても，これくらいの年齢だと普通かなと思ってつき合うことができる。母親は少し神経質かなと思う。出勤前でバタバタしていたこともあって，Kのアザに気づかず出勤してしまった。これからは十分気をつけて見ていくし，母親の育児にも協力する。」と反省していました。

　児童福祉司は，母親に，育児について助言し，保育所の保育士にも遠慮せず相

談するように伝えました。

　また，身近にある福祉事務所でも子育て相談ができることや，児童相談所ではK君の心理検査ができることなど，社会資源についての情報も伝えました。一方，このような状態が続くようであれば，K君を職権により一時保護し，安全を確保したうえで，父母と話し合いをしていかざるを得ないようになることも，説明しました。

　そのうえで，現時点では緊急性がないと判断されるものの，支援が必要な家庭であるとして，関係機関での協議を行い，情報の共有と，それぞれの機関の役割を以下のように決定しました（要保護児童対策地域協議会における個別ケース検討会議）。

・保育所は母子の日々の見守りと母親の子育て相談を受ける。
・福祉事務所でも母親の育児相談を受ける。
・児童相談所は父母からの心理検査の希望があれば検査をし，親子の関わりについて助言する。

### ● 援助の開始

**①職種による一時保護**

　前回の通告後は，関係機関の支援のなか，母子関係は小康状態を保っていました。しかし，3か月程経った頃，再び保育所から，K君の頬に手形がつくほどひどくたたかれた跡ができているとの通告が児童相談所に入りました。そこで児童福祉司は，保育所を訪問し，近況を確認しました。

　保育所からの話では，2～3週間前から，母親のK君に対する暴言（「お前なんかいらん子」「帰ってくるな」「さっさとやれ」「寄ってくるな」「うるさい」など）が，目立つようになってきており，K君は母親に怒鳴られた後は，落ち着きなくウロウロし，注意しても聞いていない状態になり，母親はそのことに，さらにイライラして怒鳴っていました。さらに，1週間ほど前からは，小さな傷がK君の背中や腕にできていて，K君に聞くと母親に叱られたからと話し，母親も認めていました。

　保育士の助言についても，母親は「うっとおしい」と反発して，話ができなくなってきているとのことでした。

　このため児童相談所では，母親の言動の経過からして，今後問題がエスカレートする可能性が高いこと，小さい傷ではあるが虐待が続いており，今回のケガは頭部に近く，リスクが高いこと，母親が保育士の助言を聞こうとしなくなり，援助が困難になってきていること，などから職権による一時保護に踏み切りました。

　母親は，児童福祉司に対して，「今まで，Kをたたいたり，つねったりしたことや，産まなければよかったと思ったことまで，保育士に話し相談していた。こんなことなら話さなければよかった。裏切られた。保育所には二度と行かせない。どんな権限があって，他人の家庭のことに入ってくるのか。他人が口出しするな。自分が虐待していると決めつけられた。ひどいショックで食事をとることもできない。こんなになったのは，児童相談所のせい。子どもも，突然知らない場所に連れていかれて，ショックを受けているはず。心の傷をどうしてくれる。」と繰り返し訴え，母親の怒りはなかなか収まりませんでした。父親は児童相談所の対応に腹をたてつつも，K君の保護に一定の理解を示し，母子関係が煮詰まってきていたことは認めました。

②母親への援助

　母親は，児童相談所や保育所の対応に激しく抗議してきましたが，児童福祉司はできるだけ穏やかに母親の気持ちを受けとめるよう努力し，母親が悪いというのではなく，関係の持ち方がうまくいっていない点に視点を向けていくようにしました。母親は児童福祉司に何度も電話をかけてきたり話し合ったりしているうちに，K君のことを本当は大切に思っているが，どう対応したらいいのかわからないし，また誰も自分が納得できるように説明してくれない，との思いも話すようになりました。このような場合，できない部分は子どもがわざとしないと受け取られがちで，親がイライラを募らせる原因になることがよくあります。

　また，一方，K君の心理検査の結果によると，発達上の問題はみられませんでしたが，自信のなさが目立つことと，年齢に比べて，できる部分とできない部分の差が大きいことがわかりました。

　K君と父親との関係は良好で，父親は育児に協力的で，児童相談所とも話し合う姿勢を持っていました。また父方の祖父母の協力が得られる可能性が高く，母親の父方祖父母への印象もよいことから，援助の申し出があれば母親は受け入れる気持ちがあることもわかりました。

● 家族の再統合

　児童相談所は，K君を家庭で養育していくことに，プラス要因が多いことが確認できたため，K君の安全をどう確保していくのかに重点を置きながら，育児支援の体制を整えられるよう調整することにしました。そして，育児支援の体制がうまくできれば，K君を家庭に帰し，家族の再統合を図ることにしました。

　家族の再統合に向けては，K君が保育所が好きで，家に戻ったらまた保育所に通いたいと言っていることから，保育所と父母との関係改善を図り，協力体制が取れるようにする必要があります。また，母親には，適切な育児やしつけを学ぶことのできるプログラムへの参加をうながしていくとともに，祖父母など親族からどのような育児支援が可能かを確認しておくことも重要となります。

　まず児童福祉司は，保育所・福祉事務所や父母・親族と個別に話し合いの場を持ちました。そして，K君を引き取る場合，問題となる点や必要な準備について話し合いました。その後，父母・保育所・福祉事務所・児童相談所が集まり，関係者が参加する形の合同会議を開いて，それぞれの思いを伝えました。話し合いや合同会議では，ホワイトボードミーティングを活用し，それぞれの思いや考えを視覚的に提示することで，全体像がつかみやすく，それぞれの理解が深まるように工夫しました。

　合同会議の席上で，児童相談所からK君の両親に，一時保護は，誰が悪いかを探すためではなく，子どもの安全を守るために行なったことであり，その判断は保育所がしたのではなく，児童相談所が行うことが法律で決められていることを伝えました。また，K君は，一時保護所でみんなと仲よく遊んでおり，たたかれたり怒鳴られたりするのはイヤだが，両親のことは大切に思っていることを再度丁寧に説明しました。その上で，父母がK君を大切に思っていることは理解しているが，子育ての方法が適切ではなかったと考えており，今後は児童相談所が提供するプログラムに参加し適切な方法を学んで欲しい，と伝えました。

　母親からは「子育てがどんなに大変だったか。思うようにならなくてイライラした。片づけなさいと言っても片づけない，服を着替えなさいと言ってもグズグ

ズして時間がかかる。なぜ，てきぱきできないのか，と思っていた。父親が帰ってくるまでの自分と子どもだけの時間が耐えられない気がして苦しかった。子どもがかわいいと言うけれど，みんなが言うほどかわいいと思えない。それでも，一生懸命育ててきたのに，保育所は，自分がどんなに頑張っていたかわかっていないと思っていた。自分の気持ちもわからずにKを一時保護した児童相談所への怒りもいっぱいあった。保育士にも裏切られた気持ちでいっぱいだったが，話し合いを重ねているうちに，子どものためを思ってくれていることが，わかってきた。Kを引き取ったらまた保育所に通わせたい。児童相談所の子育てプログラムにも通いたい。」という言葉が聞かれました。

　また保育所からは「お母さんのK君への関わり方がとても気になり，心配していた。お母さんが疲れていることはわかっていたので，保育時間を延長するなど努力をしてきた。それでも，お母さんの気持ちとしては十分ではなかったことが理解できたので，これからはさらに一緒に考えていきたいと思う。ただK君の一時保護の前頃に，保育士がお母さんにいろいろ話しかけようとしても，反対に怒鳴ってきたり，無視されたりしたことがあった。あのような状態のままでは，応援したくてもできないので，この点についてはお母さんの方でも考え直して頂きたいと思っている。」と話しかけました。母親は，所長にはっきり言われたことで，改めて振り返り，自分の行動について考え，保育士を怒鳴ったり無視したりしたことは，自分が悪かったと謝りました。母親のこれから変わっていきたいという姿勢を実感した会議の出席者は，改めて父母やK君を支援していく決意を固めました。

　K君は，父母と関係機関が話し合いを重ねた後，家庭に引き取られ，再び元気に保育所に通い始めました。父親や父方の祖父母に交替で送迎され表情も明るくなり，母親も体調を考えながら少しずつ努力を始めています。

---

**演習問題 ▶▶▶▶保育者としてあなたならどうする？**

☞ 1．虐待を受けたと思われる児童を福祉事務所または児童相談所に通告する義務がありますが，根拠は，どの法律にありますか。条文を確認しましょう。

☞ 2．問題が解決する過程では，さまざまな誤解や怒りが援助者に向かうことがあります。今回，関係が改善されたのは，どんな対応がよかったからでしょうか？

☞ 3．母にK君への関わり方を助言するとしたら，あなたならどう助言しますか？

☞ 4．心理検査の結果，K君は自信のなさが目立つようですが，どのような点に配慮しながら保育のプログラムを組みますか？

# 6. 児童養護関係諸機関におけるケース (2) 福祉事務所のケース①

## 背景・概要

保育所から福祉事務所へ，母子で母方実家近くに転居してきて保育所に入所しているYちゃんについて，相談がありました。Yちゃんは保育所で落ち着きがなく，また母親は子どもの行動をうまく抑制できず，養育を十分にできていないようだとの相談から，支援が始まりました。Yちゃんは保育所入所当初から，部屋を飛び出したり，ほかの子どもの持ち物を盗ったり，ほかの子どもをたたくなどのトラブルがあり，注意しても聞かないことが続いていました。母親と実家との交流は頻繁にあり，保育所入所の手続きにも祖母と叔母がつき添って来ていました。保育所の送迎は母親が行っていましたが，行事のときには祖父母や叔母が来ることもありました。そのときは，母親だけがいるときと違って，Yちゃんはいつもよりはおとなしくしています。ただし叔母の話では，以前から落ち着きがなく，Yちゃんのやんちゃぶりには祖父母も困っている様子でした。

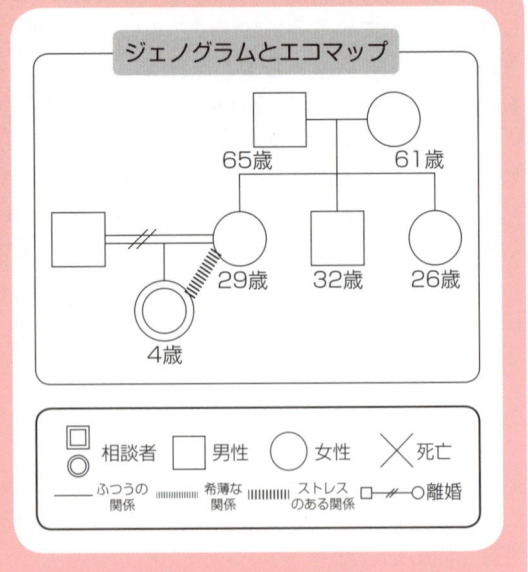

### ジェノグラムとエコマップ

（ジェノグラム：父方祖父65歳・祖母61歳、母29歳（離婚）、母方伯父32歳、母方叔母26歳、Yちゃん4歳）

凡例：
- □相談者　■男性　○女性　×死亡
- ── ふつうの関係　──── 希薄な関係　||||||| ストレスのある関係　□—○離婚

Yちゃんは4歳，母（29歳）は無職。母親は実父と結婚後に，ほかの市で生活していたが，Yちゃんが3歳のときに離婚し，母方祖父母と同居している。親族には母方伯父，母方叔母がいる。

## 援助の視点

以前の居住地で，3歳児健診時にはYちゃんの発達の遅れを指摘されていましたが，相談機関を利用することはありませんでした。そのため，本ケースでは保育所から家庭児童相談員への相談につなげてもらい，福祉事務所から児童相談所での発達検査につなげていく方向で進めることにしました。

また，相談機関の利用については，母親だけに話をしても，なかなか進まないことが予測されました。そのため，同時に，叔母や祖父母にも話をしていく必要があると考え，保育所において個別の懇談会を設けることにしました。そのなかで，叔母や祖父母にYちゃんが発達検査を受けることの重要性と，発達検査を受ける流れについて説明していくことにしました。

## ● 援助の実際

　保育所長から母親に話をしてもらい，母方叔母（母親の妹）とも相談して，児童相談所でのYちゃんの発達検査を勧めることに母親，叔母ともに了解してもらい，家庭児童相談員の調整により判定につなげました。判定の結果は，軽度の遅れがあることが判明し，療育手帳の取得手続きを行いました。また福祉事務所で行っている家庭児童相談員の母子グループに週1回通所してもらうようにしました。

　しかし，家庭児童相談員が母親にYちゃんへの関わり方について助言しても，母親がなかなか理解できないようで，保育所でのYちゃんの行動に改善がみられませんでした。

　支援の過程で，母親から，目を離した隙に，Yちゃんが自宅から出てしまい，近所のお店でお菓子を食べてしまったこと，Yちゃんが言うことを聞かないとき，母親が頭をたたく，頬をつねるという体罰を行っていることが語られました。そのためYちゃんがアザをつくって保育所に登所してくることが判明しました。

　一方，児童相談所での判定時に叔母から，母親はかつて就労をしていましたが，盗癖があり職場でトラブルとなったことがあったことや，最近も実家のお金を盗り，お菓子を大量に購入しては，盗み食いをしていることがあったことなどが告げられました。

　祖父母は母に穏やかに接していましたが，伯父（母の兄）は母の行動に対して厳しく，問題を起すたびに母は伯父に叱責されていました。母親は転居してからは，生活保護を受給していましたが，月末には食費がなくなることもあるようでした。

　こうした流れを受けて，母子への支援とともに児童虐待ケースとしての対応も必要であると判断し会議（要保護児童対策地域協議会・個別ケース検討会議）を保育所と福祉事務所（生活保護ケースワーカー，家庭児童相談員，障害者支援担当者，児童相談担当者）とで開催することにしました。

　そして援助方針として以下の4つを打ち出しました。
・保育所でYちゃんに傷，アザがないか注意深く確認する。
・傷などを発見したときは保育所の送迎時などに，保育士から母親に事情を聴くとともにYちゃんへの具体的な関わり方を伝える。
・児童相談担当者から，母親にも療育手帳の取得を勧める。
・福祉サービスを活用して，家庭内でも母子の支援を行えるようにする。

　母親の養育能力の低さは，知的障害があることが疑われたことから，Yちゃんだけでなく，母親にも支援が必要であると判断しました。そこで，母親には具体的な方法，行動を伝えるともに，母親に指導する人，母親に寄り添う人と役割を分担し，支援者は共通の理解のもと，各々の役割を果たすことにしました。

　家庭児童相談員が叔母に母親の療育手帳判定について説明し，知的障害者更正相談所での判定の手続きを行いました。そして判定の結果，母親に中度の知的障害があることが判明しました。

　この結果を受けて，福祉事務所で療育手帳取得の手続きとともに，母親が福祉サービスを利用できるよう利用手続きを行いました。

　また家庭児童相談員の関わりは，それまでの母子グループではなく，母子での

個別面接へと変更し，Yちゃんへの関わり方を具体的に母親に教えることにしました。金銭の管理については母方親族に行ってもらうよう，生活保護ケースワーカー，福祉事務所児童相談担当者から母親に話をしました。

母方親族には，母親の盗癖，また母親がYちゃんをうまくしつけることができないのは，母親に知的障害があるためだったと少しは理解してもらえるようになりました。保育所でも，母親に中度の知的障害があることがわかり，母子の状態を理解できようになったことから，より具体的な関わり方を検討できるようになりました。

また母親については，福祉サービス利用ができるようになり，家事が軽減されたため，イライラが解消され，Yちゃんを激しく叱ることが減り，Yちゃんがアザ，傷をつくって登所してくることはなくなりました。

母親が手をあげることはなくなったようですが，家事支援ヘルパーが，母親がイライラしているときに，Yちゃんに怒鳴り散らしているところを目撃するようなこともありました。

Yちゃんが家を飛び出すことは月に1回くらいはありましたが，体調不良時以外に，保育所を休むことはなく，母子ともに家庭児童相談員，ヘルパーなどとの関係が徐々にでき，順調に支援ができていました。

## リービングケア 今後のケア・支援

Yちゃんの小学校入学に向けて，入学予定の小学校に母子の知的障害の状況，家族背景などを理解してもらい，適切な関わり方を理解してもらう必要があります。また，これまでの関係機関の関わり，役割分担を理解してもらい，情報を共有することで小学校での支援体制の検討が重要となります。

### ● 援助の視点

これまで，関係機関の連携により，知的障害のある母子の生活を支援し，問題の解決を図ることができていました。

Yちゃんの生活の場面が保育所から小学校へと変化するときに，支援のポイントを引き継いでいくことが大切です。保育所と小学校とでは，職員などの体制は異なりますが，母子の状況を十分理解してもらい，受け入れ体制を検討してもらえるよう情報の引継ぎを行います。

福祉サービスの利用についても，Yちゃんの小学校進学を機に見直しが必要であるのかどうかの検討をしておくことも重要です。また，母親だけでなく，Yちゃんにも福祉サービスの利用が必要であるのかどうかを検討しておく必要があります。

### ● 援助の実際

1月になり，母親の婦人科系の疾病が判明し，入院による手術が必要であると告げられました。母親が入院の間，親族でYちゃんを預かるという話もありましたが，祖父母とも体力の低下もあり，Yちゃんを養育するのは難しいということで，知的障害児施設のショートステイを利用することになりました。

一方，Yちゃんの保育所での生活は落ち着いていたものの，家から抜け出して，近所の家に入り込むことが発生し，母親が警察へ捜索願を出すということがありました。また母親の入院は検査，手術のためとの当初の話よりも時間がかか

ることになりました。母親は退院した後の在宅療養中のYちゃんの養育を不安に思っていました。

　Yちゃんが小学校進学の時期で，母親も気弱になっていることもあり，母親，親族ともにYちゃんを長期的に預けたいとの申し出がありました。

　児童相談所と相談の結果，ショートステイを利用しながら，小学校進学時に知的障害児施設へ入所することになりました。2月末に母親は入院し，Yちゃんは知的障害児施設へショートステイすることになりました。4月からは知的障害児施設へ入所し，特別支援学校へ入学となったため福祉事務所での支援は終了となりました。

---

**演習問題 ▶▶▶▶ 保育者としてあなたならどうする？**

☞　1．親の養育能力が低いといわれる場合，どのような配慮が必要でしょうか？

☞　2．子どもの行動に落ち着きがない場合，要因としてどのようなことが考えられますか？

☞　3．保護者に働きかけても改善されないときは，どのような工夫が必要でしょうか？

☞　4．関係機関との連携はどのように行いますか？

# 6. 児童養護関係諸機関におけるケース
## (2) 福祉事務所のケース②

### 概要と背景

　子育て支援センターに祖母から「母が育児をしない」と訴えがあり，福祉事務所に相談がありました。子育て支援センターにB君とCちゃんと祖母が来たときに，入浴が十分にされていない様子がうかがえました。祖母の話では，母親は家事・育児が苦手で祖母を頼ってくることが多いようです。父親は，収入が安定せず，経済的に苦しいようですが，B君とCちゃんを祖母に預けて，父母二人で夜間に遊びにでかけることがあると祖母が愚痴をこぼしていました。ちょうどB君の1歳半児健診があり，保健センターの保健師も関わって，様子をみることにし，健診の個別相談のときに，母親の話をじっくり聞く機会がありました。母親の話では，母子家庭に育ったため，祖母は仕事が忙しく，料理を教えてもらうこともなく，離乳食の作り方もわからないということでした。そのようななか，医療機関から児童相談所へ通報が入りました。

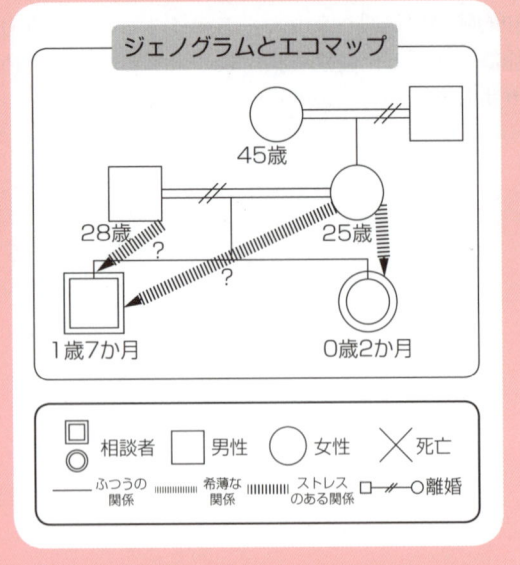

**ジェノグラムとエコマップ**

B君は1歳7か月，Cちゃんは0歳2か月，父親は28歳の土木作業員で，母親は25歳の無職という4人家族。父母は母親がアルバイトをしていたスナックで知り合い，母親が22歳のときに結婚した。
母方祖母は近所に住んでおり，パート就労で生計を維持している。

### インケア 一時保護に向けて

　父親が酔っているときに誤って子どもの足を踏んでしまったと父母がCちゃんを受診させました。検査したところ，Cちゃんは約1か月前に骨折していた痕が下腿部に確認されました。父母は，以前のことは知らないと話しており，医師は虐待を疑い児童相談所に通報することにしました。

### 援助の視点

　児童相談所ではCちゃんを一時保護し，医療機関への調査，父母からの聴き取り調査を実施しました。骨折については，身体的虐待とは断定できませんでしたが，短期間で2度も骨折しているということで，ネグレクト状態と判断しました。
　またCちゃんの骨折時の状況については，父母ともに記憶があいまいなところが多く，状況説明にも父母で食い違いがありました。自宅にはベビーベッドがなく，床上に布団を敷いてCちゃんは寝かされていました。B君が誤って踏んでしまうことや，おもちゃを落とすことなども考えられるような危険な状態に置かれていました。
　直接的な身体的な暴力がなかったにしても，乳児であるCちゃんが，骨折す

るような状況におかれていたこと事態が，十分な養育がなされていない放置状態であると考えられます。乳児が安全に養育されるよう，環境作りをすることが保護者の役目です。父母にそのような危険認識がないことも問題のように思われます。

父母に施設入所を勧めていたときに，父親は別の傷害事件で逮捕拘束されました。児童相談所は母親を説得し，Ｃちゃんは乳児院へ入所となりました。

### ● 援助の実際

児童相談所では，母親と祖母への面接を重ね，生活状況などを確認していきました。

母親の話では，祖母は仕事に忙しく，母親が幼少の頃からあまりかまってもらえなかったようです。また祖母も家事は十分にできておらず，家のなかは散乱していることが多かったようです。

父親についても母親からつぎのような生育歴を聞くことができました。父親の家庭はしつけが厳しく，父方祖父は暴力を振るうこともたびたびあったようです。父方祖母も暴力を受けており，父親が中学生の頃に家出をして以来行方不明となっています。父親は厳格な祖父を嫌い中学卒業後に，親戚を頼って大阪に出てきたとのことでした。

福祉事務所では，ネグレクト改善のために，Ｂ君の保育所入所を母親に勧め，児童相談担当者が手続きの支援を行いました。保健師は家庭訪問などを繰り返し，母親の話を聞き，精神面の支援を行っていきました。

**リービングケア**
退所の準備から
退所後のケア

母親は父親とは離婚し，母方祖母の援助を受けて母子で生活すると言い，児童相談所との約束を守りＣちゃんの乳児院への面会，外泊を行いました。そのため，Ｂ君が２歳になるのを機に保育所に入所するのと同時に，Ｃちゃんを乳児院から引き取り，Ｃちゃんも保育所入所となりました。

### ● 援助の視点

本ケースの背景と今後の関わり方の確認のため，ケース会議を開催することにしました。会議の出席者は児童相談所児童福祉司，Ｂ君，Ｃちゃんが入所することになった保育所の保育士，保健センター保健師，生活保護ケースワーカー，児童相談担当者でした。

Ｂ君が父のことを怖がっているものの，Ｃちゃんの骨折は父によるものと断定されておらず，母親による虐待の疑いもあったため，母子３人での生活でも虐待が起こらないか見守りをする必要があると児童相談所から説明がありました。

なかでもＢ君，Ｃちゃんが昼間生活する保育所では，子どもの観察を進めるとともに，母親が育児で困っていることがないか，日頃から母に声がけをするようにしました。

また，子どもの欠席が続く場合は福祉事務所に報告する，子どもにケガ，アザがないか確認し，発見すれば母親に事情を聴く，母親の説明に不自然さを感じるときは福祉事務所に報告する，ケガ，アザが続く場合は虐待を疑い福祉事務所に報告する，などが確認されました。

保育所以外の機関でも，子どものケガ，ネグレクトが心配される状況があれば

児童相談担当者に報告し，重篤な状況であればすぐに児童相談所に報告することを確認しました。

### ● 援助の実際

保育所入所当初は母子ともにすぐに保育所に慣れ，母親と保育士との関係も構築され，順調に登所していました。また母親と他機関との関わりも良好でしたが，徐々に心配な状況が現れるようになりました。

それは夏前頃から，朝の登所，夕方のお迎えに遅刻することが増えたことでした。母親はケースワーカーから就労指導を受けていましたが，仕事が見つからず無職のままでした。保育所から母に事情を聴くと，夜間に外出していて，昼寝をするので登所，お迎えの際に寝坊するとのことでした。保育所からの相談でケースワーカー，児童相談所から指導があり，この点は改善され，しばらくは順調に登所していました。しかし，生活状況が再び悪化してきました。

子どもたちの持ち物の準備が不十分で，洗濯されていない衣類を着てくることがあったり，連絡なく遅刻するようになりました。また保育士が家庭訪問をすると，家のなかが散乱している様子が見てとれました。さらに金銭関係で母親と祖母の関係が悪化し，祖母からの援助がなくなりました。

やがて母親からケースワーカーに，「父親は仕事がなく生活に困っており，入籍はしないが，一緒に生活したいと連絡があり，同居したい」と相談がありました。ケースワーカー，児童相談所児童福祉司から，B君と父親の関係が心配であることを伝え，同居生活しないよう説得しましたが，母親は応じず，父親と同居生活が始まりました。

父親と同居後の生活では，保育所の登所状況は改善されましたが，保育所でB君が友だちに暴言を吐くようになりました。一方，家の内部の散乱はなくなり，子どものネグレクト状況は改善されました。父親と祖母は元々関係がよくありませんでしたが，父親が同居したことにより，祖母との交流が途絶えてしまいました。

保育所の送迎は母親が行い，父親が来ることはありませんでした。母親は関係機関との面談には応じていましたが，父親はケースワーカーの就労指導には応じるものの，児童相談所の児童福祉司との面談は避けている状況が続きました。

保育所では，母親の支援者という立場での関わりを続け，父親のことも気に掛けているというスタンスで声がけを行いました。また子どもたちにケガ，アザがないか観察をより丁寧に行い，子どもたちから父親の話が出たときには，具体的な状況を聴き取るようにしました。

父親が児童相談所の面談に応じないという状況に変化はありませんでしたが，保育所の登所状況に問題なく，子どもの様子も落ち着いてきました。ただ，父母とも就労していますが，仕事が続かず不安定な状況のままでした。父親が戻って約6か月が経過した頃に，父母が飲酒して喧嘩しているという情報が地域からケースワーカーに入りました。

そのころから，母親が保育所の所長と話をすることを避けるようになったり，連絡なく欠席するようなケースや，母親が迎えに来ても，子どもらがなかなか帰ろうとしないなどの様子がみられるようになりました。

関係機関において一時保護も視野に入れて見守りをしていたところ，父親が酔って母親に暴力を振るい，母親が警察へ通報するということが起こり，父親が

家を出ました。母親から保育所，ケースワーカーに，父親がいつ帰宅するか不安があり，しばらく祖母宅で過すことにしたと連絡がありました。

ケースワーカーが父親に確認したところ，「親族を頼って他県で生活することになった」と連絡がありました。母親は，今後は父親との関わりを絶つことにしたと，保育所に話しました。

母親は今回の件で，交流が途絶えていた祖母に，これまでの母親の言動を謝ったことで祖母との関係が修復されたようでした。再び，祖母の支援を受けての母子での生活となり，生活状況は改善されました。

---

**演習問題 ▶▶▶▶ 保育者としてあなたならどうする？**

1. 今後の母子の生活で心配されることはどのような点でしょうか？
2. 関係機関で見守りを行うなかで，保育所ではどのような役割を担うことができると考えますか？
3. 保育所では，母親，B君にどのような支援を行っていったらよいでしょうか？
4. 保育所で子どもの体にアザやケガを発見したとき，どのように保護者に話をしますか？

# 6. 児童養護関係諸機関におけるケース
## (3) 児童家庭支援センターのケース①

### 事例の背景・概要

　小学校2年生の男子と6畳の1DKのアパートで暮らしている母子家庭。生活保護を受けながら生活をし，母親は男性遍歴が多くあり本児の父親も定かではありません。母親の男性依存による生活の乱れや不安定さから，地域の住人にも迷惑をかけていました。母親は男性からのDVにより精神的不安定に陥り，本児に対しての虐待が幼児期からはじまり「お前さえいなければ」「生まなければよかった」などの罵声をあびせたり，叩いたりすることが日常茶飯事とのことです。本児は家にいることができず，地域の子育て支援を行う家にいることが多く，そのことで母親も子どもをとられたとその子育て支援の家に怒鳴り込むことが多々ありました。母親は精神科に通院し，また地域支援のソーシャルワーカーが関わり支援しつつ母子の生活の改善を図ってきましたが，母親からの虐待がとまらず，本児から家に帰りたくないとの訴えがあり地域の相談員に話が上がりました。

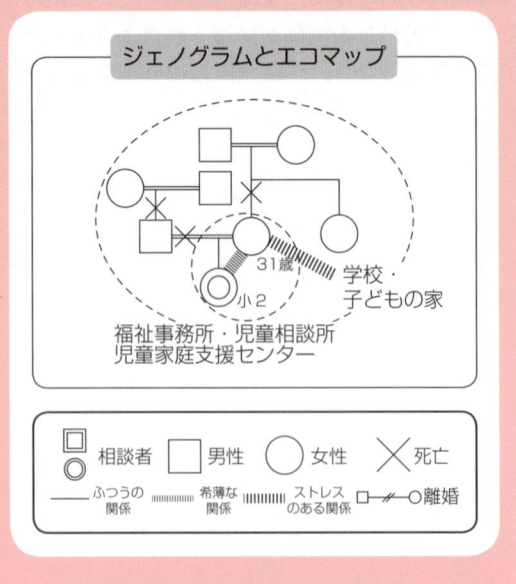

### ジェノグラムとエコマップ

母親には男性遍歴があり，離婚。その原因がすべて本児に向かい，精神的・身体的虐待がある。本児は家に帰ることもできず，地域の子育て支援の家で一日を過ごすことが多くなった。母親は地域との関係が悪化し，また子育て支援の家・学校・児童相談所・母親のSMWとの関係も悪化した。

### ● 地域機関との連携

　夜間に電話が鳴り，受話器を取ると地域の相談員からの電話でした。「相談員のAですけれども，今から小学2年生の男の子を連れて行きますので，緊急一時保護をお願いします。」と矢継ぎ早に話が始まりました。よく聞いてみると，以前施設を見学したことがあり，またほかのケースで連携・協議したことのあるA先生でした。「母親から虐待を受けており，児童家庭支援センターなら預かってもらえると思い，今母親から引き離したところです。まずは安全で安心できる環境で守ってあげて欲しいのです。」

　A先生の話では，母親には精神疾患があり，本児（Y君）への依存・執着が強く，身体的な虐待がここ数年間続いてきたとのことでした。母親の気分次第の生活で，Y君は何か分からないまま，母親に手をあげられることがしばしばあったそうです。児童相談所にも継続的に関わってもらっているケースで，Y君自身が危険だと思ったときは相談員の家まで逃げてくることもありました。今回も先週の土曜日・日曜日から相談員宅で預かっており，母親が凄まじい剣幕でY君を取り返しに来たため，児童家庭支援センターに電話をした，とのことでした。

## ● 援助の視点

　なによりもY君にとっての最善の利益は何なのかを中心に，支援方針を立てていきました。

　まず保護児童であるY君に，ここ（児童家庭支援センター）が安心できる安全な場所であることを伝えました。つぎに児童相談所に緊急一時保護および親権者の調査を依頼しました。それと同時に施設入所の同意，あるいは家庭裁判所の承認のもと施設入所を行う児童福祉法第28条ケースとしての検討も依頼しました。

　そして，Y君が安心して生活することのできる日常生活を取り戻せるよう，児童養護施設への入所など生活環境整備のための支援とともに，新しい学校に転校することで学業面での心機一転を図りました。

　一方，母親についてはソーシャルワーカーをはじめとする地域支援機関との連携による支援を進めていき，Y君との良好な親子関係の構築に向けた援助を開始しました。

　なお社会的養護にたずさわる者としては，子どもたちがこころの思いを「表出しないこと」で語っていること，語ろうとしていることに気づいてあげることが大切です。施設に入所してくる子どもたちの被虐待率は62.5％といわれていますが，入所までの経過や親子分離（外傷体験）などの経験を考えれば，こころに傷を負っていない子どもはひとりもいません。そのため各関係機関との連携，専門分野（心理・精神・小児医療・教育・警察・司法ほか）との協力は重要かつ不可欠になります。

　児童家庭支援センターの新規の電話相談においても，虐待を受け養護（保護）を必要とする子どもについての相談が35％あるといわれています。このケースのように，虐待による深刻な事態が引き起こされる前に，関連する地域の機関が予防的に関わっていくためには，各機関のスタッフが日常的に顔を合わせ，交流を持ち，それぞれの仕事を理解することが重要となります。

　そしてこうしたネットワークの構築が，地域の子どもとその家族を家庭崩壊から守り，虐待予防へとつながっていくのです。そのためには，「フェイス・トゥ・フェイス」による家族の一員のように関わるファミリーケースワークが重要視され，ゆとりあるスタッフの配置が望まれています。

## ● 援助の実際

　緊急を要するため，相談員がY君を児童家庭支援センターまで連れてきて，保護しました。

　Y君は緊張しながらも，相談員と目くばせをしながら安心している様子がうかがえました。そして，ここでは一時保護をするだけで，児童相談所に報告・保護してもらうことを説明しました。相談員は母親の対応に苦慮することを推測し，Y君の安全のため保護をお願いしたいとのことでした。児童相談所と相談し緊急一時保護として受理することになりました。

　後日，児童相談所において健康診断・調書をとり，一時保護の継続となりました。児童福祉法28条（児童虐待）のケースでもあり，母親に許可なく施設入所させる方向でしたが，児童相談所および児童家庭支援センター・地域子育て支援・子どもの家の担当者・母親・母親のソーシャルワーカーも同席し，施設入所

の承認を母親からとることができました。

　施設入所においては、保育者との距離の取り方、また人の顔色をうかがうようにトラブルを避けるような立ち振る舞いが目立ったため、ここでの生活が素直な思いで日常生活を送ることのできる場所であるとの認識を持ってもらうことからはじめました。

　Y君の場合、年齢相応の日常生活獲得はできており、母親との関係の再構築も視野に入れながら、将来は高校も卒業し、社会自立することを目標に生活を送ることになりました。児童家庭支援センターの心理職とのプレイセラピーを週1回の割合で行いつつ、児童相談所の担当ケースワーカーと密に連携を図り、母親の状態を把握しながら、家族の再構築も視野に入れ支援していきました。

　それから10か月後、Y君は母親と児童相談所で面会しました。これは母親にY君の所在を教えないための措置でした。この面会には、母親の担当ワーカー、Y君の担当保育士、児童相談所ケースワーカー、心理担当職員が同席しました。母親が部屋に入ると、Y君は瞬時に保育士の手を机の下でギュッと握りました。母親は「元気だった？」「少し太ったね」「お母さん少し痩せたやろ」「Yちゃん、いなくて寂しくて……仕事も午前中行っているし」「あー疲れた、Yちゃんも緊張するやろ、久しぶりやもんね」と一方的に話すだけでした。Y君はきょとんとした顔で保育士の方を見て、20分ほどで面会は終わりました。

**リービングケア**
退所の準備から
退所後のケア

　保育者との関係の構築からはじまり、他者との距離感また感情の交友のあり方を日常生活から体得していくことに努めました。義務教育および高等学校への進学を通して社会のルールを修得するとともに、一般家庭の家族のあり方、また自分が母親の精神疾患の悪化とした原因ではないことをY君に教えつつ、母親との距離の取り方を保育者と共に考えていくことにしました。社会自立においてひとりでの生活のスキルアップを高等学校の3年間で確立できるよう支援していきました。

### ● 援助の実際

　母親には、Y君が入所している施設の名称は伝えずに、学期ごとに1回、児童相談所にてY君と面会するようにしました。面会には、Y君の入所施設の担当者、ケースワーカー、母親の支援施設担当者も出席しました。この第三者を交えた面会は、Y君の母親に対する緊張感が薄れ、恐怖心がなくなるまで児童相談所で繰り返されました。

　Y君の小学校卒業時、中学校卒業時などの区切れ目に、母親からの家庭引き取りの希望が上がりました。しかしY君の意見を尊重し、Y君が成長して母親との力関係が対等になるまでは、児童相談所での面会を継続することになりました。

　母親には、Y君の高校の入学式では参列してもらい、母子の距離は縮まったようにもみえました。しかし、母の精神状態の波が激しく、安定した生活は送れていないようでした。そのため高校卒業時にY君の思い、母親の思いをそれぞれ聴取し判断した結果、児童相談所・児童養護施設としては、Y君の社会自立を実現することを最優先することにしました。

　そのため、母親にはY君の施設退所後の住所や就職先を教えないことにしました。そのかわり、Y君の方から母親に働きかけることで、母子のつながりをは

じめ，互いの生活を尊重する関係を築いていくことにしました。
　こうした関係のなかでも親子の縁が切れるわけでもなく，Y君と母親とは長い人生をともに歩んでいます。

---

**演習問題 ▶▶▶▶相談員（保育者）としてあなたならどうする？**

☞ 1．それぞれの居住地の子育て支援機関，および精神不安の保護者に対しての支援についての機関をあげてみましょう。
☞ 2．児童相談所が緊急一時保護を委託できる機関などをあげてみましょう。
☞ 3．児童福祉施設におけるアレルギー（給食）の危険性について考えてみましょう。
☞ 4．児童相談所のケースワーカーの役割使命を考えてみましょう。

# 6. 児童養護関係諸機関におけるケース
## (3) 児童家庭支援センターのケース②

### 電話相談の事例

　中学2年生の男子を子どもに持つ母親から相談の電話がありました。
　「息子が異性の先輩に恋愛感情を持っているようです。そのこと自体は仕方のないことだと思うのですが、学校で教科書を隠されたり、机に落書きをされたりといったいじめがありました。そのことは学校に相談し解決したのですが、その後クラスの代表委員に指名されたのですが、部活動での成績が振るわず自分の自信のなさや、友人と自分とを比較して落ち込んでいたようです。その結果、息子が自傷行為（リストカット）をしたりブログに「しんどい、死にたい」などとつづるようになりました。たぶん、自分の存在と自分の居場所、思いを誰かにわかってもらいたいというサインのようにも考えられるのですが、親としてどう対応したらいいのかわからずに困っています。」
　相談者は、子どもがこのような行為を行うことについての原因や、思春期の子どもの思い、またいじめや異性への関心についてよくわからず、どのように受け止め、どのような言葉で話していけばよいのか相談してきました。話の内容としては深刻ですが、相談者はあまり緊迫感が感じられないトーンで、淡々と話をするという印象があり、相談員の言葉や対応にのみ頼ろうとし、責任転嫁のような態度もうかがわれました。また相談者には、子育てにおいて、子どもの成長や変化にあまり関心が持てず、親子間に距離があること、子どもとの関係を決めつけようとする印象もうかがわれました。
　また、そこには父親の存在感がなく、息子に対しての夫婦間の子育ての共有がなされていないように感じられました。
　これは、子育ては母親に任せておけばよいという現代のサラリーマン家庭によくある問題と考えることもできました。つまり、子どもの問題の背景に、家庭内での夫婦間の課題があるのではないのかとも推測されるケースです。

### ● 支援・対応

　電話相談でまず大切なことは、相談員は電話相談のメリット・デメリットを理解しながら、相談者の話を傾聴するということです。そして、相談者に対しては、具体的な意見や答えを出すのでなく、一緒に考え、問題を整理して、解決できるように方向づけることが重要です。
　たとえば、どうしたらいいのかという対応方法の選択肢を複数示してあげるのもよいでしょう。本事例のような自傷行為については、まず子どもは大切な存在であるということを伝える、自傷行為はできるだけしないと子どもと約束する、自傷行為をしたくなったら、する前に自分（母親）に言ってほしいと伝える、などのアドバイスが有効です。そしてもし子どもが自傷行為を思いとどまって伝えてきたら、「よく話してくれたね」とその子を受け止めてやり、優しく話を聴いてあげる、「自傷行為をしてしまったときには傷の手当をするのでお母さんに言ってきてね」と伝える、話してきたら傷の手当てをしながら子どもの話に耳を傾け、子どもを叱ったり否定したりせず受け止め見守る、などの対処方法を伝えるようにします。
　そして最後には「よく電話してきてくれましたね、また何かあれば電話してく

ださいね」といつでも相談できる窓口であることを伝え，相談を終えるようにします。

### ● 電話相談のメリット

電話相談には気軽に利用でき，24時間いつでも相談できるという特徴があります。こうした即応性（いつでもなんでもどこからでも相談ができる）のほかに，匿名性（名前を告げることもなく顔がわかることもなくプライバシーも守られるなかで相談ができる），一回性（相談者からの意思での相談でありいつでも終了することができる）といった特徴があります。そのため，幅広い内容の相談が寄せられ，緊急時の被虐待児童の発見に至ることもありますが，その反面限界もあります。たとえば，その相談が事実かどうか，また作り話であったり，単なる近隣のいやがらせや苦情ということも考えられます。

相談の原則としては，相談者自身が問題解決のために自分自身で動くことができるようなアドバイスをすることです。そのためには相談者が自分で解決法を見つけられるようなアドバイスや情報提供が大切となります。また，相談者の本当の悩み，悩みの本質は何かを見極めることも重要です。

たとえば「小学校5年の息子が友だちと遊び歩いてばかりで，私のいうことを聞き入れなくなってきています。これまで素直だったのに悪い友人に引っ張られて非行に走らないか心配です」との電話相談があった場合，本当は子どもが母親から独立して，離れていくことが寂しかったり，子どもの成長を受け入れられなかったりということがあるかもしれません。

### ● 音声に限られたコミュニケーション

相談者の息づかいや沈黙，間，声のトーン，スピードなどに気を配ることが大切です。またある程度相手に合わせることで相談者が話しやすくなることが多くなります。たとえば，相づちを打ってあげる（傾聴していることを相談者に伝えることができる），相談者の話の内容を繰り返してあげる（相談者の話を「○○ということなんですね」と繰り返すことで，相談者が内容の確認と整理ができる），「○○と思うんですね」「○○というお気持ちなんですね」「○○と感じるんですね」と相手の気持ちを言語化する（相談者に自分の感情を意識化させることができる），開かれた質問を行う（「○○のときはどう感じましたか，もう少しくわしく話してくれますか」など質問や確認を必要に応じて入れていく）などの会話を進めていくとよいでしょう。

また匿名であるということから，言いづらいことや，誰にも知られたくないことでも言いやすいという特徴がありますが，相談者に対しては，相談するというハードルやわかってもらえないかもしれないという孤独感を乗り越えて，電話してきてくれたことへのいたわりの気持ちをもって言葉がけし対応するとよいでしょう。なお匿名であることから性的な内容の電話もあります。事実かいたずらかわからないことがあり，対応は難しいのですが，具体的な描写には入らずに悩みの部分だけを聞くことに徹していくことが大切です。本当の悩みごとであれば，相談者は真剣に話し相談してきますが，いたずらであれば本人からフェードアウトしていきます。

### ● 解決思考

何が問題なのか，課題なのか，どうしてこうなったのかという過去のことに目を向けるのではなく，どうなりたいのか，今できることは何か，など未来や解決方法へ目を向けることが大切です。抽象的でなく具体的なことに注目し，目標点を定めるようにします。また相談者の抱えている問題点や困っているところだけでなく，よいところや今現在できているところを見つけられるようにうながしていくことも重要です。なかでもスモールステップが大切で，日常の小さな変化が，大きな変化への契機となることもあります。

### ● 注意すべきパターン

相談者のなかには，自分で考えずに相談員に具体的解決方法を期待して，電話をかけてくる人もいます。こうした相談者の場合，相談員から解決方法を得ることができないことで，相談員に対して怒りを向けてくるケースがあります。こうした相談者には，電話相談の目的が，まず話を聴くことで事実を整理し，相談者と一緒に解決方法を考えていくことだと伝えましょう。また，はじめから怒りをあらわにして相談してくる人もいます。こうしたケースでは，まずその人の怒りを受け止め，傾聴することが重要です。どんな人でも長時間，怒り続けることはできません。最初は怒っている人でも，話を聴いてもらううちに，感情が落ち着き，つぎの段階に進むことができます。たとえば「死にたい」「子どもを殴ってしまいそう」などの訴えについても，「そうしたいくらい○○な気持ちなんですね」「○○する前にかけてきてくれたんですね」と背後にある気持ちや踏みとどまっている気持ちに焦点を当て，寄り添うことが大切です。

### ● 相談員自身を守ること

長時間，話を聴き続けたり，話し続けることは大変です。相談時間は，どんなに長くても60分～90分程度が目安となります。怒りや悲しみを含んだ話を聴いていると，相談員自身がそれらの感情を受け止めてしまい，ストレスを感じてしまうこともあります。こうしたときには，スタッフ同士で問題を共有し話し合うことで，ストレスを吐き出すことが大切です。そのほかに注意すべき点としては，相談員の名前，年齢，家庭の有無，住所や個別の電話番号などは伝えないようにします。相談者とはある程度距離をとることが大切です。

---

**演習問題 ▶▶▶▶ 相談員（保育者）としてあなたならどうする？**

1. 電話相談のメリットとデメリットをあげてみましょう。
2. 児童虐待等の通告での緊急時の場合，初動機関はどこでしょう？
3. 電話相談で相談員が相談者の情報としてとるべきものは何があげられますか？
4. 児童福祉施設において保護者や家族との関係を改善・修復する場合，司法関係（家庭裁判所・警察）との協力のあり方について考えてみましょう。

# Memo

# 7. 児童福祉法に関するケース①

**Y市による保育園への入園不承諾処分が取り消された事件**

> ＜事件＞
> T地裁に対し，Y市による保育所への入所不承諾処分の取消しを請求した事件です。
> ＜事件の当事者＞
> X1（父親―原告）
> X2（母親―原告）
> T子（事件本人―原告―事件当時4歳半）
> Y（Y市―被告）
> ＜裁判所の判断の要点＞
> 　Y市による入園不承諾処分が，児童福祉法第24条1項ただし書にいう「やむを得ない事由」に該当するかどうか。

## ● 事実の概要

　被告Y市に居住する原告X1の長女である原告T子（平成12年9月生まれ）は，気管の入り口の組織が弱く，空気を吸うときにふさがって呼吸がしにくくなる，こう頭軟化症のため，平成13年11月，気管切開手術を受け，以後，カニューレ（のどに開けた穴に常時装着して気管への空気の通りを確保する器具）を装着していました。

　X1は，平成17年1月に希望保育園を社会福祉法人A保育園として，平成17年度の保育園入園申込みを行いました。しかし，処分行政庁は，同年2月にX1に対して，上記申込みに関する保育園入園について，入園の承諾をすることができない旨の処分をし，これを通知しました。その通知書に記載された理由は次の通りでした。「原告T子様の保育園入園申請につきましては，気管切開をされ，たんの吸引措置が必要な健康状態であるところから，申請があった認可保育園において通常の集団保育を行うことに支障が無いかどうかを含め，検討を行ってまいりました。この結果，原告T子様が申請された保育園に入園した場合，市として児童福祉法24条における適切な保育を確保することが困難との判断をいたしました。」

　そこでX1は，同年3月に希望保育園をA保育園，B保育園，C保育園，D保育園又はE保育園とし，保育園入園申込みの変更届を行いました。しかしそれに対し処分行政庁は，X1に対し，上記変更届に関する保育園入園について，入園を承諾することはできない旨の処分をし，これを通知しました。その通知書に記載された不承諾の理由は次の通りでした。「今回の変更届に基く申請については，過去の経過も踏まえ，入園の適否について検討した結果，T子様が申請された保育園に入園した場合，市として児童福祉法24条における適切な保育を確保することが困難との判断をいたしました。」

これに対しX1は，Yに対し，平成17年4月に各不承諾処分に対する審査請求を行いました。しかし，Yは，同年8月に審査請求を棄却すると裁決し，これをX1に通知したため，原告らは，同年11月，Yを被告として，入園不承諾処分の取消し等を求める訴訟を提起しました。

## ● 判　旨

　T地方裁判所は，「入園不承諾処分の取消請求を認容する」との判決を下しました。判決文の概要は以下のとおりとなります。
（ⅰ）裁判所は上述の前提事実に加え，「以下の事実を認めることができる」としました。
　T子の父親である「原告X1は，印刷加工等を目的とする株式会社の代表取締役であり，同社はK市に所在する。同原告の妻の原告X2も同社に勤務して経理事務等を手伝っている。また，原告らと同居している原告X2の母J（…以下「J」という。）は，関節リウマチ，子宮筋腫，乳がん等を患い，月1回の割合で通院しており，原告X2は，Jの付添い及び日常生活での看護を行っている。また，原告X1の父Kも，食道がん等にり患しており，同人の通院等の介護も時折原告X2が行っている。」
　「原告T子においては，気管内にたまるたん等を定期的に除去することが必要となっており，多ければ1時間に1分間程度，吸引器を用いてたん等の吸引を行っている。また，誤えんを避けるために水分にとろみをつけることも必要となっている。」
　なお，国立医療センター耳鼻咽喉科N医師による平成16年11月のT子の診断書には，つぎの「診断内容の記載があった。」「スピーチバブルを使用しており，発声も可能で，言語コミュニケーションも問題がない。発達も少し遅れてはいたが，現在は精神発達，運動発達に問題がない。これからの成長のためには他の子ども達とのコミュニケーションにより，精神面の発達，身体面の発達がさらに伸びていくことが期待できる。保育園での経験が児にとって，さらに豊かな人格形成につながると期待する。カニューレの管理は母親が上手で脱落防止テープをカニューレホルダーの上からがっちりとカニューレを固定しており，脱落することはない。吸引を必要とする可能性があるが，スピーチバルブを使用しているので，痰は口の方向に出すことが可能である。医学的にも安全な状態になっている。」
（ⅱ）裁判所は，本事件の争点を，「処分行政庁が原告T子の保育園入園を承諾しなかったことが，児童福祉法24条1項ただし書にいう『やむを得ない事由』の有無の判断において裁量権の逸脱又は濫用があるものとして，違法であるか」としました。
（ⅲ）そこで裁判所はまず，以下の手順によって，児童福祉法第24条1項本文所定の保育所の入所要件を満たしているかどうかを判断しました。
　「児童福祉法24条1項本文は，市町村は，保護者の労働又は疾病その他の政令で定める基準に従い条例で定める事由により，その監護すべき乳児，幼児又は同法39条2項に規定する児童の保護に欠けるところがある場合において，保護者から申込みがあったときは，それらの児童を保育所において保育しなければならない旨規定しており，…さらに，Y市保育の実施に関する条例2条柱書は，『保育の実施は，児童の保護者のいずれもが次の各号のいずれかに該当することによ

り，当該児童を保育することができないと認められる場合であって，かつ，同居の親族その他の者が当該児童を保育することができないと認められた場合に行うものとする。』と規定し，その1号で『居宅外で労働することを常態としていること。』と，その2号で『居宅内で当該児童と離れて日常の家事以外の労働を常態としていること。』と，その5号で『長期にわたり疾病の状態にあり，又は精神若しくは身体に障害を有する同居の親族を常時介護していること。』とそれぞれ規定している。」

そして認定された事実によれば，「原告X1は，株式会社の代表者であり，原告X1の居宅外で労働することを常態としており，また，妻の原告X2は，同社に勤務して経理事務を手伝いつつ，病気の母の看護をするとともに，原告X1の父の介護もしていることが認められるから，原告X1及び原告X2は，居宅外で労働することを常態としており，また，原告X2は同居の親族の常時介護もしているため，結局，いずれも原告T子を保育することができないと認められる場合であって，かつ，同居の親族その他の者が原告T子を保育することができない場合に該当するということができる。」

「以上のことからすると，原告X1の監護すべき児童である原告T子の保育に欠けるところがあるというべきであるから，児童福祉法24条1項本文所定の保育所の入所要件を満たしているということができる。」

(ⅳ) 次に裁判所は，本事件の争点である児童福祉法第24条1項ただし書にいう「やむを得ない事由」に該当するかどうかを以下の手順で判断しました。

「児童福祉法24条1項ただし書は，同項本文の入所要件に該当する場合であっても，付近に保育所がない等やむを得ない事由があるときは，保育所への入所以外の適切な保護をすべき旨規定している。」

「ところで，児童福祉法1条1項は，『すべて国民は，児童が心身ともに健やかに生まれ，且つ，育成されるよう努めなければならない。』と規定し，また，同法2条は，『国及び地方公共団体は，児童の保護者とともに，児童を心身ともに健やかに育成する責任を負う。』と規定して，児童の健やかなる育成の重要性を強調している。そうすると，同法24条1項に基づいて，児童の保育に欠けるところのある保護者から申込みがあったときは，市町村は，当該児童を保育所において保育する際に，当該児童が心身ともに健やかに育成する上で真にふさわしい保育を行う責務を負うものというべきであり，このことは，当該児童が障害を有する場合であっても変わりはない。そして，真にふさわしい保育を行う上では，障害者であるからといって一律に保育所における保育を認めないことは許されず，障害の程度を考慮し，当該児童が，保育所に通う障害のない児童と身体的，精神的状態及び発達の点で同視することができ，保育所での保育が可能な場合には，保育所での保育を実施すべきである。」

「したがって，障害のある児童であっても，その障害の程度及び内容に照らし，保育所に通う障害のない児童と身体的，精神的状態及び発育の点で同視することができ，保育所での保育が可能な場合であるにもかかわらず，処分行政庁が，児童福祉法24条1項ただし書にいう『やむを得ない事由』があるとして，当該児童に対し，保育所における保育を承諾しなかった場合には，そのような不承諾処分は，考慮すべき事項を適切に考慮しなかったという点において，処分行政庁の裁量の範囲を超え，又は裁量権を濫用したものというべきであって，違法であると解するのが相当である。」

「そこで，原告T子が，その障害の程度及び内容に照らし，保育所に通う障害のない児童と，身体的，精神的状態及び発達の点で同視することができ，保育所での保育が可能か否かについて検討する」。

「原告T子の身体的機能は年々回復してきており，」「たん等の吸引及び」「誤えんへの注意の点を除いては，本件各処分の当時は，障害のない児童とほとんど変わらない身体的機能を有するようになってきている。」「精神的発達，運動発達にも問題がなくなり，かえって，保育園に入園し，障害のない児童との集団保育をすることが勧められている。」なお，「たん等の吸引行為には各種の危険が伴うが，いずれも回避可能であるか，あるいは，その事故が起こる可能性が極めて低いものであり，在宅でも広く行われているものであって，原告T子のような症状の安定した健康状態に近い患者の場合には，医療に関する知識を有する看護師であれば，安全かつ有効に行うことができるものであって，殊に原告T子の場合にあっては，医師による保育園職員への指導や危急時の対応も可能であったと認めることができる。」「また，原告T子のカニューレは，ひもやバンド等により容易に脱落しないよう固定されているところ，N医師作成」による平成16年11月の診断書等によると，「その固定法で十分に事故抜去を防止することができると認めることができたものである。」

「以上の事実関係によれば，原告T子は，平成15年当時は，種々の機能障害等を有していたものの，成長につれてこれが改善され，本件各処分当時は，呼吸の点を除いては，知的及び精神的機能，運動機能等に特段の障害はなく，近い将来，カニューレの不要な児童として生活する可能性もあり，医師の多くも，原告T子について障害のない児童との集団保育を望ましいとしているものであって，たん等の吸引については，医師の適切な指導を受けた看護師等が行えば，吸引に伴う危険は回避することができ，カニューレの脱落等についても，十分防止することができたということができる。」

「したがって，本件各処分当時，原告T子については，たん等の吸引と誤えんへの注意の点について格別の配慮を要するものではあったが，保育所に通う障害のない児童と，身体的，精神的状態及び発達の点で同視することができるものであって，保育所での保育が可能であったと認めるべきである。」

「そうであるとすると，原告T子の保育所での保育が困難であって，児童福祉法24条1項ただし書にいう『やむを得ない事由』があると判断した処分行政庁の判断は，上記事情を考慮すべきであるにもかかわらず考慮しなかったという点において，裁量の範囲を超え，又はその裁量権を濫用したものというべきである。したがって，原告T子の保育所入所を承諾しなかった本件各処分は，違法であるといわざるを得ない。」

### ● 考えてみよう

本件は，Y市による入園不承諾処分が児童福祉法第24条1項ただし書にいう「やむを得ない事由」に該当しないとされ，当該処分が取り消された事例です。

ここでは，本件を通して，いわゆる法的三段論法に即し，裁判所が児童福祉法をどのように適用しているのかを確認してみましょう。これまでに，「第1部 基礎編」の「第2章」「1. 児童福祉施設における権利擁護」，「3. 児童福祉法」，そして「4. 児童虐待の防止等に関する法律」を通して学習してきたのは，子どもの福祉を守る・実現するための条約や法律など（条約や法律などをまとめて

「法命題」ないし「法規範」と呼ぶことがあります）の概要でした。それに対し，「第2部　実践編」「❼児童福祉法に関するケース」を通して，みなさんに理解して貰いたいのは，児童福祉法という法律が実際に，どのように子どもの福祉を守っているのか，あるいは実現しているのかということです。

　法的三段論法とは，裁判官集団を中心とする法律家集団が実践している思考方法です。すなわち，裁判官は裁判所に持ち込まれた紛争を法的三段論法にしたがい解決しているということです。法的三段論法は，以下のように示されます。

　　大前提〔法命題〕　Aという要件を充たした場合には，Bという効果が発生する
　　　　　　　　　　（例：人を殺した者は，死刑または無期もしくは5年以上の懲役に処する）
　　小前提〔事実へのあてはめ〕　この事実Cは，Aという要件を充たす
　　　　　　　　　　（例：Xが「死ね」と言いながらYの首を絞め，死に至らしめたという事実は，「人を殺した」にあたる）
　　結論〔具体的な規範〕　従って，事実Cから，Bという効果を発生させるべきだ
　　　　　　　　　　（例：したがって，Xには，死刑または無期もしくは5年以上の懲役を科すべきだ）

　そして上で示した大前提ないし〔法命題〕の部分に置かれるのが，たとえば，児童福祉法をはじめとした，法規範ないし法命題ということになります。法命題は，要件（日常的な用語でいえば条件）と効果からなります。たとえば，児童福祉法第24条1項本文で確認してみましょう。児童福祉法第24条は1項で，「市町村は，保護者の労働又は疾病その他の政令で定める基準に従い条例で定める事由により，その監護すべき乳児，幼児又は第三十九条第二項に規定する児童の保育に欠けるところがある場合において，保護者から申込みがあつたときは，それらの児童を保育所において保育しなければならない。」と規定しています。どの部分が要件で，どの部分が効果かわかるでしょうか。「市町村は，」からはじまり，「…児童の保育に欠けるところがある場合において，保護者から申し込みがあつたときは，」までの部分が要件となり，「それらの児童を保育所において保育しなければならない。」の部分が効果となります。

　すなわち，一定の要件が満たされている場合には，市町村は当該「児童を保育所において保育しなければならない」ということです（〔法命題〕）。そこで，裁判所は，その要件が充たされているかどうかを証拠等に基づいて検討することになります。そして証拠等に基づいて裁判所が認定した事実がその要件を充たしているとなれば（〔事実へのあてはめ〕），その事実から効果を発生させるべきだという結論が導かれることになるのです（〔具体的な規範〕）。

　このような法的三段論法の観点から，＜判旨＞を振り返れば，裁判所が，証拠等に基づき事実を認定し（ⅰ），今回の事件の争点を明らかにしたうえで（ⅱ），児童福祉法第24条1項本文（ⅲ），及び同法第24条1項ただし書（ⅳ）という順序で検討をしている理由も十分に理解できるのではないでしょうか。すなわち，＜判旨＞の（ⅲ）部分は児童福祉法第24条1項本文について，そして（ⅳ）部分は児童福祉法第24条1項ただし書について，各々，上述の法的三段論法に即して，裁判所が今回の事案に対する結論を導くための判断を示している箇所となります。ここで再度，〔法命題〕，〔事実へのあてはめ〕，そして〔具体的な規範〕といった観点から，＜判旨＞を読み直してみてください。

　ここまでの議論をまとめれば，法的思考というのは，「もしAならば，Bにす

べきだ」という法命題ないし法規範に，事実（問題となっている事案から，法命題の要件に含まれる事実）をあてはめて，結論（具体的な規範，例えば判決等）を導く思考方法といえます。

　以上から，児童福祉法という法律が実際に，どのように子どもの福祉を守っているのか，あるいは実現しているのか，ということに対するイメージはできたでしょうか。子どもの福祉にかかわらず，社会で起きた紛争を解決する手段・方法は，裁判に訴えるという方法だけではありません。ほかにも紛争を解決する手段はあります。しかし，裁判所による紛争解決は，現在の国家体制においては，たいへん重要な位置を占めています。そして現在の日本法（法命題ないし法規範）は，日本社会で生起するあらゆる問題の解決に基準を与えるために，包括的かつ網羅的な体系となっているのです。そして「第1部　基礎編」で確認したように，子どもの福祉を守り，実現するための法体系の中核的な法律が児童福祉法でした。すなわち，裁判所は子どもの福祉をめぐり紛争が生じた際には，児童福祉法等に示されている法命題を基準としたうえで，法的思考に基づいて具体的な解決案を示すことになるのです。みなさんは，ここで再度，児童福祉法という法律の目的や理念を想起し，具体的な紛争を通し，その目的や理念に即した解決が裁判所によって示されているのかどうかを検討してみてください。そうした検討ないし訓練は，みなさん自身が法的思考の構造を理解したうえで，実際に裁判官の思考過程を追跡してみることによって可能となります。法的思考の特質を理解しておくことは，みなさんが将来，保育士になった際にも，きっと役に立つはずです。

**【参考文献】**

西村健一郎・岩村正彦編『社会保障法判例百選　第4版』新田秀樹「101　保育所への入所承諾義務付け」（有斐閣，2008）

木村草太『キヨミズ准教授の法学入門』（星海社新書，2012）

---

**演習問題 ▶▶▶▶ 保育者としてあなたならどうする？**

1. T子さんの両親はなぜ，Y市の「肢体不自由児通園施設」ではなく，「保育園」への入園を希望したのでしょうか？
2. Y市はなぜ，T子さんが保育園へ入園することを承諾しなかったのでしょうか？
3. 今回の事件において裁判所は，誰の権利や利益を最優先に考えて判断したのでしょうか？
4. みなさんは，今回の裁判所の判断に対し，どのように考えますか？

# 7. 児童福祉法に関するケース②

児童相談所長による被虐待児の児童福祉施設等への入所の承認の申立て

<事件>
家庭裁判所に対し、K県中央児童相談所長（以下K）がS君の児童福祉施設等への入所の申立ての承認を求めた事件です。

<事件の当事者>
K（申立人—K県中央児童相談所長）
S君（事件本人—本件申立て時、小学校2年生の男子）
A（実母）
B（養父）

<裁判所の判断の要点>
　親権者等の意に反し、都道府県が児童福祉法第27条1項3号の措置をとる場合には、家庭裁判所の承認が必要となります（同法第28条1項1号）。そこで裁判所は、本件が、児童福祉法第28条1項の「保護者が、その児童を虐待し、著しくその監護を怠り、その他保護者に監護させることが著しく当該児童の福祉を害する場合」に該当するか否かを判断することになります。

## ● 事実の概要

　K（申立人—K県中央児童相談所長）は、児童福祉法第27条1項3号の措置を包括的に承認する審判を求め、その理由として、以下のとおり主張しました。

　S君（事件本人—本件申立て時、小学校2年生の男子）の実父Cと実母Aとは、平成6年3月、S君の親権者を実母Aと定めて協議離婚しました。そしてAは、平成7年5月、Bと正式に婚姻し、S君とBとは養子縁組を結びました。なお、それ以前から、AとBとS君は同居していました（以下、実母Aと養父Bをあわせて「両親」と記します）。

　ところで、S君について両親による虐待の事実があったため、平成7年2月に、S君を一時保護し、かつ養護施設に一時保護委託をしました。しかし、両親は、S君の養護施設入所を承諾しませんでした。そこで、Kは、家庭裁判所に対し、養護施設入所の承認を求めましたが、この申立ては認められず、S君は平成7年11月に両親のところに戻りました。

　ところが、12月ごろからS君の不登校が目立つようになりました。さらに両親は翌年2月になってS君の小学校への登校を禁止し、学校からの働きかけにも応じませんでした。そのうち、警察その他から、児童相談所に対し、S君が虐待されているのではないか、との通報がされるようになりました。

　同年2月末には、S君は頭部挫創の傷害で、F病院で手当を受けました。しかし、両親はその後、2回S君を病院に連れてきただけで、治療は中断したかたちになっていました。ところが、同年3月11日午前0時過ぎになって、S君の反応が鈍くなったとのことで、S君は両親に連れられて、同病院で再受診し、新た

な頭部傷害，栄養失調，脱水症状，意識障害等が認められ，そのまま入院となりました。その後治療が功を奏し，S君は回復して病院を退院し，K県中央児童相談所に一時保護されました。

これまでの経過からして，Kは，両親がKによる児童福祉法第27条1項3号の各措置をすることについて，同意しないことは明らかであるとして，同法第27条1項3号の措置を包括的に承認する審判を求めました。

これに対して，両親は，S君が登校していないこと，その疾病，入院治療などの事実は認めましたが，虐待の事実は否認し，退院後は自宅でS君を監護したいとの趣旨を述べました。

### ● 審判要旨

家庭裁判所は，「Kが，S君を里親に委託すること，もしくは養護施設に入所させることを承認する」との判決を下しました。審判書の概要は以下のとおりとなります。

（ⅰ）「Kの主張する事実のうち，両親がS君を虐待したかどうかはさておき，その余の事実，特にS君の傷害，入院治療，S君が登校していないこと等の事実は，Kの主張どおり認められるほか，次の事実が認められる。」

平成7年2月の一時保護の際には，「S君が右手前腕熱傷，顔面打撲を負い，治療を受けたが，治療に当たった医師達は，特に熱傷については，その傷の程度からして，たとえば熱湯に自分で手を入れるというようなS君の過失による傷ではなく，外力が加わって強制的に熱湯に浸されたような場合に負う傷である，と指摘している。」

そして「今回の入院のさいには，S君は体はぐったりし，意識障害があり，一見して相当に悪い状況であった。その他の傷害についても，治療を担当した医師達は，諸検査の結果から明らかであるとして，相当長期間にわたり，S君は満足な食事を採っていない，つまり栄養失調の状態にあるばかりでなく，慢性的な水分不足があり，水分を採りたいと思っても，採れない状況に長時間置かれていたのではないかと推認している。なお，医師達は，もしS君の入院が，もう2，3日遅れていたら，入院時の意識障害はさらに進行し，悪くすると死亡するに至ったか，すくなくとも腎臓に致命的な障害を受け，人工透析等が必要な状況に至っていたであろうとも推認している。」

「さいわい適切な治療がされ，S君の病状は順調に回復し，……現在K県中央児童相談所に一時保護されている。」

「両親は，S君をかなりの長時間便所に閉じ込めたことは認めているが，水分をとるのを妨げたことや，長期間食事を満足に与えなかったことは否認している。基本的にはS君を再度引取りたいと希望しているが，S君の今後の監護，健全な育成について，これまでの方法を改善することなど，充分な配慮ができるかについては明確な陳述はない。」

（ⅱ）「以上の事実のほか，」「諸般の事情，両親の性格や行動等を総合すると，前記S君の各傷害が両親のいずれかの行為に直接起因するかは別としても，両親がS君の監護を怠ったことは明らかであり，このままS君を両親の監護に委ねると，同様の事態が生じることが充分に予想され，S君の福祉を著しく害する結果となると推認せざるを得ない。」

そうだとすれば，「今後S君を両親の監護に委ねるのではなく，両親から離し

て児童福祉施設等において養育するのが相当であると認めざるを得ない。その期間も相当長期間にならざるを得ないであろう。すなわち，前掲の各資料によると，Ｓ君は，傷害（前記火傷）がまだ全治しておらず，再度の手術が必要であるし，また，これまでの栄養不良の状況から，Ｓ君の肉体的成長も著しく停滞しているのではないかと危惧される。また，……Ｓ君には，学校や養護施設でかなりの程度の逸脱行動が見られたことも窺える。それらの行動も是正され，Ｓ君がこれまでに受けた心身の傷害から癒され回復し，健全な児童として生育していくためには，長期間にわたる充分な配慮がされた援護が必要とされることは明からである。」

### ● 考えてみよう

　本件は，実母および養父による子どもへの虐待が疑われる場合において，児童福祉法第28条1項1号に基づき，児童福祉法第27条1項3号の措置のうち，里親委託または養護施設（現行の児童養護施設）への入所を，家庭裁判所が承認した事例です。

　「第1部　基礎編」の「4. 児童虐待の防止等に関する法律」の箇所で確認したように，子どもへの虐待は今日，大きな社会問題となっています。また，「第1部　基礎編」の「3. 児童福祉法」の箇所で確認したように，子どもの福祉をまもる中核的な法律としては，児童福祉法がありました。したがって，虐待されている・虐待された「子どもの権利」を守るために，1947年（昭和22年）に制定された児童福祉法と，2000年（平成12年）に制定された児童虐待防止法とが連動して機能することが期待されています。なお，本件は児童虐待防止法が制定される以前に起こった事件です。

（本件の争点）

　本件の争点は，児童福祉法第28条1項の「保護者が，その児童を虐待し，著しくその監護を怠り，その他保護者に監護をさせることが著しく当該児童の福祉を害する場合」に該当するか否かにありました。こうした場合に該当すれば，都道府県は，以下の措置をとることができるのです。

(1) 保護者が親権者等であるときは，家庭裁判所の承認を得て，第27条1項3号の措置を採ること（児童福祉法第28条1項1号）。

(2) 保護者が親権者等でないときは，児童を親権者等に引き渡すこと。ただし，その児童を親権者等に引き渡すことが児童の福祉のために不適当であると認めるときは，家庭裁判所の承認を得て，第27条1項3号の措置をとること（児童福祉法第28条1項2号）

　したがって，本件は，(1)の場合に該当し，家庭裁判所の承認が得られれば，親権者（本件ではＡおよびＢ）の意に反しても，児童福祉法第27条1項3号の措置を都道府県はとることができることになります。なお，第27条1項3号の措置とは，「児童を小規模住居型児童養育事業を行う者若しくは里親に委託し，又は乳児院，児童養護施設，障害児入所施設，情緒障害児短期治療施設若しくは児童自立支援施設に入所させること」をいいます。

（本件の特徴）

　「第1部　基礎編」の「4. 児童虐待の防止等に関する法律」の箇所で確認したように，2000年に成立した『児童虐待の防止等に関する法律』は第2条で「児童虐待」を定義しています。しかし，本件において裁判所は，両親によるＳ君

への「虐待」があったかどうかに議論の焦点を絞らず，両親がS君の「監護を怠ったことは明らか」であるとしました。本審判の特徴は，大曽根寛氏によれば，家庭裁判所が，「S君がこれまでに受けた心身の傷害から癒され回復し，健全な児童として生育していくため」の援助の必要性を認めている点にあります。こうした裁判所の判断は，児童福祉法制の基本である児童の福祉をいかにして実現するかということにあったといえるでしょう。

(児童相談所と家庭裁判所の役割分担)

　最後に本件を通して，児童相談所と家庭裁判所の役割分担について考えてみましょう。近年の意見として，たとえば，児童相談所および家庭裁判所を含めた児童の保護のシステムを見直すべきではないか，というものがあります。それは，児童相談所に課せられた役割があまりに広く，虐待されている子どもを親から強制的に引き離し保護する一方，子どもを奪われた親と関係をつくり直し親子の再統合をめざすという，相反する役割を担わされているからです。外国のなかには，虐待され生命の危機に陥っている子どもを救うために断固として親から引き離す役割を担う機関とは別に，虐待親と子の関係を法律的に判断し，親を指導する役割を家庭裁判所が担っている国もあります。日本の家庭裁判所も，もっと子どもの保護の問題にも関わるべきではないかということです。

　保育の現場に携わる者は，児童福祉法制の概要をはじめ，最低限知っておかなければならない事柄があるはずです。その際，法制度の観点からいえば，制度の趣旨や条文の読み方，そしてそれらにつき不明な点があった場合の調べ方といったことは修得しておくべき事柄といえます。こうした基本的な思考法を修得したうえで，現行制度についての問題点を現場の感覚から絶えず批判していく姿勢を育てていくことが大切なのではないでしょうか。

【参考文献】

西村健一郎・岩村正彦編『社会保障法判例百選　第4版』大曽根寛「98児童相談所による里親委託等の承認の申立て」(有斐閣，2008)

子どもの権利条約NGOレポート連絡会議編『子どもの権利条約から見た日本の子ども』一場順子「第3回日本報告審査と条約の実施」(現代人文社，2011)

---

**演習問題 ▶▶▶▶ 保育者としてあなたならどうする？**

1. 児童虐待とは，どのような行為をいうのでしょうか？
2. 今回の事件において裁判所は，誰の権利や利益を最優先に考えて判断したのでしょうか？
3. 児童相談所長は，なぜ，虐待が疑われている子どもを児童福祉施設などに入所させるために家庭裁判所の承認を得る必要があったのでしょうか？
4. 今回，「事実の概要」を読み，裁判所の判断である「審判要旨」を理解したことは，今後あなたが保育士として働いていくときに，どのような意義があると考えますか？

# 8. 里親制度に関するケース①

## 事例の背景・概要

医大病院から児童相談所に「障害のある女の子が生まれたが，両親が緊急手術を拒否している」との相談があり，児童相談所職員が病院訪問しました。両親には障害児を育てる意志がなく手術に同意しないので，児童相談所職員が退院後，両親が育てられないなら施設で養育することもできるという旨を提示し手術の同意を得ました。その後，児童相談所職員が実父および実母の親族について調査し，実母の弟夫婦が養育を希望していることを両親に伝えたところ「親族に育てられたら，その人に一生，頭が上がらなくなる」との理由で拒否されました。手術は無事終了し，両親が命名し，退院後は医療型障害児入所施設へ入所しました。入所後，実母の面会はなく，実父と小学生の姉が月1回面会に訪れました。施設のケースワーカーおよび児童相談所職員が，実父に意志の確認をするも，自分たちで育てる気持ちにはならないということで，里親委託を希望しました。

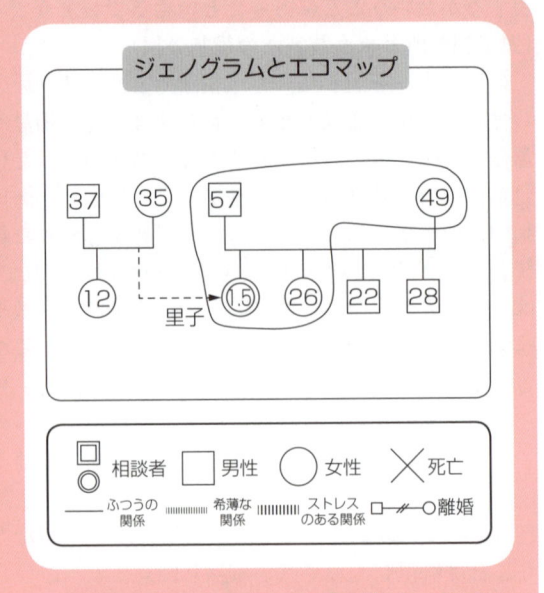

### ジェノグラムとエコマップ

□相談者　□男性　○女性　×死亡
ふつうの関係　希薄な関係　ストレスのある関係　離婚

里子は1歳6か月の女の子で障害がある。里子の実の両親とも健在で，小学校6年生の姉がいる。里親家庭は5人家族だが，長男と次男は親元を離れ，それぞれ独立して生計を立てている。現在の里親家庭は，夫婦と長女と里子を含めて4人家族。実親と里親との交流はない。

## インケア

**里親委託に向けての準備**

当初，児童相談所は，本児（Oちゃん）が病院に入院中，退院しても実親が家庭で育てられないということで，同年齢の子どもたちのいる乳児院への入所という選択肢も検討しました。しかし，医療型障害児入所施設が本児の受け入れを承諾したため，障害の治療と訓練の必要性から，その障害児施設への入所を決定しました。入所後は，両親の意向に変更がないかを確認しながら，障害児の受け入れの可能な里親を探すことにしました。

### ● 援助の視点

施設入所中に，Oちゃんと実父母との面会を重ね，自分たちで育てる気持ちにならないか考えてもらいました。同時に，障害の理解，また障害があることによって受けられるさまざまな社会資源による支援などについても説明しました。一方，実父母の親族で養育を希望する家庭がないか再度調査した結果，実母の弟夫婦が養育を希望していることがわかり，その旨を実父母に提案しました。

しかしそれでも実父母は親族による養育を拒否したため，特別養子縁組を前提にして受け入れてくれる里親を探すことを提案しました。ただし，障害児を特別養子縁組前提で受け入れてくれる里親を探すことは難しい旨を説明し，里親が見

つかるまでは面会を重ねるようにうながしました。

### ● 援助の実際

　Oちゃんの入所した医療型障害児入所施設は，もともとは肢体不自由児施設で，肢体の手術のために短期間，入所する子どもが多く，Oちゃんのように赤ちゃんのときから入所する子どもは少なかったため，施設職員のアイドル的な存在でした。

　またこの施設では，週末は特別な事情がない限り外泊する決まりでしたが，Oちゃんが外泊することはまったくありませんでした。面会も児童相談所の指導により，実父と姉が月に1回は必ず来ましたが，実父はOちゃんに顔を覚えられないようにするためにマスクをして会うという状況でした。

　この間，実母の面会はまったくありませんでした。実母は実父の手前，Oちゃんに会うことを拒否しているようなところがあるようでした。Oちゃんに会えば，愛着が湧き，自分で育てることを選択するかもしれなくなると思ったかのように，かたくなに拒否していました。

　実父からは，児童相談所および施設のケースワーカーに対して，「里親を早く探してほしい」という要望が寄せられていました。

　Oちゃんの障害は，二分脊椎症による下肢麻痺および水頭症が主で，知的にはややゆっくり目でした。施設では，成長とともに下肢が変形しないように，夜間も下肢に装具を着けていました。また，排泄は下肢の感覚がないので24時間オムツ着用で，定期的な浣腸も必要とのことでした。水頭症による痙攣もあるので，抗痙攣剤を服用していました。下肢に比べ上肢は障害がなかったので，訓練士により食事訓練等も行っていました。

　Oちゃんが1歳6か月になったとき，Oちゃんを養育したいという里親が現れました。里親希望者は，新規の里親登録をしたばかりの家族で，里父は50代の施設職員，里母は40代の元保育士で，3人の子どもがいました。児童相談所では，Oちゃんをこの家族に里親委託を依頼する方向で検討しました。そこでまず，児童相談所職員が里親に対して，Oちゃんの障害についてと実父母が養子縁組を希望しているということを説明しました。

　これに対して，里親からは，障害については理解できるが，3人の子どもがいる関係で，養育里親を希望するという旨の返事がありました。

　児童相談所としては，実父母が養子縁組を希望しているが，障害を持った子どもの養子縁組を希望する里親が現れる可能性は少ないので，実父母を説得して，養育里親での委託ということで了解を取り，里親委託を進めることにしました。

　こうして，Oちゃんと里親とのマッチングが行われました。またOちゃんの委託を受けるにあたり，里親家庭ではつぎのようなことを確認しました。

- 委託児童は障害児であり，たくさんのハンディキャップをともに背負っていくことになる。
- 実父母が育てられる状況になれば，委託の解除もやむを得ない。
- 養育里親としてOちゃんの委託を受けるのを，地域の方々に伝え，協力をお願いする。
- Oちゃんの姓は，実名で通す。
- 父方，母方の祖父母にも説明し，協力を得る。

　以上を児童相談所に伝え，正式にOちゃんの委託を受けることにしました。

> **リービングケア**
> 退所の準備から
> 退所後のケア

Oちゃんとのはじめての面会は，児童相談所職員と施設のケースワーカーの立ち会いで行われました。施設のケースワーカーから，Oちゃんの現在の状況の説明があり，委託後の受診や訓練についての説明もありました。
　その後，Oちゃんの部屋での面会となりました。
　そのときの里親の感想は，「何かボーとしている子どもだな」というものでした。抱っこしてもらっても，嫌がることもありませんでした。
　里母は，面会のたびに医師，看護師，訓練士から，食事の介助方法や浣腸の仕方，摘便の仕方，投薬や下肢装具の装着の方法などについての指導を受け，いよいよ外泊ということになりました。外泊中に，児童相談所の職員による家庭訪問があり，Oちゃんの様子観察や里親への聞き取りにより，児童相談所の援助方針会議の結果，正式に委託することが決定しました。
　その後，何日かして，児童相談所で里親委託式が行われました（出席者は，Oちゃん，里親，施設の担当保育士，児童相談所長，里親担当職員）。
　その際，児童相談所から，Oちゃんの保険証，受診券，母子手帳が里親に渡され，里親手当や本児の一般生活費などの受給についての説明がありました。そして，施設の担当保育士からは，施設入所後に写した写真が贈られました。

### ● 援助の視点

　児童相談所が里親と対象の子どもをマッチングするときに，里親が，子ども自身の問題だけでなく，その子どもの背景をも含めて受け止められるかが問われます。また，実親が何らかの理由で子どもを育てられなくなり，一時的に預ける場合と，長期に預けざるを得ない場合，また棄児や育児放棄の場合とでは，里子・里親への援助方針にも違いがあります。
　このケースの場合，実親が生まれた子どもに障害があるがゆえに育てられないということですが，今後，Oちゃんの成長とともに障害が改善され，Oちゃんが望めば，実親との関係が再構築される可能性はあります。そのため里親は，実親が子どもとの面会や外泊を希望すれば，実施しなければならないし，子どもの引き取りを希望すれば引き取らせなければならないのです（ただし，児童相談所が実親や子どもの状況を調査し，適当と認めた場合に限ります）。
　このように，子どもを中心にして，子どもと実親との関係，子どもと里親との関係を検討し，子どもの最善の利益の実現をはかることが求められています。
　子どもを育てる実際の現場では，日々，さまざまな問題に直面し，多くの課題を抱え，相談できる相手もなく孤立している家庭が多くなっています。実親や里親を孤立させない支援の輪の構築が望まれます。

### ● 援助の実際

　Oちゃんの委託前と委託後の違いで，里親が最初に気づいたことは，施設では自分で食べる練習をしていましたが，里親宅に来てからは自分で食べなくなったということでした。施設では，訓練士によって，つまんで食べる練習をしていましたが，里親宅では，みんなが食べさせてくれるので，自分で食べる必要がなくなったからです。食べ物の好き嫌いも出てきました。
　また，Oちゃんの将来を見据えた診療・訓練計画についても検討する必要がありました。障害児施設は病院も兼ねていたので，病院内ではさまざまな診療科の

治療や訓練が受けられました。しかし委託後は，各医療施設で以下の診療科の治療・訓練を受けるようになりました。
- 水頭症　　　医大病院の脳神経外科
- 痙攣　　　　医大病院の小児神経科
- 下肢麻痺　　市民病院泌尿器科
- 歩行訓練　　障害児施設の整形外科（のちに他県の整形外科）
- 斜視　　　　眼科医院
- 発達検査　　障害児施設併設の病院

そのほか，カゼなどの場合は，近くの小児科医院を受診しています。

この間，Oちゃんの障害に関係する団体に加入し，各種の情報を仕入れたり，Oちゃんと同じ障害を持つ保護者との交流会に参加したり，里親会の活動に参加するなどして，里親，とくに里母は忙しい日々を送っています。

現在，Oちゃんは，保育所の年長組に通っており，来年4月からは小学生です。下肢麻痺で，装具を着けての歩行となるのと，排泄機能障害があるため，自分で排尿・排便の処理ができないので，その支援が必要となります。

就学方針を決めるために，教育委員会指導主事，保育所長，地元の保健師，発達相談をしている臨床心理士，理学療法士，里親で協議をしました。それぞれの専門家からOちゃんの現状についての説明があり，将来を見据えた方向性を打ち出すことができました。

その結果，小学校の肢体学級に通い，午前中だけ補助員をつけてもらうことになりました。痙攣後の座薬挿入も学校で行えることになり，ひと安心です。階段の昇降も現在では17cmまで可能となっています。

一方，実親との関係は，児童相談所の判断ではまったく改善されていない状況です。里親の意向としては，将来，里親が高齢になりOちゃんの支援が困難になるまでに，Oちゃんが実親と里親の間を行き来ができるようにしたいということです。さいわい里親の実子がOちゃんとの関係の永続を望んでおり，実親との関係が築けなくても里親家庭との関係は続いていける見通しです。

また，Oちゃんが自分の生い立ちについて，悩んでルーツ探しをすることになったときに，適切なアドバイスと支援ができるよう，今後も児童相談所を通じて，実親に働きかけを続けていくことが必要です。

---

**演習問題 ▶▶▶▶保育者としてあなたならどうする？**

1. 相談者から望まない妊娠について相談を受けたとき，どう対応しますか？
2. 妊娠中の胎児に何らかの障害があることがわかった相談者から相談をうけたとき，どう対応しますか？
3. あなたが担当する里親委託されている子どもが，自分の生い立ちを知りたいと言ってきたとき，どう対応しますか？
4. あなたが担当する子どもが里親委託された子どもであるとわかったとき，その子どもや周囲の子どもたちに，どのように対応しますか？

# 8. 里親制度に関するケース②

### 事例の背景・概要

　旅行中の家族が早朝の散歩をしていたときに，かすかな泣き声に気づきました。泣き声のする付近を捜したところ，駅の待合室の物かげで赤ちゃんを発見しました。赤ちゃんは籠に入れられ，真新しい着ぐるみに包まれていました。着ぐるみのそばにはミルクの入ったほ乳ビンが置かれ，便箋に「この子を幸せにしてください」と書かれたメッセージが添えられていました。旅行者は赤ちゃんを保護するとともに，警察に通報しました。警察から児童相談所に連絡が入り，赤ちゃんは児童相談所から病院に一時保護委託されました。警察は遺留品から保護者の手掛かりがないか捜査しましたが，結局何もわかりませんでした。児童相談所は，まず赤ちゃんの命名をN市の市長に依頼し，新戸籍を作成し特別養子縁組を希望する夫婦を募りました。すぐに特別養子縁組を希望する40代の夫婦が見つかり，児童相談所は援助方針会議でマッチングをすることに決定しました。

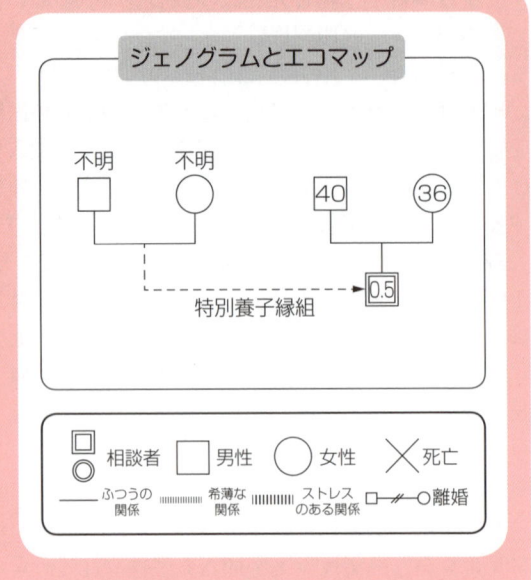

### ジェノグラムとエコマップ

里子の両親は不明。生後すぐに遺棄されていたのを発見され，病院を経て乳児院に入所する。里親家庭は夫婦2人だけの世帯で，子どもを望み，不妊治療を行うが成果が得られず，児童相談所を介して特別養子縁組を希望していた。里子が6か月のときに養子縁組のマッチングが行われた。

### インケア
**養子縁組に向けての準備**

　本児は，保護された後，児童相談所により，健康状態を調べるために，病院に一時保護委託をされました。季節は初秋の早朝の時間帯でしたが，発見が早かったため，衰弱もなく，元気な泣き声をあげていました。ただ，へその緒は処理されず，ついたままでした。発見した家族のなかに，子育て経験者がいたので，オムツを替えたり，授乳をしたりと，何かとお世話していただいたことも幸いでした。

　本児は，病院でのバイタルチェックで異常が認められず，ひとまず乳児院に措置されることになりました。児童相談所は，本児をできるだけ早く，養子縁組を希望する里親とマッチングし，法的に安定した親子関係を構築し，永続的で安定した家庭で生活をさせることで，本児の健やかな育成を図ることを，援助方針会議で決定しました。

### ●援助の視点

　本児は，保護者のない子どもで，特別養子縁組を前提としたケースです。そのため養育に法的安定性を与えることにより，健全な育成を図ることになります。また本児と養親の適合を見るために，里親には本児との面会や外出などの交流を

重ねてもらいます。さらに里親の家族もまた本児を養子として受け入れ，新しい家族とする意思があるかどうかを確認します。

里親にとって，本児を迎えることは，はじめての育児となるため，乳児院で育児の基本を学ぶことになります。

### ● 援助の実際

乳児院では，本児と里親との面会を重ね，愛着の構築に努めるとともに，はじめて育児をする里親夫妻に，つぎのような育児の基本について指導しました。
- 赤ちゃんの抱き方，あやし方，寝かせ方
- 粉ミルクの作り方，授乳方法，排気
- オムツ交換
- 沐浴
- 病気や予防接種
- 離乳食の作り方など

最初，戸惑っていた里親も，実際に赤ちゃんに関わりながら，次第に要領よく本児のお世話ができるようになりました。

何度かの外出の後，はじめての外泊となりました。その当時のことを里親は，つぎのように話してくれました。

「はじめての外泊の夜，高熱を出し，夜中に休日急患センターに走り，不安な一夜を過ごしたことを手はじめに，夜なかなか寝てくれず，抱っこして寝たかなと思って布団に寝かせると，また，目が覚める。ときには里父が車に乗せて走ったり，おんぶをして近所を歩いたりしました。また，お風呂に入るのを怖がり，暑い時期だったので，タライがお風呂替わりとなり，3か月くらいたってはじめて湯船に入ることができました。」

こうして，何度かの外泊を繰り返し，その外泊中に，児童相談所職員が家庭訪問し，本児の様子観察や里親の気持ちに変化がないかなど，里親を取り巻く家族の支援状況や，近くの小児科医や地域の保健師の協力体制についての聞き取りを行い，その結果を児童相談所の援助方針会議にかけ，里親委託が決定しました。

**リービングケア**
退所の準備から退所後のケア

委託決定後，家庭訪問時に気になった点について，里親と協議し，つぎの事項について，改善しました。

まず，里親家庭では室内犬が一匹飼われていました。これまでも，ほかの里親家庭で子どもがじゃれつかれて噛まれたりすることがあったため，本児と室内犬との棲み分けをしてもらいました。また，育児に対する里母の不安をやわらげるために，委託後は，しばらくの間，里母の母親に協力してもらえることになりました。また，委託後，何か気になることや，わからないことがあれば，いつでも，遠慮なく乳児院に問い合わせることや，児童相談所に相談してもらうことにしました。

### ● 援助の視点

子育て経験のない里親に，子どもを委託する場合には，さまざまな起こりうる出来事について，より具体的に説明することが必要です。

子ども一人ひとりの発達状況により，またそのことが起こったときの状況により，あるいは子どもの健康状態などにより，いろいろなことが想定されます。そ

れぞれの状況に応じた的確なアドバイスをするためには，日頃から里親家庭を訪問し，子どもの状況を把握するとともに，里親の悩みを傾聴し，里親との信頼関係を構築しておく必要があります。つまり里親が困ったとき，気軽に相談できるような関係を築いておくことが重要になります。

　また，里親を孤立させない試みとして，地域の里親会活動への参加を勧めることも大切です。これまでにも里親会に参加して，先輩里親の失敗談や成功事例を聞き，悩みの解消につながったいくつもの例があります。そして何より，自分と同じ立場の人がいるということで，仲間意識や安心感を持つことができます。さらに里親会を通じて里親に委託された子ども同士が知り合い，成長し，お互いの境遇についての理解を深め，悩みの相談相手になっていくことも期待できます。

　里親に委託された子どもたちは，地域ではマイノリティであり，地域の理解を得るには多くの困難が待ち構えています。里親制度が理解され，社会的養護が必要な子どもたちが，困難に打ち勝ち，地域のなかで他の子どもたちと同様に健やかに育っていくためのさまざまな支援が必要となります。

### ● 実際の援助

　本児は，里親委託後6か月を経過した時点で，里親から家庭裁判所に申し立てが行われ，その後審判を経て，晴れて特別養子縁組が認められました。

　こうして特別養子縁組が成立した後に，わが子として育てていくなかでも，さまざまな育児の悩みを抱えます。この里親は，里親会活動に積極的に参加し，里親サロンなどで先輩里親や児童相談所職員に悩みを相談することにより解決していきました。

　なかでも子どもに生い立ちを伝えることも，里親の大きな悩みになっています。この里親は，機会があれば，できるだけ早いうちにと考えていました。

　本児が6歳になったとき，2人で向き合って話しました。「あなたはママのお腹から生まれてきたのではないのよ。あなたを生んでくれたママはほかにいるけれど，いろいろな事情があって，あなたを育てることができなかったの。でも，あなたは私たちにとって大切な子どもなの。」と言って抱きしめました。本児は，別に気にしている様子もなく「ふうん」という返事だけでした。

　それから何か月も過ぎた頃，「僕は，ママのお腹から生まれてきたのと違うの」と確認するように聞いてきました。里親は，本児を力いっぱい抱きしめて，「ママはあなたのことが世界で一番好きだから」というと「僕もママ大好き」と言って，ニコニコして外に遊びに行きました。

　このように，子どもの性格や状況，里親との関係をよく考えてから，いつ，どのように伝えるかを検討しなければなりません。子どもの受け止め方を確かめつつ，また成長に応じて，少しずつ内容を深めていくことが大切です。

　この里親は，里親会の活動にも積極的に参加し，また専門里親研修を受講し，専門里親にも認定されました。委託児童も2人，3人と徐々に増え，現在では，ファミリーホームに認定され，あわせて5人の児童を養育しています。

　本児とほかの里親委託児との関係も良好で，お互いに刺激し合いながら，またよき相談相手として支え合っています。

　現在では，本児のケースのように，両親ともわからないというケースは，ほとんどありませんが，被虐待児に代表されるように，保護者に監護させることが適当でない児童が増えています。これらの児童を公的責任で社会的に養育し，保護

するとともに，養育に大きな困難を抱える家庭への支援を行うことが，社会的養護の役割です。

そのようななかで，わが国の社会的養護の中心とならなければならない里親制度が，一向に普及しないのはなぜなのか。厚生労働省はつぎのような理由をあげています。

- 宗教的な背景を含む文化的要因
- 里親制度そのものが社会に知られていない。
- 里親といえば養子縁組を前提としたものという印象が強いことなど，養育里親に関する理解が進んでいない。
- 養育里親は，子どもがいずれは実親の元に戻ることも視野に入れて，子どもと適切な距離を保ちながら，子どもに対する家庭的なケアを行うという難しい役割を担っているにもかかわらず，研修や相談，レスパイトケアの提供など，里親に対する支援が不十分。
- 里親と子どものマッチングは，児童相談所の業務になっているが，施設への委託措置と比較して時間や手間がかかることや実親が里親委託を了解しない場合が多いことから，施設に対する措置が優先される傾向にある。

これらの要因について検討し，里親制度を普及・推進させるため，国を挙げての政策の実行が必要です。そのため，厚生労働省は，社会的養護では里親委託を優先して検討することや，乳児院・児童養護施設の全施設に里親支援専門相談員を配置し，できれば里親支援機関事業を受託させ，施設が里親支援の中心になるよう，また，大規模施設を改善し，ケア単位の小規模化を進めるなど，施設養護から家庭養護への転換を進めています。

---

**演習問題 ▶▶▶▶ 保育者としてあなたならどうする？**

1. 捨て子や棄児を発見したとき，あなたはどのような対応をしますか？
2. 里親に委託された子どもが，そのことでほかの子どもからからかわれたとき，からかわれた子ども，からかった子どもにどのように声がけしますか？　また，からかった子どもの保護者にどのように連絡しますか？
3. 里親に委託された子どもが，里親から虐待を受けているように思ったとき，どのような対応をとりますか？
4. 子どもの養育に悩んでいる母親から，子どもを里親委託したいと相談されたとき，どのように対応しますか？

# Index
## 索　引

### 英

AD/HD　44, 105, 177
Committee on the Rights of the Child　31
DV　36, 47, 73, 75, 113, 152, 192
IADL　163
Instrumental Activity of Daily Living　163
IQ　52
LD　44, 105
SEP　80
Social Skills Training　163
SST　163
Well-Being　31

### あ

愛着　39, 101, 142, 173, 215
愛着関係　103, 134, 138, 149
愛着形成　46
愛着障害　46, 65
アイデンティティ　109
アスペルガー　44, 105
アセスメント　87
アタッチメント　39, 101
アフターケア　125, 162
安全基地　142
遺棄　214
異食行為　165
依存性　113
一時保護　41, 117, 138, 152, 178, 181, 188, 192, 206, 214
医療型児童発達支援センター　69
医療型障害児入所施設　60, 210
インケア　169, 174
インターグループ・ワーク説　94
インターベンション　87
インテーク　86, 169
ウェルビーイング　31, 39

エバリュエーション　87
エリクソン　100
援助者　89
エンパワメント　81, 154
親　2
親子　119
親子分離　145
オレンジリボン運動　26

### か

カウンセリング　173
学習支援　79, 93, 162, 168, 173
学習障害　44, 105
学童期　106
家族再統合　49, 149, 179, 182
家族支援　138
家庭　3, 120
家庭裁判所　5, 116, 208
家庭支援　119
家庭児童相談員　184
家庭的養護　2, 4, 7, 34
家庭引き取り　137
家庭復帰　40
家庭養育　2
家庭養護　2, 4, 13, 34
虐待　5, 7, 23, 31, 35, 40, 65, 73, 75, 111, 138, 141, 144, 160, 176, 192, 208
クライエント　85, 86, 97
グループ　90
グループホーム　163
グループワーク　88
ケア　35, 51, 80, 157
ケアホーム　167
ケアマネジメント　96
ケアマネジャー　97
傾聴　198
ケースワーカー　68, 117, 175, 185, 189

権利擁護　8, 11
コイル　89
広汎性発達障害　44, 105
子育て支援センター　188
子どもの権利　8
子どもの権利委員会　31
子どもの権利条約　9, 30
コノプカ　89
コミュニティワーク　93

### さ

里親　2, 5, 13, 14, 210, 214
里親委託ガイドラインについて　13
里親会　213, 216
里親型ファミリー・グループホーム　5
里親支援　16, 42
里親制度　4
支援　44, 49
自己決定　86
自己同一性　109
自己表現　79
自主性　104
思春期　108, 157, 196
自傷行為　63, 164, 196
施設・機関　90
施設長　128
施設養護　2
自尊感情　81, 146, 154
自尊感情回復プログラム　80
肢体不自由児施設　57, 211
肢体不自由児通園施設　69
しつけ　115, 156, 178
児童家庭支援センター　192, 196
児童虐待の防止等に関する法律　24
児童虐待防止ネットワーク　41
児童虐待防止法　7, 23

児童憲章　29
児童自立支援施設　3, 65, 168, 172
児童自立支援ハンドブック　124
児童心理治療施設　62
児童相談所　5, 21, 116, 176, 180, 184, 188, 193, 206, 210, 214
児童デイサービスⅠ型　71
児童デイサービスⅡ型　71
児童の権利に関する条約　9, 30
児童の最善の利益　12
児童の代替的養護に関する指針　13, 30
児童発達支援事業　71
児童発達支援センター　71
児童福祉司　5, 21, 68, 180, 189
児童福祉施設　5, 11, 127
児童福祉施設最低基準　38
児童福祉法　7, 19, 28, 200, 206
児童福祉法改正　23
児童福祉法第28条　193, 208
児童養護　2
児童養護施設　42, 123, 144, 148, 179, 208
自閉症　44, 52, 105
自閉症児施設　51
自閉症スペクトラム障害　58
社会資源　97, 210
社会自立　194
社会性　106
社会生活技能訓練　163
社会的養護　2, 3, 5, 34
重症心身障害児　58, 60
集団援助技術　88
手段的日常生活動作　163
受容　86, 90
障害　40, 210
障害児施設　160, 164
障害児通園施設　69
障害者　123
小規模グループケア　4, 43

小規模分園型母子生活支援施設　5
情緒障害　63
情緒障害児短期治療施設　3, 62
ショートステイ　186
職員　127, 129
白澤政和　97
自立　43, 45, 123, 151, 162, 172
自立支援　123, 124
自律性　104
親権の一時停止　116
人材育成　130
信頼関係　79, 135, 138, 169, 172
心理士　117
心理治療　68
ストレス　113
ストレスマネジメント　81
ストレンジ・シチュエーション・テスト　102
スモールステップ　198
生活支援　168, 172
性的虐待　75, 136, 172
青年期　109
全米ソーシャルワーカー協会　96
専門性　127
早期対応　117
早期発見　117
ソーシャルインクルージョン　36
ソーシャル・ケース・ワーク　84
ソーシャルスキル　81, 146
ソーシャルワーカー　192
育ち直し　67

## た

ターミネーション　88
タイガーマスク運動　44
怠学　63
退所　43, 46, 49
怠惰　40

試し行動　142
地域援助技術　93
地域支援　82
地域小規模児童養護施設　4, 43
地域組織化説　94
チック　63
知的障害　51, 113
知的障害児施設　51
知的障害児通園施設　69
知的障害児入所施設　164
知能指数　52
注意欠陥・多動性障害　44, 105, 177
聴覚障害　54
通所施設　3
爪かみ　63
電話相談　196
特別支援学校　187
特別養子縁組　210, 214
ドメスティック・バイオレンス　36
トラウマ　63, 75, 142

## な

難聴幼児通園施設　70
ニーズ・資源調整説　94
日常生活支援　78
乳児院　38, 134, 138, 189
乳児期　100
入所施設　3
ニュースレター　89
認知機能　106
盗み　63
ネグレクト　40, 168, 188

## は

パールマン　85
ハーロウ　103

バイスティックの7つの原則　86
白杖　161
発達検査　184
発達障害　105, 107, 113
パワーズ　85
ピアジェ　106
ひきこもり　63
被虐待体験　113
非審判的態度　86
ひとり親家庭　74, 77, 123
秘密保持　86
貧困　77
ファミリーホーム　2, 15, 216
復学　170
福祉型児童発達支援センター　69, 70
福祉事務所　176, 181, 184, 188
不登校　63, 157
プランニング　87
不良行為　65
プレイセラピー　194
フロイト　100

プログラム活動　90
分園型グループケア　43
保育所　177, 180, 184, 200
放課後等デイサービス　71
暴力　35, 47, 75, 136
ボウルビィ　101
保健師　177, 188
保健センター　188
保護者　2, 40, 145
母子家庭　49, 172
母子生活支援施設　5, 47, 75, 119, 123, 152, 156
ホワイトボードミーティング　182

## ま

マクスリー　96
万引き　63
盲児　54
盲児施設　160
盲ろうあ児施設　54

モニタリング　87

## や

夜尿　63
遊戯療法　142
ユニットケア　4
養育　35
養子縁組　4
幼児期　104
要保護児童対策地域協議会　7, 41, 117, 181, 185

## ら

リービングケア　46
リッチモンド　84
療育手帳　185
利用者　85, 86, 90, 97
臨床心理士　173
ろうあ児　55
ロスマンの方法モデル　94

## 社会的養護内容総論
[その理論と実際]

2014年4月15日　第一版第1刷発行

|編著者|畠中義久|
|---|---|
|著　者|本多康作・森下宣明|
||栗延雅彦・小椋圭一郎|
||松原香織・松岡　徹|
||林　功三・廣瀬みどり|
||小浦理恵・垣内陽子|
||深谷　薫・井口友子|
|装　丁|吉名　昌(はんぺんデザイン)|
|発行者|宇野文博|
|発行所|株式会社 同文書院|
||〒112-0002|
||東京都文京区小石川5-24-3|
||TEL (03)3812-7777|
||FAX (03)3812-7792|
||振替 00100-4-1316|
|DTP|美研プリンティング株式会社|
|印刷・製本|美研プリンティング株式会社|

©Y. Hatanaka et al, 2014
Printed in Japan　ISBN978-4-8103-1432-8
●落丁・乱丁本はお取り替えいたします